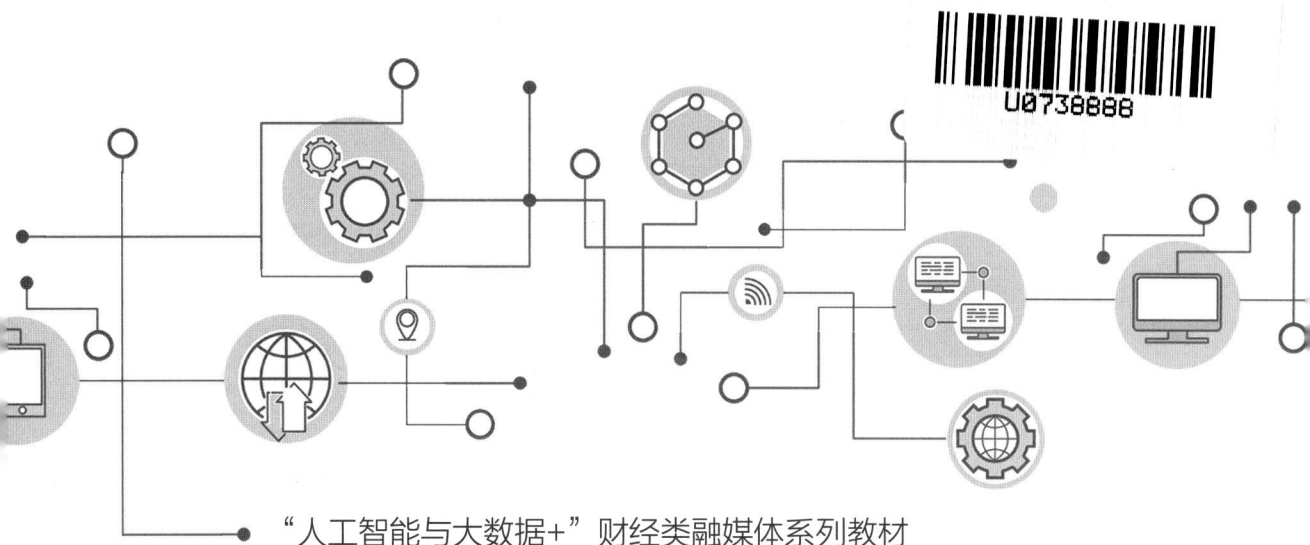

"人工智能与大数据+"财经类融媒体系列教材

BIG DATA AUDIT PRACTICE

大数据审计实务

杜爱文　郝海霞　汤丽君 ◎主　编

朱宏波　叶梁军　曲俊颖　张艳红　徐伟群　李文元 ◎副主编

朱珂晔　李　雅　玄倩倩 ◎参　编

ZHEJIANG UNIVERSITY PRESS
浙江大学出版社
·杭州·

图书在版编目（CIP）数据

大数据审计实务 / 杜爱文，郝海霞，汤丽君主编.
杭州：浙江大学出版社，2025. 5. -- ISBN 978-7-308
-26221-7

Ⅰ. F239.0

中国国家版本馆CIP数据核字第2025NE5816号

大数据审计实务
DASHUJU SHENJI SHIWU

杜爱文　郝海霞　汤丽君　主编

策划编辑	李　晨
责任编辑	高士吟
责任校对	赵　钰
封面设计	春天书装
出版发行	浙江大学出版社
	（杭州市天目山路148号　邮政编码310007）
	（网址：http://www.zjupress.com）
排　　版	杭州林智广告有限公司
印　　刷	杭州高腾印务有限公司
开　　本	787mm×1092mm　1/16
印　　张	18.25
字　　数	410千
版 印 次	2025年5月第1版　2025年5月第1次印刷
书　　号	ISBN 978-7-308-26221-7
定　　价	56.80元

内容简介

本教材集理论性、实践性和前瞻性于一体，它不仅为审计人员提供了丰富的理论知识和实战经验，更为推动审计行业的转型升级和高质量发展提供了强大的动力。

在浩瀚的数据海洋中，审计行业正经历着一场前所未有的变革，这场变革由大数据技术的蓬勃发展所驱动，深刻重塑了审计实践的每一个角落。本教材正是这一时代背景下的产物，它不仅是一部关于审计基础与审计技术的融合之作，也是一本引领审计人员迈向智慧审计新时代的实战宝典。

本教材开篇即引导读者重新审视审计的基础认知，通过详尽的历史追溯和现状分析，明确了审计的定义、性质及其在经济监督体系中的独特地位。随后，通过精准界定审计类型，包括政府审计、民间审计与内部审计，构建了一个清晰、全面的审计框架。

在审计方法与模式的探索上，本教材突破了传统界限，引入了数据挖掘、智能分析等前沿技术，展示了这些技术如何与审计实践深度融合，有效提升审计效率和精准度。通过系统性阐述审计目标、准则、依据、证据与审计工作底稿的构建过程，本教材不仅强化了审计工作的规范性，更推动了审计流程的重构与优化。

内部控制的精准评审与风险防控是本教材的另一大亮点。教材通过深入浅出的讲解，剖析内部控制的重要性，并帮助读者掌握评审内部控制的实用技巧。

在内容结构上，本教材采用了项目式布局，每个项目均围绕审计实践中的关键环节展开，如审前准备、审计类型确定、审计方法与模式选择、审计措施实施、内部控制评审等。每个项目下又细分出多个任务，通过完成具体任务，读者可以逐步掌握审计工作的全貌和细节。特别是在审计循环部分，本教材详细解析了销售与收款、生产与费用、购货与付款、筹资与投资，以及货币资金与特殊项目等关键循环的审计流程与技巧，为审计人员提供了宝贵的实战指南。对于审计终结性文档的编写与管理，本教材提供了指导和模板，确保审计报告的规范性和准确性。

PREFACE

前　言

党的二十大报告提出："健全党统一领导、全面覆盖、权威高效的监督体系，完善权力监督制约机制，以党内监督为主导，促进各类监督贯通协调，让权力在阳光下运行。"[①]作为这一体系中的重要一环，审计监督体系不仅肩负着促进经济健康发展的重要使命，更承担着保障国家方针政策有效实施、维护经济安全、推动高质量发展的历史重任。

经济越发展，审计越重要。作为国家治理体系的一部分和现代企业制度的重要组成部分，审计监督体系在新时代的背景下不仅有所作为，而且大有可为，因此越来越受到人们的重视。中国的国情和财经法规约束下的审计体系内涵极为丰富，其理论探索和思想火花的绽放永无止境。审计在促进有关单位加强管理、提高经济效益，保证信息资料的合法性、公允性，提升会计信息资料的真实性和可靠性，发现宏观经济运行中的问题并剖析原因，为政府决策提供有力支持，确保国家经济方针、政策贯彻执行，强化部门、集团内部控制，实现经营目标，优化资源配置等方面，发挥着不可替代的作用。

本教材紧跟时代步伐，融入了党的二十大关于审计工作的新精神、新要求，旨在通过动手操作大数据工具，培养学生掌握数据清洗、数据分析、风险识别等关键技能，进一步提升解决审计问题的能力。课程内容不仅涵盖大数据理论、数据挖掘等前沿知识，还紧密结合审计实践，通过丰富的案例分析，让学生深刻把握如何用理论解决实际审计问题。

教材共分 13 个项目，深入介绍了审计理论和财务审计实务的知识，特别是在项目六中，详细介绍了大数据分析的工具和案例，为读者提供了从理论到实践的全方位指导。无论您是审计、财务、IT 领域的专业人士，还是对学习大数据应用充满热情的学者和学生，本教材都将为您升级知识体系、拓展职业能力提供帮助。

新中国的审计实践在不断探索中前行，已走过四十余载辉煌历程，积累了大量宝贵的经验。尽管部分审计理论在某些领域仍存在争议，但正是这些讨论与探索，推动人们对审计的认识逐步清晰与成熟。由于编者水平有限，本教材难免存在不足之处，我们真诚地恳请广大读者提出宝贵意见，共同推动审计理论与实践不断发展。

编者

2025 年 3 月于宁波

[①]　习近平．高举中国特色社会主义伟大旗帜 为全面建设社会主义现代化国家而团结奋斗：在中国共产党第二十次全国代表大会上的报告 [N]．人民日报，2022-10-26（1）．

CONTENTS

目 录

项目一　做好审前准备

◎ 学习目标

知识目标：

了解审计产生和发展的社会基础；掌握审计的独立性；了解审计、审计主体、审计客体、审计对象的基本含义；了解国家审计、民间审计和内部审计的产生与发展；了解审计前提。

素质目标：

培育诚信品格和良好的审计职业道德；培养审计人员的专业素质；养成严谨、认真、细致的工作作风；培养节约成本意识；培养创新精神。

能力目标：

能总结审计产生、发展的规律；能分析审计的职能、作用等。

☷ 项目导入

在全球经济一体化加速推进与中国市场改革持续深化的双重背景下，中国经济正在转型升级并飞跃发展。在此背景下，经济监督作为确保中国经济稳健航行的"舵手"，其地位与作用愈发显得举足轻重。它不仅是维护经济秩序稳定的坚固防线，也是保障市场公正、促进企业合规经营的关键力量。

深入探讨经济监督的认知演变与历史定位，需从其内在逻辑与发展轨迹入手。作为社会监督体系的核心环节，经济监督不仅承担着监督的职责，更发挥着促进经济健康发展的作用。它如同一张细密的网，贯穿于经济活动的每一个环节中，确保了财经纪律的严明与市场竞争的公平，为企业稳健成长与社会和谐稳定奠定了坚实的基础。

回顾经济监督的发展历程，从新中国成立初期的初步萌芽，到改革开放后审计制度的逐步确立与完善，再到当前多元化、现代化监督体系的构建，每一步都标志着经济监督不断向专业化、高效化迈进。特别是审计监督的日益成熟，更是标志着经济监督进入了一个全新的发展阶段。

然而，一系列企业财务违规事件的曝光，也为我们敲响了警钟：经济监督的缺失或弱化，会带来不可估量的风险与损失。因此，加强经济监督体系建设，提升监督效能，已成为当前中国经济在新时代背景下稳健前行的迫切需求与关键所在。唯有如此，我们才能更好地应对复杂多变的国内外经济形势，确保中国经济航船在波涛汹涌中稳健前行。

任务一　认知经济监督

在经济建设中，中国国民经济各部门、机关、事业单位和企业存在多层次、多领域、多渠道的经济监督。随着市场经济体制改革的深化，审计监督成为中国经济监督体系中不可或缺的组成部分。审计监督与其他各种经济监督形式之间，有着十分密切的关系。因此，我们有必要先了解经济监督在我国的地位和作用。

一、确立经济监督的地位

（一）明确经济监督含义

监督包括监察和督促两方面的含义。要界定经济监督，就得先对监督的性质和领域进行界定。经济监督是社会监督体系的组成部分。我国社会监督体系包括政治、军事、文化、党纪、政纪、经济和其他领域的监督。

经济监督是对中国扩大再生产过程中生产、分配、流通和消费等经济活动所进行的全面的监察和督促。所谓监察，就是指通过检查、分析、调查、研究和举报等手段，揭示他人错误弊端、检举违法违纪、稽查损失浪费、考察行政绩效或经营业绩、追究经济责任等活动。所谓督促，就是指通过强制手段，敦促他人遵纪守法、执行制度、纠错防弊，务使经济行为趋于正轨等。

（二）明确经济监督地位

经济监督是中国法治建设的重要举措之一。监督与法治密不可分，两者紧密联系、相辅相成。社会主义法治体现了全体人民的意志，旨在保障人民合法权利和利益，调节人们之间的关系，规范和约束人们的行动，制裁和打击各种危害社会的不法行为。经济监督是在经济领域中实现法治的重要保障。市场经济是法治经济，是搞好经济立法，具体规定各种财经法令、条例、纪律、准则、规章和制度，作为各部门、各单位、个人必须遵循的行动规范，并据以加强经济管理、实现各项经济职能。然而要确保企业在经营和管理中能切实做到有法可依、执法必严、违法必究，还必须相应地建立和健全有效的经济监督和经济司法制度。可见，经济监督是中国国民经济领域中实现社会主义法治所不可缺少的一个重要环节，是完善中国特色社会主义市场经济体制的重要工具。

二、发挥经济监督的作用

国家需要法治保障实现其经济职能，经济监督是法治建设中不可缺少的环节。经济监督的作用表现在以下四个方面。

（1）维护财经法纪，保证党和国家的方针、政策的贯彻执行。

（2）为市场经济秩序保驾护航，加强宏观控制和管理，保证国民经济健康、有序、持续地运行和国家预算的切实执行。

（3）维护企业经营管理自主权，促进微观经济发展，保证国家、企业、个人三者利益的正确处理，促进和谐社会建设。

（4）维护社会主义多元化经济所有制结构的有序运行，促进廉政建设。

实践证明，在中国现实的经济生活中，为使党和国家的方针、政策及国民经济和企业自主经营机制能够切实执行，又使国家财产不受侵犯，除了需要广大干部、职工具有责任感，还需要经济立法，为国民经济各行业、各领域提供保障。特别是在市场经济条件下：一方面要以经济手段管理经济；另一方面要以法律手段加强经济监督，并依法进行必要的政府干预，以维护社会主义市场经济秩序。

任务二　定位经济监督

一、追寻经济监督足迹

（一）中华人民共和国成立后三十余年实行专业监督和财会监督

1949 年中华人民共和国成立后，政务院设有人民监察委员会，在各级地方人民政府先后建立人民监察机关。1954 年，第一届全国人民代表大会决定，将人民监察委员会改组为监察部，受国务院领导。各地方设有监察厅、局，受地方和监察部双重领导，对全国各级行政机关、国营企业、事业单位实行国家行政监督。此外，中国实行分工负责的业务监督制度，即由国家授权财政、银行、税务、海关等部门在全国范围内负责各种专业监督。与此同时，还赋予国民经济各部门、各经济组织监督所属单位内部财务和业务的权限。

全国性的行政监督，部门的专业监督，上级主管机关系统内部财务监督、业务监督等组织形式，以及机关、企业、事业单位内部的财务会计监督，在 20 世纪 50 年代曾同时存在。由于它们的根本目的的一致性，以及在不同程度上代表着国家担负宏观经济监督的使命，因而共同构成初具规模的经济监督体系，在社会主义建设事业中发挥着重大作用。

由于各种原因，从 1958 年开始，作为国家行政监督机关的监察部和主管机关系统内部财务监督机构先后被撤销。自此，中国的经济监督工作主要依靠主管机关、财政、银行、税务、海关以及工商行政管理部门，通过其自身业务活动进行专业监督，此外还依靠机关、企业、事业单位内部的财会监督。

（二）1982 年宪法规定实行审计监督

20 世纪 80 年代初，特别是党的十一届三中全会以后，中国经济建设的指导思想发生了根本性变化，党和国家根据经济体制改革和加强法治建设的需要，积极开展经济立法和经济司法工作，在大力加强各种专业监督的同时，首次提出要在中国推行审计监督制度。根据 1982 年通过的《中华人民共和国宪法》（以下简称《宪法》），审计署于 1983 年 9 月正式成立。随后在全国范围内相继组建了各级地方政府审计机关，并依据国务院通知，逐步建立部门、单位内部审计机构。一个具有中国特色的包括审计监督、专业监督和财会监督在内的多层次、多渠道、多功能的经济监督体系初步形成。

二、明确经济监督形式

中国现行的经济监督体系按其形式可分为以下几种。

（一）政府审计监督

政府审计监督是国家专设的审计机关，通过经常化的审查和评价工作，对中央和地方各级政府的财政收支和行政机关、金融机构、企业、事业单位的财务收支及其有关经济活动进行综合监督。依照《宪法》规定，国务院设审计署，县级以上的地方各级政府设审计局或审计厅。

（二）财政监督

财政监督是指财政部门对各级行政机关、人民团体、事业单位等在执行、遵守预算法令、财政制度、财经纪律，合理使用财政拨款以及完成各项财政任务等方面所进行的一种特定范围的部门专业监督。实行财政监督，对于贯彻执行财政法令、制度，维护财经纪律，确保国家预算收入的完成，合理分配和使用预算资金，以及提高经济效益等方面，具有重要意义。

（三）税务监督

税务监督是指税务机关根据税法规定，对企业和其他负有纳税义务的单位和个人所进行的一种特定范围的部门专业监督。税务监督主要监督纳税人按期、足额缴纳税款，以防止偷税、漏税、拖欠税款以及截留税费的现象发生。实行税务监督，对于贯彻执行税收政策、严肃财经法纪、保证国家财政收入、发挥税收的经济调节作用，以及正确处理国家、企业、个人的经济关系，具有重要意义。

（四）银行监督

银行监督是指国家银行通过现金监督、结算监督、信贷监督等业务活动，对开户企业、事业、机关、团体等单位进行货币监督，是一种具有特定内容的部门专业监督。现金监督是指银行通过现金出纳业务，对各单位现金使用范围和库存现金限额等进行监督，促使各单位切实遵守现金管理规定，节约使用现金，调节现金流通，稳定市场物价。结算监督是指银行通过办理转账结算，对各单位结算纪律遵守情况进行监督，防止发生套取银行信用、出租出借银行账户和非法收支等行为，促使债权、债务双方及时结算，维护双方正当权益，加速资金周转。信贷监督是指银行通过发放贷款，对借款各单位合理使用资金进行监督，如监督检查企业是否按用途使用、是否按期归还贷款，是否有贷款保证物资等。信贷监督不仅有利于银行按期收回贷款，维护信贷纪律，而且有利于改善企业资金管理，提高经济效益。

（五）工商行政监督

工商行政监督作为市场监管的重要环节，承担着维护市场秩序、保障公平竞争的关键职责。工商行政管理部门依据法律法规对各类市场主体的经营行为进行全面监督，包括企业注册登记、市场准入审核，确保每一家进入市场的主体都合法合规。它负责监督市场交易活动，打击不正当竞争、虚假广告、商标侵权等违法行为，维护消费者权益。工商行政监督积极推动信用体系建设，通过公示企业信息、实施信用惩戒等措施，促进市场主体诚信经营。

（六）海关监督

海关监督是指海关根据进出口贸易和查禁走私贩私等法律规定，对出入国境的商品、物品和运输工具，以及按章征收关税所进行的检查与监督，是一种特定范围的部门专业监督。

（七）统计监督

统计监督是指在统计部门收集和整理经济信息的基础上，对经济社会运行情况和发展趋势等进行定量检查、监测和预警，以保障和促进经济社会全面、协调、可持续发展。当所收集的报表资料发现有错误或有疑点时，国家统计机关有权进行核实审查，提出关于修改报表资料的意见。

（八）主管部门系统内部财务和业务监督

主管部门对内部财务与业务实施监督，是其在特定的经济管理体制下，通过专门机构分级管理生产、经营、财务等活动时，同步对下属企事业单位的供应链、生产、销售及财务会计工作进行的内部监督。20世纪50年代初，在财务领域，部分主管机关设立检查机构与专职人员，强化系统内部财务监管及凭证审核。1958年后，检查机构虽然撤销了，但为加强财务管理、执行会计制度及整顿财经纪律，仍会通过基层财会互查或临时查账小组的形式，进行大规模财务检查。此做法与当前部门内部审计监督模式相似。

（九）部门内部审计监督

部门内部审计监督是指各部门主管机关专设的审计机构通过常规性的审计程序对本系统所属单位的财务收支及其经济效益进行系统内部审计监督。审计机关未设立派出机构的政府部门，可以根据需要设立内部审计机构或审计人员实行系统内部审计监督，其在审计业务上受同级国家审计机关指导，向本部门和同级国家审计机关报告工作。

（十）财务监督

财务监督是指企业财务部门通过资金的筹集、形成、使用、分配和货币收支对企业供、产、销以及管理等部门的经济活动进行日常控制。

（十一）会计监督

会计监督是指在"财务""会计"分立体制下，企业（或单位）的会计部门通过凭证稽核、复式记录、账实核对以及会计分析等方法，对财务收支、财务状况和财务成果进行日常控制与监督。

（十二）单位内部审计监督

单位内部审计监督由独立审计机构负责，审查财务收支及经济效益，属企业内部监督，其业务上受上级审计机构指导，向本单位及上级报告。其职责包括确保财务真实合法，提供经济效益评价，审核决策计划并提出改进建议等。

除以上十多种经济监督形式外，我国党的各级纪律检查委员会所实行的党的纪律监督，各级人民代表大会及其常务委员会所实行的立法监督，国务院有关部、委、局所实行的计划监督，以及国家监察委员会及其地方设立的监督厅、局所实行的行政监督等也都涉及经济监督方面的工作。

任务三　厘清审计监督与其他经济监督的关系

一、界定审计监督与其他经济监督的关系

审计监督与其他经济监督的关系复杂而微妙。一方面，它们相互协作，共同构成经济监督体系的重要组成部分。财政、银行、税务等部门不仅管理各自领域，还肩负监督职责，与审计监督相辅相成，共同维护经济秩序。这些专业监督在促进中国经济发展中功不可没。

另一方面，审计监督对专业监督还存在再监督的职能。它不仅仅关注这些部门的业务活动，更对其监督工作的执行情况进行审查，确保监督的公正与有效。面对财税、信贷等领域可能出现的违法违纪行为，审计监督的再监督作用显得尤为重要，其有助于揭露并纠正不正之风。

然而，审计监督与其他经济监督也存在显著差异。从监督关系上看，审计监督与被审计单位无直接经济利益关系，能够独立、公正地开展工作；而其他经济监督则往往结合具体行政管理业务进行，属于"业务监督"。在性质、主体、对象范围、时间、方法等方面，审计监督也展现出独特的优势，如审计监督具有独立性、公正性、综合性、经常性、科学性和严肃性。

二、界定审计监督与财会监督的关系

审计监督与财会监督共同对经济活动进行监督，但方式和角度各异。财会监督作为内部控制的一部分，负责日常的资金和会计业务监督，具有管理性质，主要由财务人员执行，针对本单位资金运动进行监督。而审计监督则独立进行，涵盖范围更广，不仅审查业务，还对其他监督者进行再监督，由专业审计人执行，采用查账、分析等方法，形成报告，是客观公正的综合经济监督。两者在关系人、性质、主体、对象和方法上，存在显著差异。

（1）在监督的关系人上：财会监督者只包括财务管理者或会计核算者，同业务经办者或现金、物资保管者是两个方面的关系人；而审计监督则居于独立地位，包括审计人、被审计人、审计授权（或委托）人三个方面的关系人。

（2）在监督性质上：财会监督是一种日常监督，它是随同办理财务收支和会计核算工作而连带进行的业务监督，它实际上是单位内部的会计控制和财务管理控制，具有管理性质；而审计监督则是独立进行的外部监督。

（3）在监督主体上：财会监督的执行人是财务人员或会计人员；审计监督的执行人则是与会计记录、业务经办无关的独立审计人。

（4）在监督对象上：财会监督主要是对本单位的资金运动过程进行控制；审计监督的范围比财会监督的涉及面更广、更全面。

（5）在监督方法上：财务监督通过资金形成、分配、使用以及货币收支进行控制；

会计监督通过日常的凭证稽核、复式记账、财产清查等展开，对不真实、不合法的原始凭证不予受理，对记载不准确、不完整的原始凭证予以退回，或要求更正、补充，对违反财政、财务制度规定的收支不予办理等。财务监督还通过账簿记录和实物核对、分析偏差、提供信息等方式进行监督。审计监督则通过查账、盘点、分析、调查等方法进行审查和评价，并写出报告形成审计意见或结论。因此，审计是以审查、评价、报告作为监督的基本手段。审计监督是独立于财会部门以外的专职机构和人员所进行的客观公正的综合经济监督。

任务四　明确审计定义与性质

一、界定审计定义

理论上，审计是由专职机构、人员接受授权或委托，对有关单位一定时期内全部或部分经济活动的有关资料，按照法规或一定的标准进行审核检查，收集和整理证据，以判明有关资料的真实性、合法性、公允性和经济活动的合规性、效益性，并出具审计报告的具有独立性的经济监督、评价、鉴证活动，其目的在于确定、解除被审计单位的受托经济责任或加强对被审计单位的管理、控制。

根据上述定义，审计由以下几个要素构成。

（1）审计的主体是审计监督的执行者。审计的主体即审计的专门机构和专职人员，也就是审计人。在这里，专职机构是指政府审计机关、内部审计机构和会计师事务所；专职人员是指专门从事政府审计和内部审计工作的人员、依法批准执业的注册会计师等。

（2）审计关系是指审计人、被审计人、审计授权（或委托）人三者间的关系。审计关系因"接受委托或授权"而形成。一般来说，中国的注册会计师审计业务是因接受委托而开展的；政府和内部审计业务多因上级管理部门或领导授权而开展。

（3）审计对象，也称为审计客体，是指被审计单位的经济活动。审计对象是审计行为所指向和作用的承受体。审计对象的实体是被审计单位；审计对象的内容是经济活动，包括财务活动、管理活动、经营活动；审计对象的载体及表现形式主要指会计资料、业务资料等。

（4）审计依据，是评判被审计事实是非好坏优劣的准绳。审计依据主要有国家有关的法律法规、科学依据、既成事实。审计工作的执行和对审计对象的判断要按照经济法规和一定的标准。经济法规和一定的标准既是对审计工作有效控制的依据，也是对审计对象进行判断的依据，只有对审计工作和审计对象有充分的判断依据，才能使审计工作顺利进行，使审计结论更好地被有关方所接受。

（5）审计工作的核心是进行审核检查，收集和整理证据。这是审计工作区别于其他经济监督、管理工作的重要特征，也是实际进行审计业务工作的主要线索。

（6）审计目标是审计目的的具体化。审计工作的基本目标是判明有关资料的真实性、合法性、公允性和经济活动的合规性、效益性，并出具审计报告。审计人员要通过其自身的工作对被审计单位的相关资料及其反映的经济活动做出判断，形成审计结论并以书面报告的形式转达给委托或授权单位。审计的目标指审查和评价审计对象所要达到的目的和要求，包括公允性、合法性、合规性、效益性、真实性、准确性、有效性、健全性、经济性、效果性等。

（7）审计的本质应概括为具有独立性的经济监督、评价、鉴证活动。从这种概括中可以看出，审计职能主要有经济监督、经济评价、经济鉴证三种，其中经济监督是其首要职能。审计职能的发挥要建立在独立性的基础之上，因此独立性在审计中具有特别重要的意义。独立性表现为经费、人员、工作、组织上的独立。独立性是相对的，绝对的独立是做不到的。审计的独立性决定了审计监督具有许多优势，如审计的高层次性、对其他经济监督的再监督、审计人员的超脱性、审计范围的广泛性、审计方法的科学性等。

（8）审计的目的是指审计所要达到的预期结果。审计的最终目的是"确定、解除被审计单位的受托经济责任或加强对被审计单位的管理、控制"。由于被审计单位对审计的委托者或授权者承担经济责任，其责任的执行结果须经审计机构或人员审核检查后才能确立或解除。委托者或授权者利用审计，达到了对被审计单位管理、控制的目的。

（9）审计有审计标准、审计行动、审计结果三大要素。审计标准是指审计人员用以衡量审计事项的标准与尺度。审计行动是指具体的针对被审查项目所采取的审计行为和过程。审计结果是指审计工作结束时所取得的审计结论和成果。

（10）审计的作用是指审计监督对被审查的经济活动所起的促进性（也称建设性）作用和制约性（也称防护性）作用。

（11）审计的地位是指审计监督处于社会经济生活中的监督控制地位。

（12）审计的模式包括账目基础（账表导向）审计、制度基础（系统导向）审计、风险基础（风险导向）审计。账目基础审计是指采用审查会计资料及有关资料以达到审计目的，是传统审计的主要形式；制度基础审计是指审查单位内控制度，并做出评价，用以确定进一步审查的重点的一种审计形式，是现代审计的重要形式之一；风险基础审计是指在对审计风险做出评估的基础上开展进一步审查的审计形式。

二、界定审计性质

审计的性质通常理解为审计的本质特征。审计的本质是具有独立性的经济监督、评价、鉴证活动。因此，审计的本质特征可集中体现于独立性。

审计署在国务院总理领导下，依照法律独立行使审计监督权，不受其他行政机关、社会团体和个人的干涉。中国颁布的审计法规和注册会计师法等，对审计机构、人员的独立性给予了明确的说明。审计的独立性可表现为以下几个方面。

（一）组织机构的独立

组织机构的独立是保证审计工作独立性的关键。其主要内容为审计机构不能受制于其他部门和单位，尤其是不能成为国家财政部门和各机构财务部门的下属机构，否则对财政、财务收支进行的审计就会失去意义。组织机构的独立还表现为审计机构应独立于被审计单位之外，与被审计单位没有任何组织上的行政隶属关系。

（二）业务工作的独立

业务工作的独立一方面是指审计工作不能受任何部门、单位和个人的干涉，应独立地对被审查的事项做出评价和鉴定；另一方面是指审计人员要保持精神上的独立，自觉抵制各种干扰，对被审计事项做出客观公正的结论。

（三）经费来源的独立

经费来源的独立是保证审计组织独立和业务工作独立的物质基础。若审计机构没有一定的经费或收入，其业务活动就无法开展；若经费或收入受制于被审计单位或与其相关的其他单位，审计的独立性就难以保证。这一方面要求各级审计机构（如政府审计机关和内部审计机构）的经费要有一定的标准，不得随意变更；另一方面要求会计师事务所的收入要受国家法律的保护，保证其公正、合理。

（四）工作人员的独立

工作人员的独立是指审计监督由专职审计人员执行。审计人员应有良好的政治素质和业务素质。

审计的独立性还表现为审计工作是专门的经济鉴证、监督、评价，与其他机构的经济监督、评价、鉴证有着本质区别。

任务五　追寻审计起源与发展历程

审计是社会经济发展到一定阶段的产物。政府审计、民间审计和内部审计都具有审计的共性表现，但由于它们有不同的地位和作用范围，应当对它们的起源与发展分别进行分析。

一、追寻政府审计的起源与发展历程

（一）中国政府审计简史

中国政府审计起源于西周。在西周时期奴隶主政权设置的官职中有位于下大夫的"宰夫"一职，负责审查"财用之出入"，这是中国政府审计的萌芽。在秦朝、汉朝都曾采用"上计"制度审查、监督财务收支有无错弊，并借以评价有关官吏的业绩。唐朝在刑部下设"比部"，建立了相对独立的审计机构，对中央和地方的财税收支实行定期的审计监督。宋朝设立"审计司"和"审计院"，是中国审计定名之始。元、明、清三朝未设专职审计机构，审计的职能有所削弱。辛亥革命后，北洋政府于1912年设立中央审计处，1914年改称审计院，颁布了《审计法》。1920年，南京国民政府设立审计院，后改为隶属于监察院的审计部。

在中国共产党领导的第二次国内革命战争时期，1932年成立中华苏维埃中央审计委员会，1934年颁布《审计条例》，实行革命监督制度。山东、陕甘宁、晋绥等革命根据地也建有审计组织，颁布审计法规，实施审计监督。

中华人民共和国成立后，在较长的一段时期内未设独立的专职审计机构，对财政、

财务收支的经济监督由财政、税务、银行等部门在其业务范围内进行。在 1982 年颁布的《宪法》中，中国正式以最高法律的形式明确了实行审计监督制度。1983 年 9 月 15 日，审计署作为国务院的一个部级单位正式成立，随后在县级以上各级政府设置了审计机关。1985 年 11 月《国务院关于审计工作的暂行规定》颁布，1988 年 11 月《中华人民共和国审计条例》颁布，1994 年 8 月《中华人民共和国审计法》（以下简称《审计法》）颁布。2022 年 1 月，新修订的《审计法》正式实施。由此可知，新中国的政府审计机构建立于 20 世纪 80 年代，并迅速发展。

（二）国外政府审计发展简史

在国外，古埃及于公元前 3000 多年就设有监督官审查财务收支，古罗马在公元前 400 多年就由元老院及其所属的监督官负责对国库和地方的财政收支进行监督；古希腊在距今 2000 年前设有审计官对官员离任经济责任实行检查监督。这些是国外政府审计的早期活动。

至中世纪，随着社会经济的发展，西欧国家的政府审计职能有所加强。例如，英国王室于 11 世纪在财政部门内设立上院和下院，前者为收支监督机构，对后者编制的会计账簿进行检查监督；法国王室于 13 世纪设置审计厅，对国库和地方财政收支进行审计监督等。

近代社会，西方国家的政府审计有较大的发展。美国在独立战争时期，设有负责审计工作的专任委员。1921 年，美国依据公布的《预算及会计条例》正式设立了隶属于国会的联邦总审计署（GAO）。美国的这种政府审计体制一直延续至今。英国在 1866 年颁布《国库和审计部法案》之后，很快就成立了代表议会并独立于政府之外的国家审计机构，执行对国库收入支出的审计监督。

二、追寻民间审计起源与发展历程

（一）国外民间审计简史

民间审计最早起源于欧洲国家，最初是为了适应当时合伙企业的需要。因为，在早期的合伙企业中，既需要对负有管理责任的合伙人进行审查，以证明其经营业绩，又需要保证其出具的会计资料真实、公正，以保证其他合伙人的利益不受侵犯。这样，处于第三方地位、有丰富会计经验的会计师就成为最合适的人选。通过有会计经验的第三方的审查并证明，可消除合伙人之间的相互猜疑，促进合伙制生产关系的巩固，适应当时生产力发展的要求，因此这种早期的审查方式得以确立并发展。这就是早期民间审计的萌芽，其历史可追溯到 15 世纪中后期意大利沿海商业城市的发展。

18 世纪的工业革命使社会经济发生巨大变化。为适应新的生产力发展的需要，以发行股票方式筹集资金的股份公司应运而生。与此相适应，民间审计得到了迅速发展。随着英国 1845 年《公司法》的修订，在苏格兰出现了第一个职业会计师的专业团体。19 世纪后期，由于美国经济的迅速发展，民间审计的重心转移到美国。19 世纪末至 20 世纪初，是美国民间审计建立并完善的重要阶段，在此期间美国成立了会计师公会，后来又正式更名为美国注册会计师协会（AICPA）。

1929—1933 年的世界经济大危机，使资本主义社会的经济秩序陷入混乱，社会各界纷纷要求加强对社会私营和公众企业的审计以保障社会经济健康发展，许多国家相继以法律的形式规定企业的会计报表需要由注册会计师进行审查鉴证。这为民间审计的长足发展提供了机遇，使其不断壮大并逐步完善。典型的表现是很多国家以各种方式制定了有关注册会计师审计的准则，使民间审计工作进入新的发展阶段。一般认为，西方国家的民间审计有其不同的发展阶段。

（1）19 世纪的英国式审计。它以英国早期的股份公司为主要服务对象，要求对所有的经济业务、会计凭证、会计账簿和会计报表进行审核，以发现记账差错和舞弊行为。这种早期审计方式具有全面、详细的特征。

（2）20 世纪初的美国式审计。它以提供信用资金的银行为主要服务对象，主要证明向银行借款企业的偿债能力，其核心在于进行资产负债表审计，审计方法从英国式的详细审查初步转向抽样审查。这种方式是抽样审计的开端，它给民间审计的发展带来了新的思维方式和新的技术方法。

（3）20 世纪 30 年代之后以美国为代表的会计报表审计。它面向多种会计信息的使用者，以各种会计报表（不仅仅是资产负债表，还以反映盈利能力的利润表作为审计重点）反映的经济活动为审计对象，审计的主要目的是判明会计报表是否符合公认会计准则的要求，是否公允地反映了被审计单位的财务状况和经营成果。

（4）20 世纪 40 年代之后西方民间审计进入了现代审计阶段。该阶段很多国家制定了独立审计准则，形成了以审计准则为制约的规范化、制度化的审计工作程序，审计方法由初步的抽样审计转为以评价内部控制制度为基础、结合统计抽样方法的制度基础审计，并且管理咨询业务在民间审计中有了较大的发展。

（二）中国民间审计简史

1918 年，北洋政府颁布针对民间审计机构的《会计师章程》。1921 年，中国第一家民营会计师事务所在上海开设，正式接受公营或私营企业委托，执行审计业务。民国时，民间审计只在经济较为发达的大城市存在，发展也很缓慢。新中国成立后，由于计划经济在社会经济中占主导地位，中国一直未能恢复民间审计。随着改革开放政策的实施，中国在 20 世纪 70 年代末出现了外商投资企业，为适应外商投资者的需要，20 世纪 80 年代初我国重建了注册会计师审计制度。

三、追寻内部审计的起源与发展历程

内部审计是伴随政府审计而逐步形成、发展的。古代的内部审计与政府审计很难划分清楚。进入中世纪之后，内部审计才具有较为完整的形态，如寺院审计、宫廷审计、城市审计、行会审计、银行审计、庄园审计等。

随着西方国家经济的日益发展、企业生产规模的日益扩大、管理机构和层次的增多，为了保证经营方针和管理制度的贯彻执行，保护财产安全完整，实现经营目标，内部审计获得了发展的契机并逐步健全、完善。最初的情况是，大企业要对在外地的下属公司进行审查，但若完全聘用民间审计进行，往往会花费过多而得不偿失。因此，企业

中一些有管理经验的人就担当了对下属机构检查监督的重任。德国的克虏伯公司早在1875年就实行了内部审计制度。美国的铁道部门在19世纪初期开始对铁路系统的内部财务与经营进行审计。

20世纪中期，由于对内部审计呼声强烈，美国建立了内部审计师协会，并取得了内部审计理论研究的系列成果，内部审计获得了长足发展。20世纪中后期，美国内部审计师协会制定了《内部审计师职责条例》，并不断修订。内部审计实务标准的制定、修订，使内部审计的发展进入了高潮阶段。

从国外内部审计的情况来看，内部审计机构主要存在于各大型企业，其组织形式也因各企业的不同而情况各异。具体来说，有以下几种形式。

（1）直接受公司董事会的领导。企业内部审计机构直接受公司董事会的领导，向董事会报告工作，有着董事会授权的最高审计权限。

（2）受董事会下面的监事会或相关类似委员会的领导。企业内部审计机构受董事会下面的监事会或相关类似委员会的领导，通过监事会向董事会或股东代表大会汇报工作，也有着较高的权限。

（3）受公司总经理的领导。企业内部审计机构受公司总经理的领导，代表总经理执行对各生产经营单位及各职能管理部门的日常监督工作。

（4）受公司财务部门的领导。企业内部审计机构受公司财务部门的领导，主要对会计记录、核算及会计报表的正确性进行监督。

任务六　挑选审计人员

一、认知审计人员

审计人员是指在政府审计机关、民间审计组织、内部审计机构中，执行审计业务的人员，包括政府审计人员、独立审计人员和内部审计人员。

（一）政府审计人员

政府审计人员是指审计机关中接受国家委托，依法行使审计监督权，从事审计事务的人员。政府审计人员专指在中央审计机关、地方审计机关和派出审计机构中工作的人员，不包括在其他行政机关、国家权力机关、审判机关、检察机关中的工作人员，也不包括在民间审计组织、内部审计机构中工作的人员。政府审计人员本质上是代表国家行使审计监督权、从事审计工作的人员。具体来说，审计人员包括审计署的审计长、副审计长和地方各级审计厅、局的厅、局长，以及各级审计机关的领导人员和非领导职务的一般工作人员。

审计长是审计署的行政首长。根据《宪法》有关条文的规定，审计长由国务院总理提名，全国人民代表大会或其常务委员会决定，中华人民共和国主席任命。审计署实行审计长负责制，审计长是国务院的组成人员。审计长每届任期5年，可以连任。全国人民代表大会有权罢免审计长。根据《中华人民共和国国务院组织法》和国务院的有关规定，审计署设副审计长若干名，协助审计长的工作，并对审计长负责。副审计长的任免由国务院决定。

根据《审计法》中的有关规定，审计厅、局长由本级人民代表大会常务委员会决定任免。审计厅厅长、局长是本级人民政府的组成人员。

（二）民间审计人员

民间审计人员是指在民间审计组织中接受委托从事审计和会计咨询、会计服务的执业人员。中国独立审计人员主要是注册会计师。注册会计师是依法取得注册会计师证书并接受委托从事审计和会计咨询、会计服务业务的执业人员。民间审计组织因业务上的需要，可临时聘任工程师、经济师、律师等参与工作。

（三）内部审计人员

内部审计人员是指在部门、单位内部审计机构从事审计事务的人员，以及在部门、单位内设置的专职从事审计事务的人员。根据《审计署关于内部审计工作的规定》，任免内部审计机构的负责人应当事前征求上级主管部门或单位的意见。

二、明确审计人员职业素质

审计工作是一项改革性强、专业性强的工作，从事审计工作的人员必须具备与审计工作性质及某一方面工作任务相适应的素质，这种素质主要表现在政治素质和业务素质两个方面。

（一）政治素质

审计工作是一种依法进行经济监督的活动，也是一项求真求实的工作，审计人员必须树立正确的业务指导思想、具备优良的工作作风。

（二）业务素质

审计工作是一项技术性很强的工作，审计人员应熟练地应用审计标准、程序和技术所需要的专业知识、基本能力、多种技巧并且有丰富经验，否则难以取得高质量的审计成效。

在专业知识方面，审计人员必须通晓审计理论和方法，精通会计理论和方法，熟悉会计准则、会计制度以及与审计相关的各项法规、制度，了解有关法律知识、企业管理知识和相关的经济管理知识，能够运用计算机、大数据处理技术等。

三、明确审计人员职业道德

审计人员的职业道德是为指导审计人员从事审计工作时保持独立的地位、公正的态度和约束自己的行为而制定的一整套职业道德规范。审计人员的职业道德规范包括意识形态和客观实际活动内容两个方面。意识形态方面的标准不是强制性标准，往往通过社会舆论的力量来促使审计人员遵守；客观实际活动方面的准则是强制性准则，审计人员必须严格遵守，否则就要受到处罚。目前国外对于审计职业道德方面的规定有很多，主要内容包括审计人员的独立性、应遵循的行为准则、正确处理与委托人的关系、正确处理同行关系、正确处理与公众的关系等。

项目一
微课视频

项目二　确定审计类型

学习目标

知识目标：

了解国家审计机关的设置、基本任务、职责和权限、法律责任、管辖范围；了解民间审计组织的设置和权限、法律责任；了解内部审计机构的设置、职责和权限、法律责任；熟悉防范审计人员法律责任风险的策略。

素质目标：

培育诚信品格和良好的审计职业道德；培养审计人员的专业素质；养成严谨、认真、细致的工作作风；培养节约成本意识；培养创新精神；适应社会政治、经济、文化的发展，把国家利益、民族利益放在心中，肩负国家使命和社会责任。

能力目标：

能区分不同审计类型的特点、做法；能针对不同审计类型提出不同的工作方案等。

项目导入

在日益激烈的市场竞争和不断提升的企业管理要求背景下，某企业发生了引人注目的高层管理人员贪腐案件，公司总经理张某涉嫌利用职务之便贪污挥霍资金高达 800 余万元。这一事件引起了社会的广泛关注。市审计局接到举报后，迅速响应，决定对张某进行审计。

财经法纪审计旨在揭露和查处经济活动中严重违反国家财经法纪的行为，以维护国家财经法纪的严肃性，保护国有资产的安全与完整。在此案例中，审计不仅是对张某个人行为的审查，更是对企业内部控制机制有效性的一次深刻检验。

为了从根本上解决审计工作中存在的问题，该企业深刻反思，决定全面提升治理水平和财务透明度。通过系统分析，企业明确了审计覆盖范围不全、效率低下及结果应用不足等痛点，并以此为契机，重构审计框架。

该企业严格遵守政府审计要求，确保国家资金使用的合法合规；同时，引入民间审计，对关键业务领域进行精准把脉；更重要的是，建立健全内部审计体系，实现了对企业运营全过程的动态监控与即时反馈。

诸如此类一系列改革举措的实施，显著提升了该企业审计工作的效率与质量，使得审计结果能够更加精准地反映该企业运营的真实状况，为管理层提供了有力的决策支持。通过审计报告的深入剖析，该企业及时识别并解决了潜在的风险与问题，有效遏制了类似张某案件的再次发生，为企业的可持续发展奠定了坚实基础。此案例彰显了审计在企业治理中的重要作用，为其他国有企业提供了可供借鉴的宝贵经验。

任务一　确定审计基本类型

国内外划分审计类型的标准很多，因而对审计有着多种多样的分类。审计分类标准可分为基本分类和其他分类。审计的基本分类是以审计的本质属性为标准进行的分类。审计主体、客体、内容、目标作为审计的构成要素分别从不同角度阐明了审计的本质属性，因而基本分类包括按审计主体、内容和目标、审查对象性质分类。

一、审计按主体分类

审计主体包括审计授权人和审计人两个层次，审计授权人是提出审计的主体，审计人是接受审计授权人的授权，并代表审计授权人实施审计的组织和机构。审计按其主体分类，可分为国家审计、民间审计和内部审计。

（一）国家审计

国家审计是指由国家审计机关实施的审计，又称为政府审计。中国国家审计机关包括由国务院设置的审计署和县级以上地方各级人民政府设置的审计局（厅）和政府在地方或中央各部委设置的派出审计机关。

（二）民间审计

民间审计是指经有关部门批准并注册登记的专门从事审计的民间审计组织所实施的审计，又称为社会审计。民间审计的主体是接受各类资源财产的所有人或主管人委托的民间审计组织，它们接受委托，依法对被审计单位的财务收支和经济效益等承办审计鉴证、经济案件鉴定、注册资本的验证和管理咨询服务等业务。

（三）内部审计

内部审计是指由各个主管部门和企事业单位内部专职审计机构或人员所实施的审计。它包括两个层次：一是由主管部门内部审计机构进行的审计；二是由企事业单位内部审计人员进行的审计。这种专职的审计机构或人员，独立于财务部门之外，只接受本部门、本单位主要负责人的领导，依法进行审计。

二、审计按内容和目标分类

审计的客体包括审计的实体和内容，被审计单位是审计的实体，被审计单位的经济活动则构成审计的内容。审计目标则是指审查和评价审计客体所要达到的具体目的和要求。以下是按不同的审计主体所审计的内容和目标对审计进行的分类。

（一）政府审计按内容和目标分为财政财务审计、财经法纪审计和经济效益审计

财政财务审计是指审计机关对被审计单位的会计报表及有关资料的公允性及其所反映的财政、财务收支的合法性和合规性进行的审计，是一种常规审计。

　　财政审计是指国家审计机关对中央机关和地方各级人民政府的财政收支活动所进行的审计。财务审计是指审计机关对企事业单位的财务收支活动所进行的审计。财政财务审计的目标主要是审查和评价被审计单位的财政、财务收支是否合法、合规，同时还需审查和评价这些活动的会计账目和会计报表的真实性、正确性和公允性，查明有无错弊、被审计单位履行受托经济责任的情况。

　　财经法纪审计是指审计机关对被审计单位和个人严重侵占国家资财、严重损失浪费和其他严重损害国家经济利益等违法乱纪行为所进行的专案审计。审计的主要内容是审查是否有严重侵占国家资财、严重损失浪费、贪污盗窃、行贿受贿等行为，以及是否存在由于失职、渎职造成严重损失的重大经济案件。其目的是保护国有财产安全完整，维护企事业单位、所有者、出资人和职工的合法权益。

　　经济效益审计是指审计机关对被审计单位的财政、财务收支及其经营管理活动的经济性、效益性进行的审计。经济效益审计是在财务审计基础之上发展起来的一种现代审计，明显区别于传统的财政财务审计，其内容涉及经营管理的各个方面。具体审计内容包括各级政府的财政收支和管理活动，企业单位的财务收支及其经营管理活动，行政事业单位的资金使用和管理活动，固定资产投资及其管理活动的经济效益情况及影响因素、途径等。审计目标侧重于检查和评价被审计单位经济活动的经济效益性或合理有效性，具体包括两个方面：一是对被审计单位的预算、计划和预测、决策方案的效益性进行审查和分析；二是对被审计单位的预算或计划执行情况的效益性进行审查和分析。

（二）民间审计按内容和目标分为会计报表审计、验资和其他审计业务

　　会计报表审计主要是审查被审计单位的会计报表是否真实、客观、公正地表达其财务状况及经营成果，其会计处理是否符合公认的会计准则。其审计内容是企业年度、中期、清算会计报表。其审计目标是审查和评价企业对外公布的财务报告是否公允和正确地反映了企业的财务状况及其经营成果，其会计处理是否合法、合规，报表数据是否正确、真实，报表项目是否合理，并发表意见。会计报表审计是民间审计的一项基本业务。

　　验资是民间审计业务的一个重要领域，是对企业的注册资本或所有者权益进行的审验。验资的内容是企业所有者权益及其组成部分的合法性、真实性。其目的是保证企业资本的真实性，保护投资者的权益，加强国家对工商企业的管理。

　　其他审计业务是指法律、行政法规规定的其他审计业务。民间审计组织的业务范围包括审计业务和会计咨询、服务业务两大类。审计业务是中国法律法规赋予民间审计的一项法定业务，也是民间审计的一项基本业务。会计咨询、服务业务主要包括财务会计制度设计、代理纳税申报、代办申请注册登记、培训财务会计人员和其他会计咨询服务业务，这些业务是民间审计组织作为市场中介机构或第三产业向社会提供的劳务，随着社会主义市场经济的发展和中国式现代化的推进，这方面的业务范围会不断扩大。

（三）内部审计按内容和目标分为部门审计和单位审计

　　部门审计是指国家审计机关未设立派出机构的政府部门和作为经济实体的全国性公

司和地区性公司内部所设立的审计机构对本部门或下属单位的经济活动所进行的审计监督。其审计内容是本部门的财政、财务收支和经营管理活动及其经济效益，其审计目标是审查和评价上述经济活动是否合规、合法、真实、正确和有效。单位审计是指大中型企业、大型基建项目的建设单位和财务收支金额较大的事业单位内部设立的审计机构对本单位的财务收支及其经济效益所进行的审计。其审计内容是本单位的经济活动，其审计目标是审查和评价其经济活动是否合规、合法、真实、正确和有效。

三、审计按审查对象性质分类

按被审计单位性质，可以将审计分为非营利单位审计和营利单位审计。

（一）非营利单位审计

非营利单位审计是指国家审计机关对各级政府部门及行政事业单位、社会团体等非营利单位的财政财务活动及其他经济活动所进行的审计。其内容主要包括政府的预决算活动，各种单位的经费收支活动，被审计人的财政财务责任等。

（二）营利单位审计

营利单位审计也称企业审计，是指审计组织对以营利为目的单位的财务收支及其经济效益所进行的审计。按其行业可以分为工业、农业、商业、交通运输、金融保险等单位的审计；按所有制，可分为国有企业、集体企业、合资企业、私营企业、股份制企业等的审计。

任务二　确定审计其他类型

一、按实施时间分类

（一）按被审计单位经济业务发生的时间分为事前审计、事中审计和事后审计

事前审计也称为预防性审计，是指在被审计单位经济业务发生以前所进行的审计。其内容包括预测、决策方案、目标、计划、预算等审计，如投资方案、固定资产更新改造方案、财务成本计划、产品生产或个别零部件加工方案的选择审计等。其目的是提升预算、计划、预测和决策的准确性、合理性和可行性；其优点是防患于未然，避免被审计单位出现重大的决策失误，有利于发挥审计的预防性监督和控制作用。

事中审计是指在被审计单位经济业务执行过程中所进行的审计。通常是指对工期较长的基建项目和承包合同期中执行情况等进行的审计。通过对被审计单位的费用预算、费用开支标准、材料消耗定额等执行过程中有关经济业务进行事中审计，有利于及时发现并纠正偏差，保证经济活动的合法性、合理性和有效性。

事后审计是指在被审计单位经济业务完成以后所进行的审计。事后审计的范围十分广泛，财务活动的合法性、合规性、真实性、公允性，一般于事后才能进行检查、鉴证和评价。其主要目的是监督和评价被审计单位的财务收支及有关经济活动、会计资料和内部控制制度是否符合国家财经法规和财务会计制度，是否符合会计准则的要求，从而确定或解除被审计单位的受托经济责任。政府审计和民间审计大多实施事后审计，内部

审计也经常进行事后审计。

（二）按预先规定的时间分为定期审计和不定期审计

定期审计是指按照预先规定的时间（月度、季度、半年度和年度）进行的审计。如审计机构对行政事业单位一般规定每月、季、半年、年开展审计。接受委托的民间审计组织每年对企业的年末会计报表进行审计。

不定期审计是指审计机构根据具体情况而随时安排的审计，如经济犯罪案件审计、经济合同纠纷审计等。

（三）按所审计的会计报告期分为期中审计和期末审计

期中审计是指在被审计单位会计报告期（月、季、年）内所进行的审计。其内容既包括民间审计机构对上市公司期中报告的审计，也包括在非会计期末对被审计单位进行的审计。

期末审计是指在被审计单位的会计年度结束时或结束后所进行的审计。其审计重点是审查和验证会计账簿金额及会计报表各项目金额的真实性、正确性和完整性。

二、按范围分类

（一）按审计的业务范围分为全部审计和局部审计

全部审计也称为全面审计，是指对被审计单位一定时期的财政、财务收支及有关经济活动的各个方面及其资料进行的全面审计。

局部审计也称为部分审计，是指对被审计单位一定期间的财务收支或经营管理活动的某些方面及其资料进行的局部的、有目的、有重点的审计。

（二）按审计项目的范围分为综合审计和专项审计

审计项目是指对被审计单位审计时确定的具体审计对象，是审计内容的具体化。

综合审计是指对被审计单位的若干审计项目综合起来同时进行的审计。其优点是审计内容广泛，能同时查清多个方面的问题。

专项审计也称为专题审计，是指对被审计单位某一特定项目所进行的审计。其审计业务范围比局部审计业务范围小，针对性强，如自筹基建资金来源审计、支农扶贫专项资金审计、世界银行贷款项目审计等。

三、按执行地点分为报送审计和就地审计

报送审计又称为送达审计，是指审计机构按照审计法规的规定，对被审计单位按期报送的会计资料和其他资料进行的审计。

就地审计是指审计机构委派审计人员到被审计单位所在地进行的审计，按其具体方式，又分为常驻审计、专程审计和巡回审计。常驻审计是审计机构委派审计人员长期驻扎在被审计单位所进行的审计，如大型企业的驻厂审计员所进行的审计；专程审计是审计机构为查明有关问题而委派有关人员到被审计单位所进行的审计；巡回审计是审计机构委派审计人员轮流到被审计单位所进行的审计。

四、按工作组织方式分为派出审计、委托审计和联合审计

派出审计是指由各级审计机关根据审计工作需要，对重点地区、部门和企业派出审计机构或审计人员所进行的审计。

委托审计是指国家审计机关委托社会审计组织以及部门和单位内部审计机构，代表审计机关对被审计单位所进行的审计，以及国家行政机关、企事业单位和个人委托社会审计组织所进行的审计查证等业务。

联合审计是指审计机关组织有关审计部门和审计人员联合对被审计单位所进行的审计。

五、按执行方式分为强制审计和非强制审计

强制审计又称为法定审计，是指审计机构根据法律、法规规定对被审计单位行使审计监督权而进行的审计，这种方式是按审计机关的审计计划进行的，不管被审计单位是否愿意，都应依法接受审计。国务院审计机关根据法律赋予的权力，对国务院各部门和地方各级政府的财政收支实行强制审计。

非强制审计又称为任意审计，是指根据被审计单位自身的需要，要求审计组织对其进行的审计，与强制审计相对。非强制审计是按照《中华人民共和国公司法》（以下简称《公司法》）、《中华人民共和国证券法》及其他经济法规的要求而进行的审计。

六、按是否事先通知分为预告审计和突击审计

预告审计是指审计组织或人员在进行现场审计之前，将审计的内容、目的、日期及要求等有关事项预先通知被审计单位，使其提前做好接受审计的各项准备工作，然后再进行审计。

突击审计是指审计人员不将审计的有关事项预先告知被审计单位而进行的审计。其目的是使被审计单位无法弄虚作假、掩饰真相，以期取得真实的审计效果。

七、按是否为初次实施分为初次审计和继续审计

初次审计是指审计组织对被审计单位第一次进行的审计。在进行初次审计时，必须首先对被审计单位的各种审计条件（包括被审计单位的概况、经济业务的内容、财务状况和经营成果、内部控制系统、会计核算原则和手续等）进行详细的预备性调查，并据以编制审计计划。初次审计结束后形成的审计档案，将为以后各年度的继续审计工作提供重要的参考依据。

继续审计又叫作再度审计，是指审计组织对被审计单位实施初次审计以后的各年度进行的历次审计。继续审计的预备性调查要把重点放在此次审计与上次审计的间隔期内被审计单位的各种审计条件发生变动之处，同时充分利用上次审计形成的审计档案和经验，据以编制审计计划。继续审计有别于后续审计，两者在审计主体、程序、内容、目的等方面存在明显的区别。

八、按是否规定周期分为定期审计和不定期审计

定期审计是指审计组织按照预先规定的周期（如一年、二年、五年）进行的审计。审查的对象主要是被审计单位的财务报表和决算资料等。实行定期审计，有利于审计工作的经常化、制度化。

不定期审计是指审计组织没有预先确定周期，而是根据特殊需要随时安排的审计。例如，国家审计机关对被审计单位因某种原因（如存在贪污等经济犯罪，或发生严重问题等）进行的审计。

此外，审计按其组织程序分为计划内审计和计划外审计；按审计组织与被审计单位之间的关系分为外部审计和内部审计；按审计对象所属的经济领域，又分为宏观审计、中观审计、微观审计等。

九、国外常用审计类型

（一）"3E"审计

"3E"是经济（economy）、效率（efficiency）和效果（effectiveness）三个英文单词的总称。"3E"审计是西方国家比较流行的一种效益审计的称谓。经济审计是从各种经济活动的经济性目标着手，审查评价被审计单位对各项经济资源的利用是否节约、合理，并审查不节约、不合理的原因。效率审计是审查被审计单位的各项经济活动效率性目标的实现情况，如生产能力是否得到充分使用等。效果审计是审查被审计单位各项计划和目标的执行结果，并与预期结果进行比较，分析其出现差异的原因，为以后编制计划和制订目标提供参考依据。

（二）"5E"审计

随着西方国家审计目标的发展和变化，在"3E"审计的基础上出现了对经济活动的适当性和环境性两个审计目标进行分析、评价的活动。适当性涉及事前经济效益的评价，是指预计资金所占或所费与预计资金所得相比是否有利，若有利视为适当，无利则视为不适当。环境性是指影响经济效益的外部环境，诸如国家政治稳定、经济形势良好、民主法制健全、交通运输便利、资源条件充分、管理机制健全、规章完备、员工素质良好以及生态环境平衡等，均有利于环境；反之，则为不利于环境。由于适当（equity）和环境（environment）的英文单词第一个字母也是"E"，所以连同经济、效率和效果一起称为"5E"，以"5E"为目标的审计称为"5E"审计。

随着社会经济的发展，审计的外延越来越丰富，其表现形态日益多样化。上述审计分类是从多角度、多方位对审计进行揭示和认识。各种审计类型并不是孤立的，而是依据不同的审计主体相互交叉、相互结合在同一审计项目中。如国家审计机关对某国有企业进行年度财务报表审计，这一审计项目就是政府审计、营利单位审计、财政财务收支审计。它是一种外部审计，具有就地审计、强制审计、预告审计、微观审计、全部审计、事后审计的特点。根据审计时间的不同，安排在期中进行的，是期中审计；安排在期末进行的，是期末审计。

又如，股份制企业委托社会审计组织审计年度会计报表，这一审计项目就是民间审计、外部审计、财务报表审计的结合；进一步又是事后审计、就地审计、全部审计、任意审计。如果安排在期中进行审计的，是期中审计；如果安排在期末进行审计的，是期末审计；如果是第一次进行审计的，是初次审计。

随着信息处理电算化、大数据的发展，出现了计算机审计、大数据审计。这是由管理、会计、审计和计算机、网络等多种学科交叉而成的边缘学科，是审计人员用手工或电算化、智能化的审计方法与技术对电子信息数据所进行的审计。计算机审计、大数据审计没有改变审计的职能，但由于电算化、大数据的特点，计算机审计、大数据审计的内容与传统审计有所不同，其内容包括：对内部控制系统的审计，对应用程序的审计，对数据文件的审计，对其他与经济活动有关的资产和资料的审计等。

任务三　确定政府审计类型

一、明确政府审计机关隶属模式

不同国家的最高审计机关的隶属关系和地位有很大差别。政府审计的主要类型有以下几种。

（1）立法型。立法型的政府审计机关隶属立法部门，依照国家法律赋予的权力行使审计监督权，一般直接对议会负责，并向议会报告工作。目前世界上大多数国家的政府审计机关都属于立法型审计机构，如美国的审计总局、加拿大的审计总署等。立法型审计机关地位高、独立性强，不受行政当局的控制和干预。

（2）司法型。司法型的政府审计机关隶属司法部门，拥有很强的司法权，对公共财产案件和法律规定的其他案件都有一定的裁判权或审判权，如法国、意大利的审计法院等。司法型审计机关可以直接行使司法权力，具有司法地位和很高的权威性。

（3）行政型。行政型的政府审计机关隶属于政府行政部门，它是政府行政部门中的一个职能部门，根据国家赋予的权限，对政府所属各部门、各单位的财政财务活动进行审计监督。行政型审计机关依据政府法规进行审计，具有广泛性和直接性，但其独立性往往受到一定的限制。

（4）审计和监察职能合一。例如，韩国设立了独立于政府的审计监查院，受总统直接领导，具有独立的法律地位。

（5）独立体制型。一些国家的政府审计机关，介于立法、司法及行政部门之间，难以确定其从属类型。如日本的会计检查院不属于议会，对内阁也具有独立的地位。会计检查院认为其检查报告需要向国会申诉时，可由检查官出席国会，或以书面形式说明。

（6）主计审计长模式。设立独立的主计审计公署，负责财政决算编制、国家财政审计。在上下级审计机关领导体制方面，各国也有较大区别。印度、葡萄牙等国家只设一级审计机关，地方不设相应的审计机关，对地方的审计工作由其派出机构负责。

二、中国政府审计机关设置

中国政府审计机关包括中央审计机关、地方审计机关和审计派出机构。

（1）中央审计机关。《审计法》规定："国务院设立审计署，在国务院总理领导下，主管全国的审计工作。审计长是审计署的行政首长。"审计署是国务院所属部委级的国家机关，是中国最高审计机关，它作为国务院的组成部门，接受国务院的领导和指示，执行国务院的行政法规、决定和命令。它有自己的职责范围，对自己所管辖的事项，以独立的行政主体从事活动，并承担由此而产生的责任。审计署按照统一领导、分级负责的原则组织和领导全国的审计工作。

（2）地方审计机关。《审计法》规定："省、自治区、直辖市、设区的市、自治州、县、自治县、不设区的市、市辖区的人民政府的审计机关，分别在省长、自治区主席、市长、州长、县长、区长和上一级审计机关的领导下，负责本行政区域内的审计工作。""地方各级审计机关对本级人民政府和上一级审计机关负责并报告工作，审计业务以上级审计机关领导为主。"省、自治区审计机关称审计厅，其他地方各级审计机关统称审计局。地方审计机关根据有关法律规定设立，同样具有法律地位。一方面它既是各级政府的一个职能部门，直接对本级政府行政首长负责；另一方面它又以独立的行政主体对自己管辖范围内的审计事项进行审计监督。

（3）审计派出机构。《审计法》规定："审计机关根据工作需要，经本级人民政府批准，可以在其审计管辖范围内设立派出机构。"审计署根据工作需要派出审计特派员，设立审计派出机构，须经国务院批准。

三、确定中国政府审计机关职责

审计机关职责是指国家法律、行政法规规定的审计机关应当完成的任务和承担的责任。《审计法》规定，中国政府审计机关的具体职责如下。

（1）财政收支审计职责。对财政收支进行审计监督是审计机关的主要职责。审计署可以对国务院财政部门具体组织的中央预算执行的情况进行审计；地方各级审计机关可以对本级人民政府财政部门具体组织的本级预算执行情况进行审计。

（2）财务收支审计职责。对财务收支进行审计是审计机关的重要职责。审计署对中央银行及其分支机构的金融活动，以及从事有关金融业务活动发生的各项财务收支进行审计；对中央银行及其分支机构或者有关金融机构经管的中央国库业务进行审计。地方各级审计机关对有关金融机构管理的本级地方国库业务进行审计。

（3）其他法律、法规规定的审计事项。这里主要是指除在《审计法》中做出的专门规定外，在中国其他法律、行政法规中所做的有关审计机关职责的规定，如在《宪法》《中华人民共和国预算法》《中华人民共和国会计法》中的规定。

（4）专项审计调查职责。审计机关有权对与国家财政收支有关的特定事项，向有关地方、部门、单位进行专项审计调查，并向本级人民政府和上一级审计机关报告审计调查结果。

（5）审计管辖范围确定的职责。各级审计机关应当根据被审计单位的财政、财务隶属关系，确定审计管辖范围，不能根据财政、财务隶属关系确定审计管辖范围的，根据国有资产监督管理关系，确定审计管辖范围。上级审计机关可以将其审计管辖范围内的有关审计事项，授权下级审计机关进行审计。上级审计机关可以直接审计下级审计机关审计管辖范围内的重大审计事项，但应当避免重复审计。

（6）管理审计工作的职责。审计署在国务院总理的领导下，主管全国审计工作。地方各级审计机关在本级政府最高行政首长和上一级审计机关的领导下，负责本行政区域内的审计工作。

（7）指导和监督内部审计的职责。审计机关有权对国务院各部门和地方人民政府各部门、国有金融机构和企业事业组织的内部审计，进行业务指导和监督。

（8）指导、监督和管理民间审计的职责。审计机关依照法律和国务院的有关规定，对依法独立进行民间审计的机构，进行指导、监督和管理。

四、确定中国政府审计机关权限

审计机关的权限，是指国家通过法律赋予审计机关在审计监督过程中所享有的资格和权力。《宪法》《审计法》确定了中国审计机关进行审计监督时应遵循依法审计和独立审计的基本原则。中国政府审计机关的权限主要表现在以下几个方面。

（一）监督检查权

（1）要求报送资料权。会计资料及其他有关资料，是审计的直接对象。审计机关依法进行审计监督，被审计单位应当按照审计机关规定的期限和要求，向审计机关报送有关资料，被审计单位不得拒绝、拖延与谎报。

（2）检查权。检查权是指审计机关实施审计时，对被审计单位的有关资料和资产进行检查的权力。

（3）调查取证权。调查取证权是指审计机关就审计事项的有关问题向有关单位和个人进行调查，并取得证明材料的权力。

（二）临时强制措施权

采取临时强制措施权是为了及时制止正在进行的违反国家规定的财政、财务收支行为，或者为了保证审计工作的正常进行，对被审计单位的账册、资产采取一定的暂时性的强制措施的权力。

对正在进行的违反国家规定的财政、财务收支行为，可采取以下临时强制措施：

（1）予以制止。如责令被审计单位立即停止正在进行的违反国家规定的行为；情况紧急时，经县级以上审计机关负责人批准，暂时封存有关账册资料。

（2）当采取上述制止措施无效时，经县级以上审计机关负责人批准，通知财政部门和有关主管部门暂停拨付与违反国家规定的财政、财务收支行为直接有关的款项。

（3）对已经拨付的款项暂停使用。如经县级以上审计机关负责人批准，直接通知被审计单位的开户银行暂停支付，或者由财政部门、单位主管部门通知被审计单位的开户银行暂停支付。经县级以上审计机关负责人批准，可以对被审计单位已经取得的款项暂时予以封存。

（三）通报或公布审计结果权

通报或公布审计结果权是指审计结束后，审计机关向政府有关部门通报或者向社会公布审计结果的权力。

（四）处理、处罚权

处理、处罚权主要包括：对被审计单位拒绝、阻碍审计工作的处理、处罚权；对被审计单位违反预算或者其他违反国家规定的财政收支行为的处理权；对被审计单位违反国家规定的财务收支行为的处理、处罚权。

（五）建议纠正处理权

审计机关发现被审计单位的一些违法行为，有权建议有关主管部门纠正处理；构成犯罪的，提请司法机关依法追究刑事责任。

任务四 确定民间审计类型

不同国家，对民间审计组织的称呼也不尽相同，除了会计公司、会计师事务所的名称外，德国称经济审计公司，日本称审计法人，泰国称审计会计事务所。中国民间审计组织主要是会计师事务所。

会计师事务所是国家批准成立的依法独立承办注册会计师业务的单位，实行自收自支、独立核算、依法纳税，它是注册会计师的工作机构。

一、明确会计师事务所组织形式

（1）独资会计师事务所。独资会计师事务所，是由具有注册会计师执业资格的个人独立开业，承担无限责任的会计师事务所。它的优点是对执业人员的需求不多，容易设立，执业灵活，能够在代理记账、代理纳税等方面很好地满足小型企业对注册会计师服务的需求，虽承担无限责任，但实际发生风险的程度相对较低；缺点是无力承担大型业务，缺乏发展后劲。

（2）普通合伙制会计师事务所。普通合伙制会计师事务所，是由两位或两位以上注册会计师组成的合伙组织。合伙人以各自的财产对事务所的债务承担无限连带责任。它的优点是在风险的牵制和共同利益的驱动下，促使事务所强化专业发展，扩大规模，提高规避风险的能力；缺点是建立一个跨地区、跨国界的大型会计师事务所需要经历一个漫长的过程，同时任何一个合伙人执业中的错误与舞弊行为，都可能给整个会计师事务所带来灭顶之灾。

（3）股份有限公司制会计师事务所。股份有限公司制会计师事务所，是由注册会计师认购会计师事务所股份，并以其所认购股份对会计师事务所承担有限责任。会计师事务所以其全部资产对其债务承担有限责任。它的优点是可以通过股份制形式迅速聚集一批注册会计师，建立规模型大所，承办大型业务；缺点是降低了风险责任对执业行为的高度制约，弱化了注册会计师的个人责任。

（4）有限责任合伙制会计师事务所。有限责任合伙制会计师事务所，是事务所以全部资产对其债务承担有限责任，各合伙人对个人执业行为承担无限责任。它的最大特点在于，既融入了合伙制和股份有限公司制会计师事务所的优点，又摈弃了它们的不足。这种组织形式顺应经济发展对注册会计师行业的要求，于 20 世纪 90 年代初期兴起。

二、会计师事务所设立与审批

（一）中国会计师事务所的脱钩改制

中国绝大多数会计师事务所由政府部门、科研单位、企业、社会团体等法人出资设立，这些法人是会计师事务所的"挂靠单位"。所谓脱钩改制，就是会计师事务所与挂靠单位在人员、财务、业务、名称等方面"一刀两断"，由注册会计师及其他有关专业人士为主体出资和管理事务所。

（二）中国会计师事务所设立与审批

《中华人民共和国注册会计师法》（以下简称《注册会计师法》）规定，中国注册会计师可设立有限责任会计师事务所和合伙会计师事务所，不准个人设立独资会计师事务所。

（1）有限责任会计师事务所的设立与审批。根据《注册会计师法》和相关法律法规，有限责任会计师事务所是指由单位发起设立的会计师事务所。

（2）合伙会计师事务所的设立与审批。根据《注册会计师法》，会计师事务所可以由注册会计师合伙设立。合伙设立的会计师事务所的债务，由合伙人按照出资比例或者协议的约定，以各自的财产承担责任。合伙人对会计师事务所债务承担连带责任。

三、明确会计师事务所业务范围

根据《注册会计师法》及其他法律、行政法规，中国注册会计师可以办理以下三方面的业务。

（一）审计业务

（1）审查企业会计报表，出具审计报告。

（2）验证企业资本，出具验资报告。

（3）办理企业合并、分立、清算事宜中的审计业务，出具有关报告。

（4）办理法律、行政法规规定的其他审计业务。

（二）会计咨询、会计服务业务

（1）设计财务会计制度。

（2）担任会计顾问，提供会计、财务、税务和其他经济管理咨询。

（3）代理记账。

（4）代理纳税申报。

（5）代办申请注册登记，协助拟定合同、协议、章程及其他经济文件。

（6）培训会计人员。

（7）审核企业前景财务资料。

（8）资产评估。

（9）参与进行可行性研究。

（10）其他会计咨询和会计服务业务。

（三）其他法定审计业务

（1）根据《中华人民共和国中外合资经营企业法》《中华人民共和国中外合作经营企业法》《中华人民共和国外商投资法》及其实施条例或细则，以及有关三资企业税法的规定，三资企业的验资业务、会计报表的审计业务必须由中国注册会计师办理。

（2）根据《公司法》《关于从事证券业务的会计师事务所、注册会计师资格确认的规定》及证券管理方面的法律、行政法规的规定，股份制企业的改组审计业务，年度会计报表审计业务，中期会计报表审计业务，合并、分立及清算会计报表审计业务，以及这些企业的验资业务，由会计师事务所和注册会计师办理。

（3）除三资企业和股份制企业外，根据《企业会计准则》《企业财务通则》等有关会计法规、制度的规定，企业对外报送的会计报表，由企业委托注册会计师进行审计。

四、明确会计师事务所权限与规则

会计师事务所和注册会计师在承接和执业中，具有以下权限：

（1）会计师事务所受理业务，不受行政区域、行业的限制。

（2）委托人委托会计师事务所办理业务，任何单位和个人不得干预；注册会计师和会计师事务所依法独立、公正执行业务，受法律保护。

（3）注册会计师执行业务时，可以根据需要查阅委托人的有关会计资料和文件，查看委托人的业务现场和设施，要求委托人提供其他必要的协助。

（4）注册会计师执行审计业务，遇有下列情形之一的，应当拒绝出具有关报告：①委托人示意其做不实或者不当证明的；②委托人故意不提供有关会计资料和文件的；③因委托人有其他不合理要求，致使注册会计师出具的报告不能对财务会计的重要事项做出正确表述的。

会计师事务所和注册会计师在执业中应遵循下列规则：

（1）注册会计师和会计师事务所执行的业务，必须遵守法律、行政法规。

（2）注册会计师承办业务，由其所在的会计师事务所统一受理并与委托人签订委托合同；会计师事务所对本所注册会计师依照业务范围的规定承办的业务，承担民事责任。

（3）注册会计师与委托人有利害关系的，应当回避；委托人有权要求其回避。

（4）注册会计师对在执行业务中知悉的商业秘密，负有保密义务。

（5）注册会计师执行审计业务，必须按照执业准则、规则确定的工作程序出具报告。

（6）注册会计师不得有任何违反职业道德的行为。

（7）会计师事务所应依法纳税。

任务五　确定内部审计类型

《审计法》中，确立了内部审计制度的法律地位，明确了审计机关与内部审计的法律关系。《审计署关于内部审计工作的规定》全面地规范了内部审计机构的设置、领导关系、审计范围、主要权限、工作程序、内部管理及与审计机关的关系等。

一、内部审计机构设置

根据《审计法》和《审计署关于内部审计工作的规定》，国务院各部门和地方人民政府各部门、国有金融机构和企业事业组织，以及法律、法规、规章规定的其他单位，依法实行内部审计制度，并在下列单位设立独立的内部审计机构：

（1）审计机关未设派出机构，财政、财务收支金额较大或者所属单位较多的政府部门。

（2）县级以上国有金融机构。

（3）国有大中型企业。

（4）国有资产占控股地位或者主导地位的大中型企业。

（5）国家大型建设项目的建设单位。

（6）财政、财务收支金额较大或者所属单位较多的国家事业单位。

（7）其他需要设立内部审计机构的单位。

关于企业内部审计机构的领导体制，国内外基本有三种类型：一是受本单位总会计师或主管财务的副总经理领导；二是受本单位总经理或总裁领导；三是受本单位董事会或其下属的审计委员会领导。事业单位及行政机关的内部审计机构为管理最高一层的领导人或其他副职领导。

内部审计机构与外部审计机构相比较，一是具有内向性，即内部审计机构为加强单位内部经营管理和控制服务，它是本单位管理职能的一部分；二是具有广泛性，即内部审计不局限于对财政、财务收支的审计，而且要对内部控制、生产经营及经济效益各个方面进行检查、分析与评价；三是具有及时性、针对性和经常性，因为内部审计人员常年工作在本部门、本单位内部，熟悉情况，并可以随时了解情况、发现问题，这样有助于其及时地、有针对性地、经常地提出建议，并督促企业改进工作，提高经济效益。

二、明确内部审计机构任务

内部审计机构的具体审计任务如下：

（1）本单位及所属单位贯彻落实国家重大政策措施情况。

（2）本单位及所属单位发展规划、战略决策、重大措施以及年度业务计划执行情况。

（3）本单位及所属单位财政财务收支活动。

（4）本单位及所属单位固定资产投资项目。

（5）本单位及所属单位的自然资源资产管理和生态环境保护责任的履行情况。

（6）本单位及所属单位的境外机构、境外资产和境外经济活动。

（7）本单位及所属单位经济管理和效益情况。

（8）本单位及所属单位内部控制及风险管理情况。

（9）本单位内部管理的领导人员履行经济责任情况。

（10）协助本单位主要负责人督促落实审计发现问题的整改工作。

（11）对本单位所属单位的内部审计工作进行指导、监督和管理。

（12）国家有关规定和本单位要求办理的其他事项。

内部审计机构具有内向性、广泛性和及时性等特点，为了适应市场经济不断发展的需要，内部审计机构应充分利用自身优势，在促进单位内部控制制度建设的基础上，积极地拓展经济效益审计。从经营项目审计入手，逐步开展经济性、效率性、效果性审计，以及管理决策等方面的审计。

三、明确内部审计机构权限

根据 2018 年审计署发布的《审计署关于内部审计工作的规定》，在审计管辖范围内，内部审计机构有以下主要权限：

（1）要求被审计单位按时报送发展规划、战略决策、重大措施、内部控制、风险管理、财政财务收支等有关资料，以及必要的计算机技术文档。

（2）参加单位有关会议，召开与审计事项有关的会议。

（3）参与研究制定有关的规章制度，提出制定内部审计规章制度的建议。

（4）检查有关财政财务收支、经济活动、内部控制、风险管理的资料、文件和现场勘查实物。

（5）检查有关计算机系统及其电子数据和资料。

（6）就审计事项中的有关问题，向有关单位和个人开展调查和询问，取得相关证明材料。

（7）对正在进行的严重违法违规、严重损失浪费行为及时向单位主要负责人报告，经同意后做出临时制止决定。

（8）对可能转移、隐匿、篡改、毁弃会计凭证、会计账簿、会计报表以及与经济活动有关的资料，经批准，有权予以暂时封存。

（9）提出纠正、处理违法违规行为的意见和改进管理、提高绩效的建议。

（10）对违法违规和造成损失浪费的被审计单位和人员，给予通报批评或者提出追究责任的建议。

（11）对严格遵守财经法规、经济效益显著、贡献突出的被审计单位和个人，可以向单位党组织、董事会（或者主要负责人）提出表彰建议。

项目二
微课视频

项目三　确定审计方法与审计模式

学习目标

知识目标：

了解账目基础审计模式、制度基础审计模式、风险基础审计模式的基本含义及演变；了解掌握审计取证的基本方法；掌握取证的具体方法，即审阅、复核、核对、盘存、函证、观察和鉴定等内容。

素质目标：

培育诚信品格和良好的审计职业道德；培养审计人员的专业素质；养成严谨、认真、细致的工作作风；培养节约成本意识；培养创新精神；适应社会政治、经济、文化的发展，把国家利益、民族利益放在心中，肩负国家使命和社会责任。

能力目标：

能理解三种审计取证模式；能运用审计取证的基本方法取证。

项目导入

在错综复杂的经济格局中，审计作为确保财务信息真实性和合规性的重要手段，其重要性不言而喻。本项目旨在引导学生在深入了解审计方法与审计模式的基础上，训练实践技能，通过实际操作或案例分析，提升审计工作的专业素养和综合能力。

其一，回顾审计的历史演变，从账目基础审计模式、制度基础审计模式到现代的风险基础审计模式，每一阶段的进步都凝聚着审计人员对精准性和效率的不懈追求。通过对比不同审计方法的特点和适用场景，学生将能够更深入地理解审计的本质和目的。

其二，介绍审计取证的基本方法。这些方法不仅是审计工作的基础，更是确保审计结果准确可靠的关键。

其三，重点介绍取证的具体方法，如审阅、复核、核对、盘存、函证、观察和鉴定等内容。这些方法将帮助学生从多个角度收集证据，形成完整的审计证据链。

其四，注重培育学生的诚信品格和审计职业道德，培养严谨、认真、细致的工作作风，节约成本意识和创新精神。希望通过本项目的学习，学生能够将国家利益、民族利益放在首位，肩负起社会责任和国家使命。

其五，通过案例和模拟操作，让学生运用所学的审计取证方法和技巧，提升解决实际问题的能力。可以相信，通过本项目的学习，学生将有希望成为一名合格的审计人员，为中国的经济发展和社会进步做出自己的贡献。

任务一　选择基本审计方法

审计方法，又称审计技术，是指能用来收集审计证据的方法，是能够取得审计证据的各种纯技术性检查手段。审计方法可分为基本审计方法和辅助审计方法两类。基本审计方法是在审核检查时必须采用的、能用来直接收集重要审计证据的方法，一般包括审阅、复核、核对、盘存、函证、观察和鉴定等内容；辅助审计，通常是指为搜集重要审计证据提供线索，或者为搜集重要证据以外的补充证据而采用的审计方法，它不能收集到直接的重要证据，但常常可以帮助审计人员较快地发现问题，为进一步检查提供方向。无论是基本审计方法，还是辅助审计方法，它们都是在一般的审计项目中经常用到的，因此，又可将它们称为常用的审计方法。

一、审阅

（一）明确审阅含义

审阅是指审计人员通过对有关书面资料的仔细审视和阅读，查明有关资料及其所反映的经济活动是否合法、合理和有效，是否需要采用其他方法进行进一步审计的一种审计技术。

（二）运用审阅技术

审阅主要用于各种书面资料的检查。从审计检查的书面资料内容看，大致可分为两类，一类是与会计核算组织有关的会计资料，另一类是除会计资料以外的其他资料。

1.审阅会计资料

会计资料包括会计凭证、会计账簿和会计报表，对它们进行审阅时应注意如下要点。

（1）会计资料是否符合会计原理的要求和有关制度的规定。

（2）会计资料记录是否符合要求。如有关会计记录有无合法的原始依据；书写是否整洁，有无涂改、刮补情况；各种冲销更正记录是否正常等。

（3）会计资料反映的经济活动是否真实、正常、合法和合理。

（4）书面资料之间的勾稽关系是否存在。若不存在，则说明会计核算存在错误和舞弊的可能性。

2.审阅其他资料

对会计资料以外的其他资料进行审阅，往往是为了进一步获取信息，至于到底需要审阅哪些其他资料，则应视审计时的具体情况而定。必要时，应审阅的其他资料通常包括有关法规文件、内部规章制度、计划预算资料、经济合同、协议书、委托书、考勤记录、生产记录、各种消耗定额、出车记录等。

（三）掌握审阅技巧

审阅的主要目的是要通过对有关资料的仔细审视和阅读，发现某些疑点和线索，以抓住重点，缩小检查范围。以下审阅技巧可为审计人员提供帮助。

1.从异常数据上审阅

从异常数据上审阅即从有关数据的增减变动有无异常，可分析判断被审计单位是否存在问题，如库存商品、现金、材料等财务明细账出现赤字余额。异常数据可分为单独异常数据和相关异常数据。单独异常数据，是指彼此之间无关联的某些会计数据资料，违反了会计原理的要求或经济活动的实际；相关异常数据，是指彼此相关联的某些会计数据资料，其中一个在变而另一个却保持不变。审阅异常数据时，具体可从以下三个方面进行衡量。

（1）从数据增减变动幅度的大小来衡量。从这方面着手发现问题，关键是要能把握住各项经济活动本身的数量界限。

（2）从数据本身的正负方向来衡量。从数据正负方向上发现问题，一般需要掌握会计基础知识。

（3）从数据的精确限度上来衡量。从这方面着手发现问题，需要对经济活动的实际情况有一定了解。若联系经济活动的实际，则数据资料的精确限度都是相对的，如果脱离了实际的精确限度，则可能会出现弄虚作假的情况。

2.联系实际审阅

联系实际审阅是指从经济活动的实际情况入手，分析并判断被审计单位有无问题。例如，在审查某单位的费用记录时发现，有一笔修理费支出为 20 000 元，用银行存款支付，所附原始凭证为系统内某一单位出具的收据，收款事由为 20 台输送机的修理费用，每台面值 1 000 元。但该单位固定资产明细账反映，一共只有 20 台输送机。这说明被审计单位有弄虚作假的嫌疑，因为 20 台输送机同时损坏，而且损坏的程度完全相同，这样的情况实属少见。

3.从对应关系上审阅

从对应关系上审阅即从有关账户之间的对应关系有无异常，分析判断被审计单位有无问题。从会计原理的要求看，账户之间都有一定的对应关系，即一项业务的减少，会引起另一项业务的增加或减少。如果违反制度规定，出现了异常的对应关系，则相关业务的背后可能有异常情况。

例如，在审阅某单位的往来账款时，其他应付款中有一待决应付明细户头，其增加是由材料成本差异转来的 60 多万元。其他应付款与材料成本差异产生对应关系，属于不正常的账户对应关系，经进一步检查，查明该单位利用"材料成本差异"和"其他应付款"账户截留利润。

4.从时间上审阅

从时间上审阅即从时间上有无异常，分析判断被审计单位有无问题。每项经济业务的发生，必须有明确的时间并加以记载，且每项业务从开始执行到结束的整个过程所有持续的时间，都有一定的限度。若在有关资料上没有载明业务发生时间，或者虽然载明了时间，但从发生日至审查日（或结转日）之间的时差相距甚远，则相关业务背后都可能隐藏有舞弊问题。

审阅时间的异常，具体可从两个方面进行衡量。

（1）从有关资料上有无载明经济业务发生时间来衡量。一般来讲，无载明时间的业务背后，往往有假。

（2）从经济业务发生起到终了止，或到结账日（审查日亦可）止，从这段时间所延续时间的长短来衡量。业务发生的持续时间是有限的，如从支付材料货款到收到材料，若超出了正常的时间界限，则其背后可能会有问题。

5.从购销内容上审阅

从购销内容上审阅即从购销双方活动有无异常，分析判断被审计单位有无问题。从这方面着手时，具体可从六个方面进行衡量。

（1）从购销单位之间的所有制性质进行衡量。

（2）从购销单位之间的距离远近进行衡量。

（3）从购销单位之间的购销内容进行衡量。

（4）从购销引起的物流方向进行衡量。

（5）从购销物品的品质、价格进行衡量。

（6）从购销活动中的货款结算方式进行衡量。

6.联系经办人审阅

联系经办人审阅即从有关业务经办人的具体情况出发，分析判断被审计单位有无问题时，可从以下三个方面进行衡量。

（1）从业务经办人的业务能力和工作态度进行衡量。

（2）从经办人的思想品德方面进行衡量。

（3）从有关经办人的收支情况进行衡量。

7.从资料要素上审阅

从资料要素上审阅即从有关资料本身应具备的要素内容是否完整，分析判断被审计单位有无问题。

（四）审阅时应注意的事项

审阅技术主要用于各种书面资料的审查，需要注意以下四点。

（1）在审阅时应同其他方法结合进行。

（2）要仔细地观察和阅读资料的全部内容，包括资料本身应具备的要素、有关文字说明、数字等。

（3）发现的疑点和线索，应加以记录并进行适当分析，以便随时进行核实。

（4）应运用一定符号，以表明哪些资料已进行了初步审查。

二、复核

（一）明确复核含义

复核，也叫作复算、验算，是指通过对有关数据指标进行重新计算，以验证其是否正确可靠的审计技术。被审计单位的很多数据指标，都是通过一定公式进行计算所得的。在审计时有必要对有关数据指标进行复核。

（二）运用复核技术

审计中复核技术主要应用于两个方面：会计数据的复核和其他数据的复核。

1.会计数据的复核

会计数据的复核主要是指对有关会计资料提供的数据指标的复核。

（1）在会计凭证方面：①复核原始凭证上的数量、单价与金额的计算有无错误，对于涉及多个事项的原始凭证，注意复核其合计是否正确；②复核记账凭证后所属原始凭证的金额合计是否正确；③复核记账凭证汇总表（科目汇总表）是否正确；④复核转账凭证上记载的金额计算是否正确；⑤复核成本计算中有关费用的归集与分配，以及单位成本和总成本的计算有无错误。

（2）在会计账簿方面：①复核明细账、日记账，以及总账的本期借贷方发生额之和的计算是否正确；②复核各账户余额的计算有无错误；③复核有关明细账余额之和的计算有无错误。

（3）在会计报表方面：①复核资金表中的明细账、合计数及总计数的计算是否正确；②复核利润表中利润总额、应税所得额及其分配等有关数据的计算有无错误；③复核成本表中有关栏的合计数计算有无错误；④复核其他明细表中有关栏和行的合计，以及最后的总计计算有无错误；⑤复核各报表补充资料中有关指标的计算有无错误。

2.其他数据的复核

审计不局限于对会计资料的审查，因而除会计数据以外的其他数据也成了审计复核的内容。至于到底需要复核哪些内容，则视审计时的具体情况而定。

（三）复核时应注意的事项

复核时应注意以下三点。

（1）复核时要善于抓住重点。如果对所有指标都去复核，不仅工作量大，也毫无必要。

（2）复核时要小心谨慎，不能放过任何细微的差异。

（3）复核时应注意使用一定的符号，以便识别哪些项目已检查。

三、核对

（一）明确核对含义

核对是审计过程中经常采用的又一重要技术。核对技术，通常是指将书面资料的相关记录之间，或书面资料的记录与实物之间进行相互对照，以验证其是否相符的一种常用审计技术。

（二）运用核对技术

在一般审计项目中，需要应用核对技术的时候非常多。

1.会计资料间的相互核对

（1）核对记账凭证与所附原始凭证。

（2）核对汇总记账凭证与分录记账凭证合计，看其是否相符。

（3）核对记账凭证与明细账、日记账与总账，查清账证是否相符。

（4）核对总账与明细账余额之和，看其是否相符。

（5）核对报表与有关总账和明细账，查清账表是否相符。

（6）核对有关报表，查清报表间的相关项目，或者总表的有关指标与明细表之间是否相符。

2.会计资料与其他资料的核对

（1）核对账单。将有关账面记录与第三方的对账单进行核对，查明相互是否一致，有无问题。

（2）核对其他原始记录。将会计资料同其他原始记录进行核对，查明有无问题。

（3）核对有关资料记录与实物。报表或账目反映的有关财产物资是否确实存在，是财产所有者普遍关心的问题。

（三）核对时应注意的事项

核对时应注意以下几点。

（1）核对前，应将用来进行核对的各种书面资料本身的可靠性予以认可，否则核对后获取的审计证据资料将是不可靠的。

（2）核对内容要全面，不能遗漏。进行核对虽不需要审计人员具有渊博的知识，但粗心往往会酿成大错。

（3）核对时应运用一定的符号，以便能识别哪些内容已经核对过，或者核对了几次，或者有无疑问等。例如使用"√"表示已核对，用"？"表示还有疑问，用"√√"表示核对了两次。

（4）对核对中发现的差异、疑点和线索，应及时记载并做出分析，以便进一步澄清有关问题。

（5）在核对方式上，可根据具体情况确定。但最好由一个人进行核对，以防出现差错。

四、盘存

（一）明确盘存含义

盘存是指通过对财产物资的清点、计量，证实账面反映的财物是否确实存在的一种常用审计技术。在一般的审计项目中，盘存往往是不可缺少的，按具体做法的不同，盘存可分为直接盘存和监督盘存两种。直接盘存是指审计人员在具体实施检查时，亲自盘点来验证账面反映的有关财物是否确实存在、是否完整记录的盘存技术；监督盘存是指在盘点有关财物时，审计人员不亲自盘点，而是通过对有关盘点手续的观察、财物保管情况的观察及监督，证实财物存放有无问题的一种盘存技术，也有人将这种盘存技术列入观察技术范畴。

（二）运用盘存技术

运用盘存技术，一般有三个步骤。

1.盘点前的准备工作

为了保证盘点工作质量，在盘点前需要做以下准备工作。

（1）确定需要盘点的财物并予以封存。被审计单位的财物种类繁多，全面盘点不大可能，也无必要，因此应根据审计目标和被审计项目的具体情况，确定需要盘点的重点。一般可根据如下标准衡量：①是否未盘点过；②账面反映存量是否不合理；③在成本中所占比重是否较大；④该物品是否属紧俏贵重物品；⑤该物品是否为日常生活所必需；⑥该物品以往是否发生过舞弊问题。

（2）在确定好应该盘点的财物以后，若不能立即同时盘点且又难保证不让被审计单位知道情况时，则应将需要盘点的物资予以封存，贴上封条后，将钥匙交财物经管人保管。

（3）调查了解有关财物的收发保管制度，并对各制度控制功能的发挥情况做出评估，找出控制薄弱环节，明确重点。

（4）确定参加盘点的人员。在盘点成员中至少要有两名审计人员、一名财务负责人和一名实物保管人。

（5）结出盘点日的账面应存数，即通过审阅、复核、核对，将账面记录和计算错误予以消除。

（6）准备记录表格，检查度量器具。

（7）选择恰当的盘点时间。盘点时间的选择，一般以不影响工作正常进行为宜，建议选择在每天的业务终了以后，或是业务开始之前。

2.进行实地盘点

准备就绪后应着手进行盘点。对一般的财物盘点，审计人员主要应在场监督，看工作人员是否办理了应该办理的手续。同时，注意观察有关物品质量，对于特别重要的财务，审计人员除了监督、观察外，还应进行复点，如现金的盘点、其他有价证券的盘点、贵重物品的盘点等。盘点完毕后，审计人员将盘点所获的实际情况如实在事先准备的表格中填写清楚。

3.确定盘点结果

通过计算确定的盘点结果，将实物数和账存数进行比较，就能确定账实是否相符，以及不符的差异。若发现账实不符，不要轻易下结论，需彻底核实可能存在的问题。

在盘点结果确认以后，应认真填写盘点表，并要求所有在场人员（尤其是实物保管人、财务负责人、审计人员）在盘点表上签名，以明确责任。

（三）盘存时应注意的事项

盘存时应注意以下几点。

（1）采取突击检查方式时应同时盘点，若不能同时盘点，则未盘点实物的保管，应在审计人员的监督下进行。

（2）不能只清点实物数量，还应注意实物的所有权、质量等。

（3）任何性质的白条，都不能用来充抵库存实物。

（4）在确定盘点小组的人选时，不能完全听从被审计单位的意见，以防串通合谋舞弊。

（5）确定盘点结果时，不要轻易下结论，尤其是一些涉及个人的问题，更应谨慎处理。

（6）若遇到盘点日与结账日不一致时，应进行必要调整。调整时，可分别按以下公式进行：

$$结账日账面应存数 = 盘点日账面应存数 + 盘点日与结账日之间发出数$$
$$- 盘点日与结账日之间的收入数$$

$$结账日实存数 = 盘点日实存数 + 盘点日与结账日之间发出数$$
$$- 盘点日与结账日之间的收入数$$

五、函证

（一）明确函证的含义

函证，又称函询，是指审计人员根据审计的具体需要，设计出一定格式的函件寄给有关单位和人员，根据对方的回答来获取有关资料，或对某些问题予以证实的一种审计技术。

（二）运用函证技术

按要求对方回答方式的不同，函证可分为积极函证和消极函证两种。积极函证，是指不管在什么情况下，都要求对方对函证内容直接以书面文件的形式向审计人员做出答复；消极函证，是指对于函证的内容，只有当对方认为还存在异议时，才要求对方直接以书面文件的形式向审计人员做出答复。至于应使用积极函证还是消极函证，一般应视函证业务事项的具体情况而定。运用函证技术，有两个关键点值得注意：一是选择的函证方式要恰当，即在什么情况下应该采取积极函证方式，在什么情况下可以采用消极函证方式；二是设计的答复函要合理，既要将审计人员想知道的所有要点都包含在内，同时又要便于让对方回答，以保证能够得到所需的证据材料。

1.选择函证方式

一般情况下，在以下场合应使用积极函证方式。

（1）函证审计事项特别重要。这里所说的重要，可以从两个方面来衡量：一是该业务涉及的金额越大，对审计目标的影响越大；二是可以从该业务涉及的问题性质来衡量，涉及的问题性质越严重，造成的不良影响越大。

（2）函证审计事项极为有限。并非应证审计事项极为有限时就要使用积极函证方式，而是强调在应证审计事项极为有限的情况下，为采用积极函证方式提供了可能。

（3）函证审计事项从发生日至审查日（或结账日）延续的时间较长。一般而言，每项业务的起止有正常的时间界限，如果超出正常的时间界限，可能就有问题。因而需要采用积极函证方式。

（4）对函证审计事项存有较多疑问。审计人员总希望对存有疑问的各种问题，都能找到满意的证据。

除上述场合外，其余场合应采取消极函证方式。在消极函证方式下，只有当对方对函证内容有异议时才做出回答，因此，若在规定期限内未收到对方的答复函，则应证明审计事项的实际情况与审计人员的认识是一致的。

2.设计证实函件

在函证的情况下，对方是按照审计人员的具体要求来回答问题的，因此审计人员的要求应该详尽地在函件中表述，这些要求既能让对方理解，又要便于对方回答，否则审计人员运用函证技术可能是无效的。函询信如图3-1所示。在设计的函件中应该包括以下内容：

（1）审计机构的名称。如一般应在第一行中间位置写明"××审计机构函件"字样。

（2）被函询单位名称（或姓名）、发函的目的、函证审计事项的内容。在发函目的中，应写明执行审计业务的指令，以及出于何种需要而发函；函证审计事项的内容应简单明确，便于理解。

（3）函证审计事项的具体内容。包括函证业务的摘要、经办人、涉及的有关方面、核准人、业务发生的时间（如已终止，则应包括终止时间）、财物数量、财物价格及金额、业务凭证号码、记账凭证号码、其他需要说明的事项等。

（4）函证的要求。在函件中要求明确对方对哪些内容予以回答、提供的答复函应该给谁、最迟的答复期限是什么时候，以及其他需要特别说明的事项等。

（5）审计机构及对方的签章、发函的时间、答复的时间等。

×× 审计局函件
审（　）字第　号

（被函询单位名称）：

　　我局根据（审计依据）的要求，对（被审计单位名称）的（审计内容）进行（方式）审计。在审计中，发现与贵单位发生的（业务名称）业务有必要进行核对，具体内容见函件回执。请贵单位按要求如实填写后，于××年××月××日前寄至××审计局××。谢谢。

××审计局（盖章）

××年××月××日

图3-1　函询信

（三）函证时应注意的事项

函证时应特别注意以下几点。

（1）避免由被审计单位办理与函证有关的一切事宜。

（2）对于重要事项的函证，应注意保密，以防被审计单位采取临时补救措施。

（3）在采用积极函证的方式下，如果在规定的期限内未能收到答复函，则应采取其他补救措施，或是再次发函取证，或是亲临对方核实，或是委托对方所在地审计机构就地取证后函复。

（4）为了便于控制，应对函证的审计事项和函证单位开列清单，做好相应记录。函询信回执如图 3-2 所示。

```
                        ×× 审计局函件回执
单位名称：
函证业务内容：
经办人：
 涉及方面：
核准人：
 发生时间：
数量：
金额：
业务凭证号码：
记账凭证号码：
被审计单位核对单位不符情况的说明：

                                              核对人（签章）
                                              核对单位（盖章）
                                          ×× 年 ×× 月 ×× 日
```

图 3-2 函询信回执

（5）答复函件及函证清单等，都应收进审计工作底稿。函证清单的一般格式如图 3-3 所示。

```
                           函证清单
函证事项名称：
函证单位：
函件编号：
经办人：
发函日期：
函证方式：
要求答复日期：
收到答复日期：
对方经办人：
备注：
```

图 3-3 函证清单的一般格式

六、观察

（一）明确观察含义

观察，是指审计人员通过现场察看来了解被审计单位的一般情况，以及对审阅与分析中所发现的问题或对被审计单位的经营活动产生重大影响的活动，通过亲临现场巡视获取证明材料的一种审计技术。

（二）观察时应注意的事项

观察时应特别注意以下几点。

（1）观察时保持高度的警觉，仔细留意周围的情况，不要放过任何细微的差异、疑点。

（2）保持合理的怀疑。在进行观察时，对于周围的一切都应该多问几个为什么。比如领导为什么对小组的观察那么热心或冷淡？为什么小组观察时总派人跟着？

（3）在观察的同时注意综合分析。观察时，看到的多数都是现象。审计人员应该学会从众多的现象中抓住本质。

（4）在观察时，要与询问结合运用，并注意询问的策略与技巧。

（5）为了便于了解各种情况，观察时应结合使用问题式调查表。

（6）最好要求被审计单位对现场观察到的情况进行介绍。

（7）对于观察获取的资料，必须详细记录，尤其是形成的初步结论，一定要写清楚在观察时产生结论的原因，以免今后产生误解而导致工作失误。

七、鉴定

（一）明确鉴定含义

鉴定，是指对某些审计事项的检查需要的技能超出了审计人员的正常业务范围，聘请专门人员运用专门方法进行检测以获取审计证据的一种审计技术。

（二）鉴定时应注意的事项

鉴定时应注意的事项有以下几点。

（1）聘请的专家能否保持独立性，这一点至关重要。因为审计作用的本质就在于审计人员的独立性。当由审计以外的其他职业专家代行审计职权时，审计的独立性同样不应受到损害。

（2）应该选择威信高、信誉好、在当地影响大的专家来协助审计。

（3）在进行鉴定时，审计人员对一些具体细节应该保密。

（4）进行鉴定后，一般应由有关专家出具鉴定报告，并且要求在报告上签名，以明确责任。

（5）对于受聘协助审计工作、出具鉴定报告的有关专家，审计人员应予以保密。

任务二　选择辅助审计方法

最常用的辅助审计方法有分析法、推理法、询问法和调整法等。分析法通过数据对比或趋势研判，揭示异常情况。推理法运用逻辑规则判断业务合理性，构建因果链验证交易事实。询问法通过访谈获取信息。调整法针对错报实施修正。这些方法综合应用，可以有效提升审计效率和质量。

一、比较分析法

比较分析法，是指直接通过对有关审计项目之间的对比，揭示其中的差异，并在此基础上分析判断差异是否正常及其形成的原因，从而判明经济活动是否合理、有效，以及被审计单位有无问题的一种分析技术。

绝对数比较分析，是指直接以有关项目之间的总量或货币总额进行对比，揭示其中差异所在并进行判断的一种分析技术，如企业管理费或销售收入在不同时期的对比，产品、商品存销量在不同时期的对比。通过对比，可以揭示被审计项目的增减变动情况有无异常，是否合情合理，是否存在问题。

相对数比较分析，又称比率分析，是指将计算出的被审计项目的百分比、比率或比重结构等相对数指标进行对比，揭示其中的差异，并分析判断有无问题的分析技术，如成本费用率、利税率、资金率、资金增长率、完成程度、比重结构等指标的计算与对比。

运用绝对数比较分析还是相对数比较分析，应按被审计项目的具体情况而定。一般而言，两种比较分析技术都能采用的，应同时运用两种技术。

在具体应用比较分析技术时应特别注意以下几点。

（1）对比之前，应对用于对比的被审计项目有关资料内容的正确性予以认可。

（2）对比的各项目之间，必须具有可比性。

（3）应该对比哪些内容，应根据比较的目的而定。

（4）比较得出的差异，应予以记录并附分析说明。

二、平衡分析法

平衡分析法，是指根据复式记账原理和会计制度的规定，以及经济活动之间的内在依存制约关系，对应该存在内在制约关系的项目进行计算或测定，以检视其制约关系是否存在，并揭示其中有无问题的一种分析技术。

使用平衡分析技术时应特别注意以下几点。

（1）对有关指标进行复核，验证其是否正确。

（2）在分析前应该找出有关项目之间存在哪些内在的依存制约关系。

（3）在运用平衡分析技术时，多数情况是对有关指标进行计算测定。

（4）为了便于找出依存制约关系，要求审计人员掌握一些生产经营活动方面的常识。

三、相关分析法

相关分析法，是指对存在关联的被审计项目进行对比，揭示其中差异，并判明可能存在问题的一种分析技术。

在具体应用相关分析技术时应特别注意以下几点。

（1）经济活动事项之间在哪些方面有关联，属于什么关联，这些关联既包括直接的，又包括间接的或逻辑的。

（2）能够从相关事项的异常现象背后把握问题的实质。

四、账户分析法

账户分析法，是指以会计制度为依据，运用会计原理，按照账户对应的发生额和余额的规律性，揭示账目中反映的问题的一种分析技术。账户分析的目的是揭示账目中存在的各种异常现象，这些异常现象通常包括异常余额、异常的核算内容、异常的摘要、异常的对应关系、异常的发生额以及异常的发生时间等。账户分析法在审计中经常采用的技术主要有科目分析法和账龄分析法两种。

科目分析法，是指根据科目对应关系的原理，按某一科目的借方或贷方的对方科目编制棋盘式对照表，或进行分别登记，然后分析其记录是否恰当，有无隐藏其他问题的一种账户分析技术。

在具体应用科目分析技术时应特别注意以下几点。

（1）针对被审计单位的实际情况，找出需要运用科目分析检查的重点科目。

（2）在具体编制科目分析表时，应该特别谨慎细心，以防因遗漏而导致错误的审计结论。

（3）在编制的分析表中，应该将正常的对应科目全部列出，否则难以发现问题或做出错误的结论。

账龄分析法，又称应收账款账龄分析法，是指以账户中业务事项发生后延续时间的长短为标志编制分析表，揭示其中有无异常或其他问题的一种账户分析技术。

账龄分析法可以用于应收应付账款的检查，还可以用于材料、产成品、商品、应收应付账款、工程支出等业务的一般性检查。

运用账龄分析技术的关键，是要找到一个恰当的标志对业务事项进行分类，并编制账龄分析表，如表3-1和表3-2所示。这一恰当的标志就是延续时间的长短。

在具体应用账龄分析技术时应特别注意以下几点。

（1）应确定正常业务的期限。

（2）应根据业务内容的具体情况划分不同档次，并确定每一档次的相应比重。

（3）通过账龄长短确定的重点审查事项，进一步分析其形成的原因，或可能存在的问题，以便为进一步检查提供方向。

（4）为了便于说明问题，对有问题的重点事项给被审计单位造成的损失应进行实事求是的测算。

表 3-1　结算业务账龄分析

结算周期	户　数	金　额	比　重
1个月以内结算			
2～3个月			
4～6个月			
7～12个月			
13～24个月			
24个月以上			
合计			

表 3-2　实物保管账龄分析

实物名称	单位	保管期限内的金额及比重											
		1 个月内		2～3 个月		4～6 个月		7～12 个月		13～24 个月		24 个月以上	
		金额	比重	金额	比重	金额	比重	金额	比重	金额	比重	金额	比重
A													
B													
C													
D													
E													
F													
…													
合计													

五、制度分析法

制度分析法，是指将被审计单位财政经济活动事实与有关的法律、法令和规章制度进行比较，以揭示有无存在问题的一种分析技术。

在具体应用时应特别注意以下几点。

（1）应对制度本身进行分析讨论，明确制度的具体要求及适用范围。

（2）需要查对关于制度的原始文件，以防做出错误结论。

（3）应注意制度时效性、地域性的限制。

六、趋势分析法

趋势分析法，也称动态分析法，是指从发展的观点分析研究经济活动在时间上的变动情况，以揭示其增减变动的幅度及其发展趋势是否正常、合理和有无问题的一种分析技术。

在具体应用时应特别注意以下几点。

（1）进行分析前，应对用于分析的各种指标本身的可靠性予以认可。

（2）用于进行趋势分析的有关指标，在各个时期应具备可比性。

（3）进行趋势分析时，常常需要运用多种分析方法。

（4）在做出分析结论时，应综合考虑各种因素的影响。

七、推理法

（一）明确推理法的含义

推理法，是指审计人员根据已经掌握的事实或线索，结合自身的经验，运用逻辑推断技术，确定一种审计方案，推测实施后可能出现的结果的一种审计技术。

（二）运用推理法

1.恰当分析

恰当分析是进行推理的前提，因此它是运用推理技术的基础。建立在事实基础上的恰当分析，就是审计人员根据进入被审计单位后了解到的客观情况，并结合以往遇到过的各种情况（积累形成经验），以及经济活动中存在的必然联系，提出种种设想，将导致产生某种结果的所有原因、影响的所有因素、可能存在的各种问题，尽可能地一一分析出来。提出恰当的分析，必须建立在合理怀疑的基础上。

2.合理推理

进行合理推理，是根据提出的种种怀疑，结合进入被审计单位后观察、调查了解到的情况，来推断各种可能情况的真实程度。推理必须建立在恰当分析的基础上，如果推理正确，可使工作进展顺利，少走弯路。

3.正确判断

进行正确判断，是审计人员凭自身的经验，结合观察了解到的具体情况，对推理的结果予以认定的过程。

（三）运用推理法时应注意的事项

在具体运用推理法时应特别注意以下几点。

（1）分析、推理、判断都必须以客观事实为依据。

（2）分析、推理、判断需要凭借审计人员的经验。

（3）对用于推理的基础资料，应事先加以核实。

（4）产生推理结论的过程和所依据的事实，记入审计工作底稿中。

（5）在未经核实之前，推理法所获取的结论，不能用作证明。

（6）运用推理法，需要在其他审计技术运用的基础上进行，或者结合其他审计技术进行。

八、询问法

（一）明确询问法的含义

询问法，是指审计人员直接与有关人员进行面谈，以取得必要的资料或对某一问题加以核实的一种审计技术。

按询问对象不同，询问可分为对知情人的询问和对当事人的询问；按询问地点不同，询问可分为内部询问和外部询问；若按询问方式不同，询问可分为个别询问和集体询问。

（二）运用询问法

恰当运用询问法，首先要选择恰当的询问方式，其次是注意询问策略。

1.询问方式的选择

询问的方式有个别询问和集体询问两种。

（1）个别询问，即单个交谈，是指某一个人单独地开展面谈，以获取所需资料的一种询问方式。

以下几种情形须采用个别询问的方法：①询问内容极为重要，需要控制扩散范围的；②被询人知晓的情况可能对他人构成损害或威胁的；③被询人是某些人的打击报复对象；④被询人性格内向，不善交谈的；⑤被询人提出要求，需要单个面谈的；⑥对当事人的对质，以核实问题的；⑦审计人员认为询问内容可能会对被询人产生不利影响的。

（2）集体询问，是指通过找多个有关人员一起进行面谈，以获取所需资料的一种询问方式。

以下场合应采用集体询问的方式：①调查了解的只是一般情况或一般性问题；②调查内容对有关人员不构成影响的；③被询人性情活泼开朗，善于交谈的；④审计人员认为询问内容不会对被询人产生不利影响的；⑤询问内容不存在保密问题的。

2.询问策略的选择

审计人员在进行询问时需要运用的策略主要包括以下方面。

（1）创造适宜的询问气氛。

询问知情人时应和缓，使被询人有轻松感；询问当事人时应严肃，使被询人有恐惧感。不同气氛的形成取决于：①审计人员的态度；②被询人的陈述；③审计人员的引导。

（2）恰当地提出问题。

提出的问题应既要明确包含审计人员的意图，又要便于被询人正确理解。恰当的提问取决于：①语词得当；②问得得体；③依据事实；④讲究条理。

（三）询问时应注意的事项

在具体运用询问技术时应特别注意：

（1）在准备对有关人员进行询问之前，如果可以让被询人事先了解情况，则应预约询问的时间和地点，并做必要准备。

（2）在每一次询问时，审计人员应有两人在场。

（3）为了便于询问的进行，审计人员应使自己的言行表现出良好的修养。

（4）在询问过程中，审计人员应注意聆听，使被询人意识到他所提供的信息是重要的。

（5）询问过程中，审计人员应认真做好询问记录，并在询问完毕后交被询人查阅签名。

（6）列入计划的询问对象及询问内容，审计人员应注意保密。

（7）涉及多个当事人的询问，应单独同时进行。

（8）对询问获得的言词证据，不能直接用来作证，只能用作重要证据的补充证据。

九、调整法

（一）明确调整法的含义

调整法，是指审计人员在通过审核检查以后，对发现的有关不符之处所作的符合实际和规定的纠正的技术。

审计中的调整，实际上既包括对有关账目的调整，也包括对报表和有关数据计算的调整。

（二）把握调整法

调整法可能在某一审计项目中均会涉及。按调整内容的不同划分，可分为调整数据计算、调整账项和调整报表三个方面。

1.调整数据计算

违反法规要求，或者业务处理中方法不当，或者工作中的错误，必然影响有关数据指标的准确性。因此，数据计算的调整问题是调整的重要内容，而且是账项调整和报表调整的基础。

为了保证数据计算调整的合理性，调整时应按以下方法进行：

（1）选择恰当的调整计算方法。每一项数据都是按一定的方法计算出来的，而每一项数据应该怎样计算都有具体的规定。审计人员应与被审计单位主管部门或财务部门共同协商确定方法，并以此为依据来计算调整。

（2）分析确定需要调整计算的内容。全面分析每一个问题出现以后，会对哪些具体项目产生影响，而这些项目都需要进行计算调整。在分析确定时，应该特别细致，遗漏或错误都将使计算数据失真，从而使调整技术的运用不能达到预期目的。

（3）确定分配计算的依据。即以采用的计算依据所影响的金额，分配计入需要调整的每项内容中去。审计人员应与被审计单位的财务负责人共同协商确定，并以此为依据进行分配。

（4）计算出需要调整的结果。调整结果的计算需要审计人员细心谨慎，千万不能草率处理。

2.调整账项

所有被发现的问题，一般最后都须涉及账项的调整。运用调整技术调整账项的基本原则为：一是要符合制度的要求；二是要将受到影响的方面全部调整回去，使其能反映本来面目。

调整账本时应注意以下几点。

（1）分清期限，确定调整方式。时间不同，则调整方式不同。审查期、决算期在同一年度的，则可采用会计上的一般调整方式，即先将原错弊记录用红字全部冲回，再补做上正确的账务处理；如果决算期在前，审查期在后，仍采用同样方法，则只会将审查年度的账目调乱，因已办理完决算，以前年度的账项无法冲回，所以应调整审计日所在年度的账项。

（2）将所有错弊账项全部列出。如果错弊账项本身很少，但它影响很多其他科目的，则应将全部受影响的科目列出来。对受影响的账项的分析，应立足会计制度和会计原理的要求，尽量分析全面。

（3）进行正确的账务处理。

（4）比较（2）和（3）的内容，分析确定调整账项，能相互抵销的将其抵销。

例如，某会计年度某企业在建工程领用的材料费用 500 000 元，记入了生产成本，导致甲产品生产成本多计、产成品多计、产品销售成本多计、利润虚减、偷漏税收。假定审计日所在会计年度甲产品全部完工，而且全部已出售，货款全部收回。

若未结账时，建议会计调整账项的分录为：

借：在建工程（工程尚未完工时。若审计日已完工，记入"固定资产"）　500 000

　　贷：本年利润（审计日"本年利润"尚未结账时）　　　　　　　　　500 000

如果审计日账项已结，并对利润进行了分配，需要计算出应当缴纳的企业所得税，补缴企业所得税，并调整利润分配的数额。

借：在建工程（或"固定资产"）

　　贷：应交税费——应交企业所得税

　　　　盈余公积——法定盈余公积

　　　　盈余公积——任意盈余公积

　　　　盈余公积——公益金

　　　　应付利润（或"应付股利"）——应付××

　　　　利润分配——未分配利润

3.调整报表

为了保证账簿与报表相符，对具体账项进行调整结束后，应根据有关记录相应调整审查年度报表的期初数（或年初数）。

（三）调整时应注意的事项

运用调整法应特别注意以下几点。

（1）应调整哪些内容，必须反复考虑，以求尽量完整。

（2）注意时间区间。

（3）应该怎样调整，需要与被审计单位的财务负责人协商。

（4）运用调整技术的结果，应写入审计报告的建议部分。

十、因素分析法

因素分析法是经济活动分析中最基本的分析技术，也被称为连环替代技术。通常审计人员应用因素分析是为了确定影响某一经济现象的诸多因素的影响方向及其影响程度，为进一步审计提供线索，或为正确评价经济活动提供依据。

运用因素分析技术时需注意以下几点。

（1）确定被审查活动的影响因素及联系。

确定影响因素以及各因素之间的相互联系，是进行分析的前提和基础。例如，产品单位成本是由原材料、燃料与动力、工资及福利费用、制造费用等成本项目构成的，相互之间是和的关系；又如，原材料成本受产品产量、原材料单耗、单价三个因素影响，它们之间是乘积的关系。

（2）确定因素的排列顺序。

因素分析技术测定某一因素的变动时，需要假定其他因素不变，遵循一定的先后顺序，否则测定的结果差距很大。确定因素的排列顺序时，习惯上按数量指标在前、质量指标在后，实物指标在前、价值指标在后，主要指标在前、次要指标在后的基本原则确定。

（3）依次替换各因素并测定影响效果。

替换因素时，具体有两种方法：一是按习惯上的因素分析技术进行替换，每次一个，且在前一次的基础上进行；二是按明确责任归属的方法进行替换，每次一个，但不依赖前一次的结果，且要单独测定共变因素的影响。假设以a、b、c分别代表产品产量、原材料单耗、单价（单位成本），a_0、b_0、c_0为它们的目标成本，a_1、b_1、c_1为它们的实际成本。

按第一种方法替换的做法是：

a变动对成本影响：$(a_1-a_0)\times b_0\times c_0$

b变动对成本影响：$(b_1-b_0)\times a_1\times c_0$

c变动对成本影响：$(c_1-c_0)\times a_1\times b_1$

按第二种方法替换的做法是：

a变动的影响：$(a_1-a_0)\times b_0\times c_0$

b变动的影响：$(b_1-b_0)\times a_0\times c_0$

c变动的影响：$(c_1-c_0)\times a_0\times b_0$

共变影响：$[(a_1 b_1 c_1-a_0 b_0 c_0)-(a_1-a_0)\times b_0\times c_0-(b_1-b_0)\times a_0\times c_0-(c_1-c_0)\times a_0\times b_0]$

从审计的角度看，单独反映共变因素的影响，更有利于明确责任的归属。

（4）进行延伸检查。

各影响因素是否真实，问题的症结何在，有无提高经济效益的潜力等，应做必要的分析。上述原材料成本，若是生产量增加引起成本增加，则应进一步查明产量的增加是否真实，有无虚构产量、有无伪造产量的舞弊问题。若是因市场急需所致，则应进一步分析产品在市场上是否还有更大的潜力，以便明确是否应扩大生产。如果可以扩大生产，则是追加投资，或是租赁设备，还是通过协作来扩大产量？企业内部还能在多大程度上增加产量？若是材料单价的提高造成成本增加，则应进一步查明材料单价的提高是否真实，有无改变成本结转方法调节成本、利润的问题，国家有无调整价格，单位有无因改变进货渠道、地点而使采购费用增加的情况，有无控制材料价格上涨的潜力等。

（5）提出改进建议与措施。

审计人员通过进一步延伸检查，明确产生影响的原因，以及存在潜力的环节，在此基础上有针对性地提出改进建议或措施。

十一、线性规划法

线性规划法主要解决资源优化问题，解决以最少的耗费达到预期效果的问题，解决在一定资源限制下取得最大经济效果的问题。在经济效益审计中，审计人员总希望找到充分利用资源的方法或途径，而应用线性规划技术往往行之有效。

（一）审查应用条件

应用线性规划法解决问题需具备四个条件：一是应有明确的目标；二是有多种方案可供选择；三是资源确实受到限制；四是影响被审计事项的各种因素能建立数学模型且

呈线性关系。

（二）建立数学模型

符合使用条件的被审查问题，应根据有关资料分析确定变量及目标函数，并列出所有的约束条件，建立规划问题的数学模型。

（三）求变量及目标函数的值

建立模型后，运用线性规划的求解方法，求出变量及目标函数的值。线性规划求解的方法一般有两种，即图解法和单纯形法，前者一般在少于三个变量时采用，而后者一般在多于三个变量时采用。

（四）评价与建议

对求出的变量值与目标函数值，评价被审查的问题并提出改进意见或措施。

十二、ABC 分析法

ABC 分析法是全面质量管理分析技术的重要内容之一，也称主次因素分析技术或巴雷特图技术。审计中运用 ABC 分析技术的目的在于从众多的影响因素中分清主次因素，抓住重点。它是指对某一问题产生影响的全部因素，按主次分成 A、B、C 三大类（区、组或层），并用矩形图将其表示出来，其中 0%～80% 的定为 A 类因素，80%～90% 的定为 B 类因素，90%～100% 的定为 C 类因素。这样便于分清主次，抓住重点。

十三、指数分析法

指数分析法，是指经济现象中某些经济指标在不同时期（基期、报告期）可比数指标的值，揭示各因素的影响程度及其发展趋势的一种分析技术。指数分析与趋势分析不同，前者旨在揭示各因素的影响程度和因素之间的内在联系，后者侧重于根据历史资料揭示经济活动的发展前景，即预测未来。指数有多种形式，若按研究总体范围大小划分，可分为个体指数和总体指数；若按比较的基期不同，可分为定基指数和环比指数；若按指数性质的不同，可分为数量指标指数和质量指标指数等。运用指数分析技术，可以揭示经济现象之间的有关因素变动关系、各因素的影响方式及其影响程度。

十四、网络分析法

网络分析法是 20 世纪 50 年代后期发展起来的组织与计划管理的方法。它的基本思想是"统筹兼顾""求快、求好、求省"，其基本原理是运用网络理论和程序分析方法，将一项活动的具体工作编制成网络图，计算确定其中的关键路线，使各项具体工作在执行中出现最少的延误与中断，合理安排人、财、物，从而对计划进度和成本费用进行有效控制与监督，以最少的时间或费用消耗达到预期目标。网络分析技术既适用于一次性规模工程，如建筑工程施工、设备大修理、船舶制造、大型机械制造、新产品的试制等，同时也适用于局部工程或计划。一般来说，越是复杂的、多头绪的、时间紧迫的活动，应用网络分析技术越是有效。

十五、经济批量分析法

经济批量分析法是指在保证生产供应连续性与均衡性的前提下，确定总体费用最低时的合理采购量或生产量的分析方法。应用经济批量分析技术，可以使库存压到最低限度，减少不合理资金占用，加速资金周转，达到降低成本和提高经济效益的目的。

十六、量本利分析法

量本利分析法是通过业务量（销售量、营业额）、成本与利润之间的依存关系，评价盈利状况与经营业绩，以及有关因素变动对利润的影响的一种分析技术，也称盈亏分析、保本分析等。运用量本利分析法，可以正确地掌握盈亏界限，控制成本，预测目标利润，合理安排生产，达到提高效益的目的。

十七、投资分析法

投资分析法是可行性研究的重要技术，主要是对建设项目所需的投入资金以及投资后可能产生的经济效果进行测算，再决定是否接受投资。在进行经济效益审计时，应对被审计单位的投资决策的可行性进行分析评价，为正确决策提供依据、减少浪费，以取得好的效果。

十八、价值分析法

价值分析法，也称价值工程法，是指通过对系统的功能与成本的对比，寻求使整体达到最优途径而采用的一种技术经济分析方法。"价值"是指效用与取得这种效用投入资源的比，是衡量各项活动有效的尺度。用公式表示为：

$$价值＝功能 \div 成本$$

"功能"是指系统所具有的特定用途，如产品的性能、质量等；"成本"是指系统的寿命周期成本。以产品为例，成本包括产品寿命周期内发生的全部费用，如出售前的研制、设计、试验、生产费用，出售过程中的销售费用，以及出售以后在使用中的维修、保养等费用。价值与功能成正比，与成本成反比。

任务三　选择审计模式

审计模式的发展大致经历了三个阶段：一是账目基础审计（20 世纪 40 年代末期以前）；二是制度基础审计（20 世纪 50 年代初期至 80 年代末期）；三是风险基础审计（20 世纪 80 年代末期至今）。

一、账目基础审计模式

（一）明确账目基础审计目标

早期审计工作的主要目标是查错揭弊，这时采用账目基础审计模式。这种审计方法是围绕会计账簿、会计报表的编制过程来进行的。它通过对账表上的数据进行详细核实，来判断是否存在舞弊行为或技术性错误，如对报表、账簿和凭证的详细检查。

（二）账目基础审计发展历史

账目基础审计的发展过程主要经历了数据稽核、账簿审计、详细审计、资产负债表审计和全面会计报表审计等阶段。

1.数据稽核

数据稽核是以核查账簿记录、核对有关凭证为依据，验算其会计数据是否一致及其计算是否正确。德国在18世纪以前盛行数据稽核，只审查有关账簿数据方面的正确性。19世纪中期以后，随着股份有限公司的发展和社会经济关系的复杂化，审计人员在稽核企业账簿记录数据的正确性之外，还进一步查明企业的实际经营情况，然而这仍是以检查账簿记录为基础，检查企业经营的实际情况仍是以账簿所反映的会计事项为导向。

2.账簿审计

账簿审计的具体做法是：①核对凭证单据与原始登记簿上的记录；②检查有关账户之间的过账情况；③验证各账簿中的数字计算。

19世纪末期，英国审计以检查会计账簿所反映的会计事项为主线：①审核账簿的设置；②审核账簿的记载技术；③审核账簿的保管。

3.详细审计

详细审计又称完全审计或全面审计，是详细审查企业全部会计事项的审计方法。详细审计需审查下列资料：①试算平衡表；②总分类账中的主要账户与其辅助账户；③应收票据、应付票据和证券等的明细表；④银行对账单和来自债权人的对账单；⑤付讫银行支票和所有的凭单；⑥应收账款及坏账准备。⑦盘存明细表。

4.资产负债表审计

资产负债表审计是查证企业资产负债表中各个项目的内容和金额是否正确的审计方法。资产负债表审计的基本内容为：①确认账簿在一定时期所列的全部资产实际上确实存在；②确认有无应该列账而未列账的其他资产。③确认账簿在一定时期所记载的债务是真实的负债。④确认所有负债已经反映在账簿上。⑤确认列账负债的发生是否正当。

5.全面会计报表审计

全面会计报表审计是资产负债表审计的扩展。会计报表范围扩展，适应范围也扩大，审计的目标由单纯为所有者查找弊端和错误转变为对社会的公证，在审计方法上由详查转变为以选定项目进行测试（抽查）。但在会计报表审计发展的早期，以抽查测试为主的审计方法还没有成熟，所以仍然大量采用详细审计的方法。

（三）账目基础审计存在局限性

账目基础审计技术适用于评价简单的受托经济责任，是审计技术发展的第一阶段，在审计方法发展史上占据着十分重要的地位。然而，这种技术自身也存在着难以克服的局限性。

第一，这种审计方式耗费大量的人力和时间。

第二，即使采用有限制的抽查技术，但由于不了解会计系统，容易造成因抽查而遗漏有重大问题项目的事件。

第三，以交易为基础的审计工作主要都是围绕着交易来进行的，因此不容易发现会计工作中的程序性错误。

二、制度基础审计模式

（一）明确制度基础审计目标

制度基础审计模式是以系统为基础的审计技术和方法，即以内部控制制度审查为基础的一种审计技术和方法。它的出现与审计目标的改变有很大的关系，由于审计工作的主要目标已经不再是发现记账差错和揭发舞弊行为，而是验证会计报表是否真实、公允地反映了被审计者的财务状况和经营成果，会计报表的外部使用者将注意力越来越多地转向企业的经营管理方面，这就要求审计人员对组织的内部控制制度有全面的了解。

当评价的结果证明内部控制制度可以信赖时，在实质性测试阶段只抽取少量样本就可以得出审计结论；而当评价结果认为内部控制制度不可靠时，才根据内部控制的具体情况扩大审查范围。审计工作越来越依赖于组织的内部控制制度的趋势可以归纳为以下两点：

（1）随着经济的不断发展，出现了很多经营规模较大的大型企业，交易过程越来越复杂，对各项合理性的判断也因为交易环节的增加而越来越困难，在这种情况下，审计工作不得不依赖于企业内部控制制度的自身控制作用。

（2）由于企业规模的不断扩大，交易数量也急剧增多，已经不能继续应用传统的审计方式，强调对账簿凭证的大量检查，这使抽样技术得到了广泛的应用，企业内部控制制度是否健全可靠已经成为能否成功地应用抽样技术的先决条件。

以系统为基础的审计方式采用内部控制调查表、流程图、内部控制薄弱环节记录表等方法，并且在确定测试数量时广泛应用统计抽样技术，强调对内部控制制度有方向、有重点的检查，改变了过去那种盲目的机械检查方法，大大提高了审计工作的效率。

（二）制度基础审计产生

1.产生制度基础审计

内部控制制度由来已久，它与审计并没有必然的联系。从实施主体上讲，内部控制制度是由企业管理部门来完成的，而审计是由外部审计人员从事的；从对象范围上讲，内部控制制度涉及企业的各个方面，而财务审计仅与财务资料有关，内部控制制度的范围比审计要广；从目的上讲，内部控制制度从防护到促进、从资料到实际经济活动都有，而财务审计主要是对企业对外编报的会计报表给予证明。

实施内部控制制度的目的，首先是出于企业资产安全的防护，以此为基础发展到对会计资料正确性的保证，后来又发展到对企业生产经营活动经济性、效率性和效果性的提高、经营决策方针的贯彻以及经营目标实现的促进，而实现这些目的的核心和前提就是要保证会计资料的正确，这与财务审计的目标不谋而合，正是这一内在联系，构成了内部控制制度与财务审计相结合的基础，一旦条件成熟，必然产生制度基础审计。

制度基础审计的产生基于以下四个要素：①企业的内部控制制度日趋完善，评价内控系统可以作为审计的导向；②审计目标由以查错纠弊为主转变为以确认会计报表的公允性为主；③审计对象的规模扩大化和复杂化，运用传统的审计方法不能达到审计的目标；④审计界引进系统论，与长期积累的实践经验相结合，使审计理论获得突破。

2.制度基础审计流程

关于制度基础审计流程，托马斯·托尔夫（Thomas Wolf）列举了八个步骤：①了解被审计单位的背景和理论上应具备的业务制度；②了解被审计单位实际应用的业务制度；③详细查明其内部控制制度中的强点和弱点；④评价各个强点和弱点对各主要业务的影响；⑤确认据以编制会计报表所依据的各种记录的可靠程度；⑥保证会计报表同主要记录一致；⑦对所审核账目的真实性、公允性及是否符合法律法规其他要求，形成审计意见；⑧在出具的审计报告中表示意见。

制度基础审计的流程具有以下特点。

（1）签订审计业务约定书之后要进行初步调查，将现行系统记录下来，并加以评价。

（2）经过评价，如认为系统不可信赖，则不能采用制度基础审计的方法，而要对账簿进行分析和测试，增加实质性测试的数量。

（3）如认为系统可以信赖，则采用制度基础审计的方法，进行控制测试。

（4）如对控制测试满意，则可进行少量的实质性测试。

（5）如对控制测试不满意，则必须了解有无补救控制措施。倘若有适当的补救控制措施，也可只进行少量的实质性测试。

（6）倘若缺乏适当的补救措施，则必须增加实质性测试的数量。

（三）制度基础审计存在局限性

在实践中，审计人员发现，以系统为导向的审计方法存在一种危险的趋势，即由于审计人员特别强调对于系统的检查，因而给管理部门造成错觉，认为控制方面的缺陷只能用控制来弥补，这就容易形成为了控制制度而加强控制的状况，其结果是控制制度的确是加强了，但是系统所产出的结果却并没有得到改进，而且控制的加强必然会加大成本，影响到最终的结果，造成这种危险趋势的根本原因是，在强调控制制度的同时忽略了人的因素。

制度基础审计还存在一项无法解决的致命弱点，那就是基于内部控制制度的审计模式没有与审计风险联系起来，没有为有效降低审计风险提供指南和帮助，而影响审计风险的因素要远远超出内部控制制度的作用范围。在审计风险大爆炸时代，降低审计风险已成为审计人员考虑的首要因素，因此制度基础审计必然要被更适合审计环境的新的审计模式所代替，那就是风险基础审计模式。

三、风险基础审计模式

（一）明确风险基础审计目标

在审计模式从传统的账目基础审计向制度基础审计发展的过程中，风险的种子实际上就已经埋下了。因为此时大多采用测试和抽查的方式进行审计。也就是说，审计人员是用检查一部分事项取得的证据来对会计报表整体发表意见。这就必然存在意见偏差的可能性，一旦不当的审计意见给会计报表使用者造成损失，审计人员就有可能承担赔偿等责任，审计风险也就由此产生了。

自 20 世纪 60 年代以来，审计技术和方法得到了相当大的改进，审计职业界也颁发和修订了一系列审计准则，审计质量得到很大的提高。但与此同时，世界各国控告审计人员的诉讼案件却急剧增加，审计人员面临"诉讼爆炸"时代。

随着世界范围内科学技术和政治经济的变化，社会对审计评价被审计者受托经济责任的履行情况提出了更高的要求，不断爆发了诉讼审计人员的事件。这种形势对审计界来说既有动力也有压力，它要求审计人员必须从高于内部控制制度的角度综合考虑企业内外的环境因素，全面、广泛地评价企业受托经济责任的履行情况。

人们不得不开始强调审计战略，使用审计风险模式，并积极采用分析性复核。这种审计可以称之为风险基础审计，是迎合高度风险社会的产物。它要求审计人员重视对企业环境和企业经营进行全面的风险分析。以此为出发点，制订审计战略，制订与企业状况相适应的多样化审计计划，以确保审计工作的效率性和效果性。

（二）风险基础审计程序

风险基础审计分为计划阶段、实施阶段和报告阶段，在具体内容上与制度基础审计有着较大的差别。在实践中，为了使审计工作做得更为细致，并关注审计重要领域，风险基础审计又可分为五个阶段，具体如下：

（1）通过调查、了解、分析、评估等方法执行一般计划并确认重要的审计领域，识别重要的风险领域，目的是评估固有风险，确认重要的审计范围。

（2）了解和评估重要的资料来源，目的是寻找并确定控制弱点。

（3）执行初步风险评估（即固有风险和控制风险的联合评估），目的是通过风险评估，选择可靠的、有效率的、有效果的审计程序。

（4）拟订与执行审计计划，通过实施审计获取审计证据。

（5）整理前几步提出的问题，期后事项审核、会计报表的分析性复核和工作底稿的审核，即执行全面评估，将审计结论形成书面文件，出具审计报告。

项目三
微课视频

项目四 根据审计目标采取审计措施

◎ 学习目标

知识目标：

掌握审计目标、审计程序、审计依据、审计证据、审计工作底稿、审计准则的基础知识和应用；了解审计目标、审计程序与审计依据、审计证据、审计工作底稿、审计准则之间的关系。

素质目标：

培育诚信品格和良好的审计职业道德；培养审计人员的专业素质；养成严谨、认真、细致的工作作风；培养节约成本意识；培养创新精神；适应社会政治、经济、文化的发展，把国家利益、民族利益放在心中，肩负国家使命和社会责任；自觉投入现实社会之中，适应市场经济的形势，将爱国热情融入中华民族伟大复兴的征程中，主动运用审计规律。

能力目标：

能根据审计目标确定审计内容，进而确定审计程序；在确定审计程序时能根据审计依据、审计准则运用适当方法取得审计证据，进而编写审计工作底稿等。

📋 项目导入

本项目致力于全方位提升学生的专业素养与综合能力，引导学生深入学习审计。本项目不仅聚焦审计核心技能的传授，如精准设定审计目标、科学规划审计程序、严格遵循审计依据与准则、高效收集审计证据及规范编制工作底稿等，更着重于揭示这些技能间错综复杂的内在联系，帮助学生构建起一个系统化、逻辑严密的审计知识体系框架。

在素质培养层面，本项目坚守诚信为本的原则，致力于塑造学生高尚的审计职业道德观，同时强化其作为未来审计人员的基本素养，包括严谨求实的工作态度、敏锐的成本控制意识以及勇于探索的创新精神；鼓励学生将个人成长融入国家发展大局，以高度的社会责任感和使命感，积极投身于市场经济建设的洪流中，为实现中华民族伟大复兴的中国梦添砖加瓦。

本项目还特别强调团队合作与集体精神的重要性，通过小组协作的形式，让学生在实践中学会倾听、尊重与协作，共同面对挑战，提升团队协作与现场管理能力。在能力塑造方面，学生将学会如何根据审计目标精准定位审计重点，灵活设计并执行高效审计程序，熟练运用审计依据与准则进行精准判断，以及高效收集、整理并分析审计证据，最终精确无误地编制审计工作底稿。这一系列能力的综合提升，将为学生未来的审计职业生涯奠定坚实的基础，使学生能够自信满满地应对各种复杂多变的审计挑战，为经济社会的持续健康发展贡献审计专业的智慧与力量。

任务一　确定审计目标

一、明确审计目标

（一）明确审计目标含义

审计目标是审计行为的出发点，是审计人员审计查证活动所要查明证实的具体内容，因而是审计对象的具体化，它通过被审计人的表述而呈现。确定审计目标旨在为审计人员提供一个实施审计的框架，以便按照审计目标收集充分有力的证据，来证明经济事项的本来面目与被审计人书面陈述资料相符的状况。

（二）追寻审计目标演进

1.详细审计阶段

本阶段的审计目标是通过对被审计单位一定时期内的会计记录的逐笔审查，判定有无技术错误和舞弊行为。

2.资产负债表审计阶段

本阶段的审计目标是通过对被审计单位一定时期内资产负债表所有项目余额的可靠性、真实性审查，判断其财务状况和偿债能力。在此阶段，查错防弊这一目标依然存在，但已"退居"第二位。审计的功能从防护性发展到公正性。

3.会计报表审计阶段

本阶段的审计目标是判定被审计单位一定时期内的会计报表是否公允地反映了其财务状况和经营业绩，以及所采用的会计政策和会计处理方法是否符合本国的会计准则，并在出具审计报告的同时，提出改进经营管理的意见。

（三）统筹审计目标构成

审计目标包括审计总体目标和审计具体目标。概括地讲，审计总体目标就是被审计人的受托经济责任的履行情况。具体地讲，就是被审计单位的财政、财务收支及其有关经济活动的真实性、合法性和效益性。根据审计总体目标的要求，结合审计项目的具体内容所确立的分项目审计目标，就是审计的具体目标，也称为项目审计目标。

二、审计总体目标

（一）真实性、合法性

审计总体目标中的真实性、合法性包括以下内容。

1.确切性

审查已经记入财务报表和会计凭证、账户的业务是否应该记入，查证有无高估、虚列业务。

2.完整性

审查应该记入财务报表和会计凭证、账户的业务是否已经记入，查证有无低估、漏记业务。

3.所有权

审查列入财务报表的资产和负债是否确属企业所有或所欠。

4.计价

审查会计资料记录的业务计价是否正确，如计价规则的运用是否正确、配比是否合理、各会计期间是否一致等。

5.分类

审查判定每笔业务是否记入正确的账户，账户金额是否正确地列入财务报表。例如，长期投资中一年内到期的项目是否列入流动资产项目。

6.截止日

审查结账前后发生的业务是否都正确地记录于恰当的会计期间。

7.账务正确性

审查明细账与总账的记账和过账是否正确，汇总明细账与总账余额是否相符。

8.揭示充分性

审查资产负债表和损益表及其账户的有关信息是否在报表中正确列出，附注部分所列出的内容与有关法律、法规、准则的要求是否相符。

（二）效益性

效益性是指经济活动所呈现的适当性、经济性、效率性、效果性和环境性，就是通过实施一系列财政、财务收支及其有关经济活动，为国家和企业带来合理的利益。效益性包括以下内容。

1.适当性

这一目标用来评价预计资金投入与预计资金所得相比是否合理、有利。将所费与所得相比较，考察其投资是否适当、合理。

2.经济性

经济性也称节约性。这一目标用来评价实际资金投入与预计资金投入相比是否节约或超支。它涉及节约在什么地方，超支是由不可避免的客观因素造成的，还是由主观因素造成的，以及是否可以避免和调整等。

3.效率性

这一目标用来评价实际资金投入与实际所得相比是否获利及获利的状况。在这一目标下，审计人员考查的是某一项目实际的所费与所得之比的经济结果状况。

4.效果性

这一目标用来评价实际所得与预计所得相比的结果是否理想。

5.环境性

这一目标是评价投资的外部条件对项目是否有利，以及项目对外部环境的影响。

三、中国独立审计目标

（一）中国独立审计总目标

1.独立审计的总目标

我国独立审计的总目标是对被审计单位会计报表的合法性、公允性表示意见。

（1）合法性，是指会计报表的编制是否符合《企业会计准则》及国家其他财务会计法规的规定。

（2）公允性，是指会计报表在所有重大方面是否公允地反映了被审计单位的财务状况、经营成果和资金变动情况。

2.服务于会计报表的鉴证

会计报表使用者希望注册会计师为会计报表鉴证的理由如下：

（1）向外部独立人员寻求鉴证（利益的冲突）。

（2）确定被审计单位是否按公认会计准则编制会计报表（决策的需要）。

（3）对会计报表的质量进行鉴证（报表的复杂性）。

（4）距离遥远的会计报表使用者难以直接评估会计报表的质量（遥远性）。

3.有助于会计报表使用者

注册会计师的审计报告既有助于会计报表使用者了解、掌握被审计单位的财务状况与经营成果，也有利于被审计单位改善其经营管理。

4.划分责任

在出具审计报告以后，如果后来的事实有所出入，责任可能并不在注册会计师，因为注册会计师的审计行为是恰当的，所得出的结论是合理的。然而责任到底在谁，必须进一步划分被审计单位的责任和注册会计师的责任。

被审计单位的会计责任是：

（1）建立、健全内部控制制度。

（2）保护其资产的安全、完整。

（3）保证其会计资料的真实性、完整性、合法性。

注册会计师的审计责任是：

（1）保证审计报告的真实性。保证审计报告的真实性是指审计报告应当如实反映注册会计师的审计范围、审计依据、已实施的审计程序和应表示的审计意见。

（2）保证审计报告的合法性。保证审计报告的合法性是指审计报告的编制和出具必须符合《注册会计师法》和《中华人民共和国国家审计准则》（以下简称《国家审计准则》）的规定。

（二）中国独立审计具体目标

1.中国独立审计具体目标的概念

中国审计具体目标是审计总目标的进一步具体化，包括一般审计目标和项目审计目标：一般审计目标，是指进行所有项目审计均必须达到的目标；项目审计目标，是指按每个项目分别确定的目标。

审计具体目标的确定，有助于注册会计师收集充分、适当的审计证据，并根据实际情况确定应收集的证据。审计具体目标必须根据审计总目标和被审计单位管理当局的认定来确定。

2.被审计单位管理当局对会计报表的认定

（1）认定的概念。

认定是指被审计单位管理当局对其会计报表所做的断言或声明。注册会计师的基本职责就在于确定其认定是否有充分的理由。

管理当局在会计报表上的认定有些是明示性的，有些则是暗示性的。例如，A公司的资产负债表报告存货为50万元，这意味着A公司做了以下两项明示性的认定：①存货是存在的；②存货的正确余额是50万元。

同时，管理当局也做了以下三项暗示性认定：①所有应报告的存货，均已包括在内；②所有被报告的存货都归公司所有；③存货的使用不受限制。

（2）注册会计师了解被审计单位管理当局认定的意义。

①管理当局在会计报表上的认定反映了管理当局在处理各项经济活动及经济事项时，遵循会计准则及相关财务会计法规的范围、程度及其结果。

②注册会计师了解了管理当局的会计报表认定，就很容易确定每个项目的具体审计目标。

③注册会计师按这些目标收集到充分、适当的审计证据，就能弄清遵守会计准则及相关财务会计法规的实际情况，再将其同既定标准比较，得出恰当的审计结论。

（3）被审计单位管理当局对会计报表认定的类型。

①存在或发生认定。存在或发生认定是指资产负债表所列的各项资产、负债、权益在资产负债表日是否存在，利润表所列的各项收入和费用在会计期间内是否确实发生。

②完整性认定。完整性认定是指在会计报表中应该列示的所有交易和项目是否都已列入在内。

③权利和义务认定。权利和义务认定是指在某一特定日期，各项资产是否确属公司的权利，各项负债是否确属公司的义务。

④估价或分摊认定。估价或分摊认定是指各项资产、负债、所有者权益、收入和费用等要素是否按适当的金额列入会计报表中。该项认定包括总值估价、净值估价、计算精确性等。

⑤表达与披露认定。表达与披露认定是指会计报表上的特定组成要素是否被适当地加以分类、说明和披露。

（4）关于认定，国际审计准则与中国审计准则的比较如表4-1所示。

表4-1　国际审计准则与中国审计准则的比较

国际审计准则	中国独立审计具体准则	五大类认定
①存在	①资产、负债在某一特定日期是否存在	①存在或发生
②权利和义务	②资产、负债在某一特定日期是否归属被审计单位	③权利和义务

续表

国际审计准则	中国独立审计具体准则	五大类认定
③发生	③经济业务的发生是否与被审计单位有关	①存在或发生
④完整性	④是否有未入账的资产、负债或其他交易事项	②完整性
⑤估价	⑤资产、负债的计价是否恰当	④估价或分摊
⑥计量	⑥收入与费用是否归属当期	④估价或分摊
⑦表达与披露	⑦会计记录是否正确	④估价或分摊
	⑧会计报表项目的分类反映是否适当且前后一致	⑤表达与披露

3.具体审计目标的确定

（1）一般审计目标包括以下几个方面。

①总体合理性。总体合理性测试的目的，在于帮助审计人员评价账户余额中是否有重要错报。

②真实性，是指所列账户中的余额真实。这一目标由管理当局对存在或发生认定推论得出。

③完整性，是指发生的金额均已包括。这一目标由管理当局对完整性认定推论得出。

④所有权，是指所列金额确属公司。这一目标由管理当局对权利和义务认定推论得出。

⑤估价，是指所列金额均经正确估价和计量。

⑥截止，是指接近资产负债表日的交易已计入适当的日期。

⑦机械准确性，是指有关账表资料、数字、计算、加总及勾稽关系的正确性。

⑧披露，是指会计报表中恰当地反映了账户余额和相应的披露要求。

⑨分类，是指确定每个项目和每个账户记录是否在会计报表中恰当列出。

（2）审计人员在确定具体审计目标时，应充分考虑以下基本因素。

①被审计单位的经营状况。

②被审计单位经济活动的性质。

③被审计单位所属行业的特殊会计实务等。

任务二　确定审计程序

一、明确审计程序

（一）界定审计程序含义

审计程序是审计组织和审计人员在办理审计事项时自始至终必须遵循的工作步骤和操作规程。就一个审计项目而言，审计程序是从审计项目开始到项目结束的各阶段的内容及其安排。

（二）明确审计程序意义

就审计监督而言，按照法定审计程序办事，是实现有法必依、执法必严、违法必究的重要保证，也是独立审计原则的基本要求，它体现着审计监督的法治化、制度化和规范化。制定并严格遵守审计程序可以使审计工作有条不紊地进行，并对加强审计质量管理和控制、提高审计工作效率产生十分重要的影响。

二、国家审计程序确定

（一）制订审计项目计划和实行审计项目质量检查

1.审计项目计划和审计项目计划管理的概念

审计项目计划是审计机关每年对审计项目和审计调查项目做出的统一安排。审计项目计划由文字说明和表格两部分组成。文字说明的内容包括上年度审计项目计划完成情况、本年度计划编制依据、主要任务指标和完成计划的主要措施。表格的内容包括各项计划任务指标、责任单位、完成时间等。审计项目计划一般包含上级审计机关统一组织项目、授权项目、领导交办项目和自行安排项目等。

审计项目计划管理是指审计机关编制、协调和调整审计项目计划，报告、检查和考核审计项目计划执行情况等。审计项目计划管理实行统一领导、分级负责制。审计署负责统一组织的审计项目计划和署本级审计项目计划，指导全国审计项目计划管理工作。县级以上地方各级审计机关负责本地区审计项目计划管理工作。

2.审计项目计划的编制、调整

编制审计项目计划，应当坚持充分利用审计资源，突出重点，安排任务均衡和避免重复、交叉的原则。

审计项目计划如确有必要调整，应当按照下列规定报批：

（1）审计署统一组织的审计项目计划的调整，由审计署有关专业审计司提出调整意见，审计署计划管理部门协调，署领导审批。

（2）审计署本级审计项目计划的调整，由审计署有关专业审计司、署派出机构提出调整意见，报审计署计划管理部门协调，署领导审批。

（3）地方审计项目计划的调整，由下达计划的审计机关审批。

3.审计项目质量检查的概念、内容

审计项目质量检查，是指审计机关根据有关法律、法规和规章的规定，对本级派出机构、下级审计机关完成审计项目质量情况进行的审查和评价。

审计机关对本级派出机构、下级审计机关审计项目质量检查的内容有：

（1）审计工作中执行有关法律、法规的情况。

（2）建立和执行审计质量控制制度的情况。

（3）执行各项审计准则的情况。

（4）审计项目成果反映的客观性、真实性以及成果所发挥作用的情况。

（5）上级审计机关统一组织的审计项目的实施和反映情况。

（6）其他有关审计项目质量的事项。

（二）审计准备阶段

在审计准备阶段，审计机关根据审计项目计划确定的审计项目组成审计组，向被审计单位送达审计通知书，开展包括编制审计方案在内的一系列准备工作。

1.组成审计组，进行审计前学习和调查

学习和调查的内容有：

（1）与被审计单位经济活动有关的法律、法规、政策、规章等。

（2）与审计项目有关的财务会计制度、物资管理制度、供销制度，以及财政、银行、市场监督管理、物价、海关、劳动和其他有关部门的制度等规定。

（3）对被审计单位的基本情况进行调查了解。

（4）熟悉和学习相关的审计技术和方法。

（5）研究有关审计项目的档案资料、审计案例。

2.编制审计方案

在以上准备工作的基础上，审计小组可以着手编制审计方案。审计方案是审计组实施审计的总体安排，是保证审计工作取得预期效果的重要手段，也是实施审计前的具体工作计划。

审计方案的内容包括：①编制审计方案的依据；②被审计单位的名称和基本情况；③审计范围、内容、目标、重点、实施步骤、预计起讫日期；④审计组组长、审计组成员及其分工；⑤编制日期；⑥审计方案中的审计目标、重点、实施步骤要具体明确。

审计组编制审计方案前应要求被审计单位提供相关资料：①财政财务隶属关系、机构设置、人员编制；②银行账户、财务报表及其他有关会计资料；③财务会计机构及其工作情况；④相关的内部控制情况；⑤相关的重要会议记录；⑥以前接受审计检查的情况；⑦宏观经济形势对被审计单位的影响；⑧其他需要了解的情况。

3.发出审计通知书，实施承诺制度

对预定项目实施审计前，应当由审计机关向被审计单位发出审计通知书。依照《审计法》的规定，审计机关应当在实施审计三日前，向被审计单位送达审计通知书。

审计通知书是国家审计机关通知被审计单位接受审计的一种书面文件。审计通知书由审计机关负责人签发，其内容包括被审计单位名称、执行审计任务的依据，审计组组长姓名、职务，审计组成员姓名，审计机关公章及签发日期等。

审计机关向被审计单位送达审计通知书时，应当书面要求被审计单位法定代表人和财务主管人员就与审计事项有关的会计资料的真实、完整和其他相关情况做出承诺。

4.进入被审计单位

根据审计通知书所确定的审计开始时间，审计小组即可进入被审计单位，开展审计工作。被审计单位要指派联系人，协助工作。

5.对被审计单位进行初步调查

为掌握被审计单位的基本情况，审计人员进入被审计单位后应立即开展初步调查。调查的主要内容有：

（1）基本情况，主要包括被审计单位的隶属关系、单位性质、主要负责人、机构设置及负责人的职务、主要经济活动、财务报表、统计报表和有关计划、预算资料。

（2）主要业务，此项调查的内容是被审计单位所从事的经济业务及其相关情况。

（3）财务会计工作，主要指财务管理办法、会计制度，特别是会计科目、账簿组织和凭证传递流程等。

（4）内部控制，主要指职责分工、规章制度、业务处理程序、内部审计等。

（三）审计实施阶段

审计实施阶段是审计人员按照审计方案规定的要求和日程，审查会计凭证、账簿和报表，查询与审计事项有关的文件、资料，检查现金、实物、有价证券，向有关单位和个人调查等，并取得证明材料，即实施审查与取证的过程。

1.进行内部控制的符合性测试

在审计实施阶段，通过对内部控制系统执行情况的符合性测试和综合评价，来确认内部控制的可信赖程度，进而确定进行实质性审查的范围、重点和时间。

2.进行财务报表项目的实质性测试

在对被审计单位内部控制系统进行符合性测试后，审计人员可以开始对财务报表项目及其相关经济业务进行有重点、有目的的实质性审查和评价。审计人员要做好以下几项工作。

（1）正确运用各种审计方法。审计组和审计人员实施审计时，可以运用检查、监盘、观察、查询及函证、计算、分析性复核等方法，审查被审计单位的银行开户、会计凭证、会计账簿、会计报表，查阅与会计事项有关的文件、资料，检查现金、实物、有价证券和被审计单位运用电子计算机管理财政、财务收支的财务会计核算系统等。

（2）取得具有充分证明力的审计证据。在进行实质性测试过程中，必须随时就所查出的问题收集相应的证据，并加以分析、鉴定和综合，研究证据相关性、重要性、可靠性，形成具有足够数量且能充分说明审计事项的证据资料。

（3）提出实事求是、客观公正的评价意见。审计人员应对已查明的审计结果，给予合理、恰当的评价，这是审计机关出具审计意见书和做出审计决定的基础。评价应当采用定量和定性分析相结合的方法，做到实事求是、客观公正。

（4）认真编制审计工作底稿。审计工作底稿是审计人员在审计过程中所形成的与审计事项有关的工作记录。审计工作底稿应当记载审计人员在审计中获取的证明材料的名称、来源和时间等，并附有证明材料。

（四）审计终结报告阶段

审计终结报告阶段是指审计人员经过准备阶段和实施阶段后，对被审计单位的财政、财务收支及有关经济活动的审计结果和资料，进行筛选、归类、分析、整理，做出综合性评价，向审计机关上报审计报告，进而提出审计意见书，做出审计决定和立卷归档的过程。

1.做好撰写审计报告的准备工作

撰写审计报告，是将审计工作底稿列出的审计结果资料、审计证据以及相关资料，经过筛选、归类、分析、整理，做出综合性评价并形成审计意见的书面文件的过程。审计人员必须做好三项准备工作：一是筛选整理审计工作底稿；二是确定责任；三是分组归类。

2.拟定提纲，撰写审计报告

撰写审计报告前必须经过全组人员参加讨论并编写提纲。审计报告一般应由审计组组长或主审人员起草，初稿完成后由审计组充分讨论，修改完善，集体认定，由审计组组长定稿。对于重大问题的定性和处理建议，必要时应事先征求审计机关领导的意见。审计报告征求意见稿写出后，应按规定程序及时征求被审计单位意见。审计组对被审计单位提出的不同意见，应当进一步研究、核实。如果被审计单位在 10 日内没有提出书面意见，则可视为对审计报告没有异议。

3.审定审计报告，出具审计意见书和做出审计决定

审计机关对所有的审计报告都应在业务部门复核的基础上，由复核机构或者专职复核人员进行再复核。一般事项的审计报告由复核机构或者专职复核人员复核后，便可由审计机关主管领导审定。但对于重大事项的审计报告，还应提交审计机关审计业务会议进行集体审定。

审计机关审定审计报告的主要内容有：①与审计事项有关的事实是否清楚，证据是否确凿；②被审计单位对审计报告的意见是否恰当，复核机构或者专职复核人员提出的复核意见是否正确；③审计评价意见是否恰当；④定性、处理、处罚是否准确、合法、适当。

审计报告审定后，如果发现事实不清、证据不足、结论不当等情况，应责成审计组进行复查并补充取证。

审计机关对违反国家规定的财政、财务收支行为，需要依法给予处理、处罚，在法定职权范围内做出审计决定或者向有关主管机关提出处理、处罚建议。

4.整理审计文件，进行审计小结

在审计终结报告阶段，审计组报送审计报告后就着手项目审计的结束工作。其中最主要的是清理借阅资料、整理审计工作底稿和进行审计小结。

5.开展后续审计

审计机关和审计组在实施完毕上述终结报告阶段的各项工作后，一般来说项目审计的全过程即告完结。但是从国家审计的社会责任出发，审计机关在某些项目审计的审计决定发出后，对被审计单位执行审计决定的情况可以进行后续审计，借以监督被审计单位如期纠正错弊，改进工作。实施后续审计，对于巩固审计成果、维护审计决定的严肃性、保证改进措施的落实、增强审计工作的权威性，都有重要意义。

三、社会审计和内部审计工作程序

社会审计和内部审计的审计工作程序与国家审计的审计工作程序基本相同，审计项目的审计程序均由准备阶段、实施阶段和终结报告阶段组成，而且每个阶段的具体工作内容也有许多相同之处。但是，社会审计、内部审计同国家审计的审计主体所处地位不同，所承担的社会责任不尽相同，所形成的审计关系也各具特色，因此社会审计、内部审计的审计工作程序就具有自己的特点。

（一）社会审计工作程序

社会审计的受托性决定了其审计工作程序的主要特点，它突出体现在完成签订审计业务约定书、编制审计计划两项工作上。

1.签订审计业务约定书

审计业务约定书是会计师事务所与委托人共同签订的、据以确认审计业务委托与受托关系的业务文书。审计业务约定书的主要内容包括签约双方的名称、委托目的、审计范围、会计责任与审计责任、签约双方的义务、出具审计报告的时间要求、审计报告的使用责任、审计收费、审计业务约定书的有效时间、违约责任、签约时间及签约双方认为应当约定的其他事项。审计业务约定书应由会计师事务所和委托人双方的法定代表人或其授权的代表签订，并加盖委托人和会计师事务所的公章。

在签订审计业务约定书之前，会计师事务所应委派注册会计师了解被审计单位的基本情况，如被审计单位的业务性质、经营规模、组织结构、经营状况、经营风险、财务会计机构、会计工作组织以及以前年度接受审计的情况等。然后分析审计风险，考虑事务所自身的能力。

需要强调的是，上述审计业务约定书中涉及签约双方应明确的责任与义务主要包括以下三个方面。

（1）会计责任与审计责任。

建立健全内部控制系统，保护资产的安全、完整，保证会计资料的真实、合法、完整是被审计单位的责任。按照独立审计准则的要求出具审计报告，保证审计报告的真实性、合法性是注册会计师的责任。

（2）签约双方的义务。

属于委托人应当履行的主要义务包括及时提供注册会计师所要求的全部资料，为注册会计师的审计提供必要的条件及合作，按照约定条件及时足额支付审计费用。

属于会计师事务所应当履行的主要义务包括按照约定时间完成审计业务，出具审计报告，保守在执行业务过程中知悉的商业秘密。

（3）审计报告的使用责任。

审计业务约定书中应当明确，正确使用审计报告是委托人的责任，使用审计报告不当所造成的后果，与注册会计师及其所在的会计师事务所无关。

此外，在实施审计业务约定书规定的各项约定业务过程中，会计师事务所或委托人一方如需修改、补充审计业务约定书时，应当以适当的方式获得对方的确认。

2.编制审计计划

编制审计计划可以分以下三个步骤进行。

（1）做好编制审计计划的准备。

在编制审计计划前，注册会计师应先了解被审计单位的以下情况，据以确定可能影响财务报表的重要事项：年度财务报表、合同、协议、章程、营业执照、重要会计记录、相关的内部控制系统、财务会计机构及工作组织、厂房设备及办公场所、宏观经济形势对所在行业的影响、其他与编制审计计划相关的重要情况。同时，注册会计师还应查阅上一年度的审计档案，关注以下事项，并考虑其对本期审计工作的影响：上一年度的审计意见类型、审计计划及审计总结、重要审计调整事项、或有损失、管理建议要点、其他有关重要事项。

如果是首次接受委托的审计项目，注册会计师应当考虑是否向前任注册会计师查询审计工作底稿。

（2）编制审计计划。

总体审计的基本内容包括：被审计单位的基本情况；审计目的、审计范围及审计策略；重要会计问题及重点审计领域；审计组组成及人员分工；重要性的确定及审计风险的评估；对专家、内部审计人员及其他审计人员工作的利用，以及其他有关内容。

具体审计计划应当包括以下基本内容：审计目标、审计程序、执行人及执行日期、审计工作底稿的索引号、其他有关内容。审计计划编制完毕以后，应经会计师事务所有关负责人按审计准则要求审核和批准。

（3）审核和批准审计计划。

审计计划编制后，经审核、批准才能具体执行。对总体审计计划而言，审计计划审核的主要内容是：审核审计目的、审计范围及重要会计问题和重点审计领域的确定是否恰当；时间、费用预算是否合理；审计小组成员的选派与分工是否恰当；对重要性的确定及审计风险的评估是否恰当；对专家、内部审计人员及其他审计人员工作的利用是否恰当等。

对具体审计计划而言，应审核审计程序能否达到审计目标，审计程序是否适合各审计目标的具体情况，重点审计程序的制定是否恰当等。

（二）内部审计工作程序

内部审计是部门、单位实施的内部审计监督，其所形成的审计关系完全限定在部门、单位的内部，所以内部审计工作程序的安排，与国家审计工作程序相比，概括起来有以下主要特点：①准备阶段的工作较简略，由于内部审计对本单位的经营业务和内部控制系统较为熟悉，所以审计准备阶段调查了解的事项可以简化，因而可以压缩准备阶段的时间；②审计项目计划是根据上级部门和本部门、本单位的具体情况制订的，所以只要报经本部门、本单位领导人批准后即可实施；③内部审计人员在审计中发现的问题，可随时向有关部门和人员提出改进建议。

任务三　找准审计依据

一、明确审计依据含义

审计依据是进行审计时，判断审计事项是非、优劣的准绳，是提出审计意见，做出审计决定的依据。

审计人员对审计事项进行审查后，要对被审计事项的真实性、合法性和效益性做出判断。审计人员不能无根据地凭主观想象进行判断，而必须有一定的客观根据和标准。

二、找准审计依据分类

审计依据可按不同的标准进行分类，不同种类的审计依据有不同的用途。对审计依据进行适当分类，有利于审计人员的选用。

（一）审计依据按来源分类

其一，外部制定的审计依据是指国家制定的法律、法规、政策和地方政府、上级主管部门颁发的规章制度、下达的通知等。涉外审计事项，还常引用国际惯例和条约。

其二，内部制定的审计依据是指被审计单位制定的经营目标、计划预算和各种规章制度等。

（二）审计依据按性质和内容分类

1.法规依据

（1）法律、法规。法律是国家立法机关依照立法程序制定和颁布、由国家强制执行的行为规范的总称，如《宪法》《审计法》《中华人民共和国合同法》等。法规是由国家行政机关制定的各种法令、条例、规定等行为规范的总称，如《全民所有制工业企业转换经营机制条例》《中华人民共和国增值税暂行条例》《企业会计准则》《企业财务通则》等。

（2）规章制度，主要有国务院各部委根据法律和国务院的行政法规制定的规章制度；省、自治区、直辖市根据法律和国务院的行政法规制定的规章制度；被审计单位上级主管部门和被审计单位内部制定的各种规章制度等。

（3）预算、计划、合同，指国家机关、事业单位编制的总预算和单位预算，企业制订的各种生产经营计划和签订的经济技术合同等。

（4）业务规范、技术经济标准，指原材料消耗定额、能源消耗定额、工时定额、设备利用定额及各种质量标准和管理标准等。

2.事实依据

事实依据主要指一些既成的事实，如同行业平均水平、历史最高水平、历史同期水平、国际惯例等。

3.理论依据

理论依据主要指自然科学、社会科学的学科理论知识，如会计学原理课程中的试算平衡原理、借贷记账法规则等。

三、把握审计依据特点

（一）层次性

审计依据因管辖范围和权威性大小不同而有不同的层次。最高层次为国家立法机关制定的法律；其次为国务院颁布的行政法规；再次是地方立法机关和行政机构制定的地方性法律、法规；然后是被审计单位主管部门制定的规章制度及下达的计划指标等；最后是被审计单位内部制定的各种规章制度。

（二）时效性

审计依据往往不是永远有效的，它的效力受时间的限制。时效性是指被审计事项发生时某项审计依据是否适用。

（三）地域性

审计依据往往受地域的限制，即有的审计依据只在一定地区内有效。比如地方人民政府颁布的地方性法规只适用于本地区，而不能作为其他地区的审计依据。

四、选用审计依据

审计人员应根据审计目的，从被审计事项实际出发，选用适当的审计依据。选用适当的审计依据时，应从以下四个方面考虑。

（一）审计依据的相关性

审计依据的相关性是指用作审计依据的文件、资料应与被审计事项密切相关，必须是可以用来作为衡量被审计事项是否真实、合法、有效的标准。

（二）审计依据的合法性

审计依据的合法性是指审计人员以法律、法规、规章制度等作为审计依据时，应以正式文件为准，而不得以报纸、杂志等消息报道为依据。此外，还有所选用的法律、法规等的补充规定、实施细则。

（三）审计依据的层次性

因为审计依据具有层次性，如果选用的行政法规与法律存在矛盾时，应以法律规定为审计依据；国务院各部门之间的规定相抵触时，应以法律、行政法规授权的主管部门的规定为审计依据；地方人民政府与国务院主管部门的规定相抵触时，除国家另有规定外，应当以国务院主管部门的规定为审计依据；下级人民政府、部门的规定与上级人民政府、部门的规定相抵触时，除国家另有规定外，应以上级人民政府、部门的规定为审计依据。

（四）审计依据的时效性

审计依据的时效性，是指发生审计事项时有效的审计依据，不能选用过时、失效的、还没有实施的规定作为审计依据，也不能用审计事项发生时还没有实施的规定作为审计依据。

任务四　收集审计证据

要实现审计目标，就必须收集审计证据。审计人员形成任何审计结论和意见都必须依赖具有充分证明力的审计证据的支持。

一、明确审计证据作用

审计证据是指审计人员依法收集的、用以证明被审计事项真相并作为形成审计结论基础的证明材料。

中国注册会计师协会发布的《中国注册会计师审计准则第 1301 号──审计证据》第四条规定："审计证据，是指注册会计师为了得出审计结论和形成审计意见而使用的信息。"

审计人员围绕审计目标实施必要的审计程序，运用审计方法取得具有充分证明力的审计证据，以审计证据证实审计目标。

（一）审计证据是做出审计决定的基础

任何审计决定都必须有审计证据。审计人员不能凭想当然做出审计判断。

（二）审计证据是审计意见的支柱

没有审计证据而提出的审计意见，只能是审计人员的主观判断、估计和推测。任何公正的、恰当的审计意见都必须有具有充分证明力的审计证据来支持。

（三）审计证据是解除或追究被审计人经济责任的事实根据

根据审计人员在审查过程中收集的审计证据，可以证明被审计单位或被审计人履行其经济责任的情况，从而做出解除或追究其经济责任的判断。

（四）审计证据是控制审计工作质量的重要工具

审计授权人或委托人、审计项目负责人可根据审计证据的质量来考核和评价审计工作的质量。

二、明确审计证据分类

（一）审计证据按存在形式不同分类

审计人员所取得的审计证据可以按其外形特征分为实物证据、书面证据、言词证据、视听证据、鉴定和勘验证据、环境证据。

1.实物证据

实物证据是指以实物存在并以其外部特征和内在本质证明被审计事项的证据。实物证据是通过盘点取得的，用以确定实物资产的存在性，如库存现金、存货、固定资产可以通过监盘的方式证明其是否确实存在。

2.书面证据

书面证据是指以书面形式存在的、以其记载内容证明被审计事项的证据，如被审计单位的凭证、账簿、报表及其他核算资料，审计人员进行函询时的往来信件和有关人员出具的书面证明等。

3.言词证据

言词证据是指与被审计事项有关的人员提供的言词材料，如应审计人员的要求、被审计事项知情人的陈述、被调查人的口头答复等。言词往往夹杂个人的观点和意见，有时会影响被调查事项的真实性，因而其证明力较差。

4.视听证据

视听证据是指以录音、录像、硬盘及其他储存形式存在的、用于证明被审计事项的证据，如与被审计事项相关的当事人讲话的录音带、经济业务发生时现场的录像、计算机或网络中储存的资料等。

5.鉴定和勘验证据

鉴定和勘验证据是指因特殊需要，审计机关指派或聘请专门人员对某些被审计事项进行鉴定而产生的证据，如对某些书面资料字迹的鉴定、票据真伪的鉴定、产品或工程质量的鉴定证明等。

6.环境证据

环境证据是指对被审计事项产生影响的各种环境状况，如被审计单位的地理位置、内部控制状况、管理状况、管理人员的素质、国内外政治经济形势等。环境证据一般不作为主要证据，但它可以帮助审计人员了解被审计单位和被审计事项所处的环境，为审计人员分析判断被审计事项提供有用的线索。

（二）审计证据按其来源不同分类

审计证据按其来源不同分为亲历证据、内部证据和外部证据。

1.亲历证据

亲历证据是指审计人员在被审计单位执行审计工作时亲眼所见、亲自参加或亲自动手取得的证据。亲历证据比较可靠，因此其证明力较强。

2.内部证据

内部证据是指审计人员在被审计单位内部取得的审计证据，如被审计单位职工、管理人员应审计人员的要求对某些被审计事项所做的介绍和说明。

3.外部证据

外部证据是指审计人员从被审计单位以外的其他单位所取得的审计证据，包括其他单位陈述和外来资料。

一般来讲，亲历证据的证明力最强，外部证据比内部证据的证明力更强。

（三）审计证据按其相互关系分类

审计证据按审计证据间的关系分为基本证据和辅助证据。

1.基本证据

基本证据是指对被审计事项的某一审计目标有重要的、直接证明作用的审计证据。如证明账簿登记的正确性，其基本证据应是登记账簿的记账凭证。基本证据与所要证实的目标有极为密切的关系。

2.辅助证据

辅助证据是指能支持基本证据证明力的证据。例如，证明账簿登记正确性的基本证据是记账凭证，记账凭证所附的原始凭证是支持记账凭证证明力的必要补充。

三、把握审计证据质量特征

（一）客观性

客观性是指审计证据反映被审计事项客观现实的程度，也可称为证据的可靠性。审计证据越能真实、客观地反映被审计事项的实际情况，证据就越可靠，证据的质量越好，证明力也就越强。审计证据的客观性与取证程序、方法、审计人员的工作态度和经验密切相关。

（二）相关性

相关性是指审计证据与审计目标之间或与其他审计证据之间的内在联系程度。如产成品盘点表可以证明产成品的存在性，但不能证明产成品计价是否正确。审计证据的这种内在的关联性越强，证明力就越强。

（三）合法性

合法性是指审计证据必须具有法律效力。审计证据的取得必须符合审计法规规定的手续和程序。审计证据得到被审计单位或提供证据人员的认同，才具有法律效力和证明力。

（四）充分性

充分性是指审计证据的数量要足以证明被审计事项的真相，以及支持审计意见和审计决定。但这并不是说审计证据的数量越多越好，审计人员应考虑尽量以较少的人力、物力耗费取得足够的、高质量的审计证据。

四、审计证据决策

审计人员从工作开始就应首先考虑怎样收集审计证据，选取什么样的审计证据，需要审计人员做出决策。决策失误可能导致审计时间延长、审计费用增加、审计工作效率降低。对收集到的审计证据需要逐个加以鉴定，判断其内容的真伪和效用，使证据的潜在证明力转化为现实证明力。

（一）收集审计证据

审计人员可以通过检查、监督盘点、观察、查询、函证、计算和分析性复核等方法收集审计证据。

审计人员应将获取审计证据的名称、来源、内容和时间等清晰、完整地记录在审计工作底稿中。审计证据经鉴定、整理后，附在相应的审计工作底稿之后。

（二）鉴定审计证据

1.鉴定证据的客观性

审计人员需要判断证据的客观程度。例如，对于实物证据，不仅要核实数量，还要关注质量。在良好的内部控制环境下产生的证据比内部控制不健全情况下产生的证据更可靠。直接产生于经济活动的业务凭证比经过加工汇总编制的资料更可靠。从被审计单位外部取得的证据比从被审计单位内部取得的证据更可靠。

2.鉴定证据的相关性

审计人员需要判断证据与审计目标是否相关，能否在一定程度上直接或间接地证明被审计事项，以及证据与证据之间是否相关，能否相互印证。审计人员应利用与审计目标相关联的审计证据来支持自己的审计结论。例如，对存货监盘的结果只能证明存货是否存在，是否毁损、短缺，却不能证明存货的计价是否正确和所有权的归属。

鉴定证据相关性应遵循重要性原则。判断证据是否重要就是指某一审计证据对审计结论、审计意见和审计决定是否有重要意义。

此外，审计人员还需对证据的合法性、充分性加以鉴定。前者是判断证据的取得是否符合规定的手续、程序。例如，审计人员在取证的现场应要求证据提供者签名盖章。审计负责人应检查证据的签章是否齐全，内容是否完整。后者是检查证据的数量是否充分及作为证据的样本项目的代表性。

（三）综合分析审计证据

审计证据综合分析的方法包括分类、计算、比较、小结、综合。

1.分类

分类是指将审计人员收集到的个别审计证据按被审计事项、审计目标和反映问题的性质加以归类。

2.计算

计算是指按一定的方法对数据方面的审计证据加以计算，并从计算中得到新的证据。

3.比较

比较是指将各种审计证据加以比较，从中分析出被审计单位经济活动的特征及其变动趋势，或者将审计证据与审计目标加以比较。

4.小结

小结是指审计人员在对审计证据分类、计算、比较的基础上总结出局部的审计结论。

5.综合

综合是指将局部的审计结论进行综合分析，形成整体审计意见。

（四）影响审计证据决策的因素

1.风险因素

风险因素指根据审计人员取得的证据得出某种审计结论或提出某种审计意见存在的风险。例如，收集证实固定资产的真实性证据时，如果只获取固定资产的监盘证据，而没有取得固定资产所有权的证据，审计人员就要承担固定资产可能不属于被审计单位所有的风险。

2.成本效益因素

审计人员收集和筛选审计证据时，应事先考虑所得与所费是否值得的问题，验证某一审计目标应收集较重要的、足以说明问题的审计证据。

3.重要性因素

重要性因素指审计人员应考虑哪项证据会改变或影响审计结论和意见。例如，证据证明某被审计事项的差错额占账户余额的比例较大、占资产总额的比例较大、占利润总额的比例较大，或者证据证明被审计事项出现差错的绝对额较大，一般会被认定为重要证据。

任务五　准备审计工作底稿

在实施审计时，审计人员对审计全过程的工作都应做出相应的记录，这些记录可统称为审计工作底稿。审计工作底稿是指审计人员在实施审计过程中所形成的与被审计事项有关的工作记录。开展审计工作就应该认真编制审计工作底稿，将审计工作安排、审计实施过程，审计实施过程中发现的问题、审计证据、审计依据、审计评价、审计意见、审计决定以及审计建议等一一记录在案。

一、明确审计工作底稿作用

（一）审计工作底稿是编写审计报告的基础

审计工作底稿包括用来说明审计方案、审计程序、审计取证、审计分析、审计评价、审计结论的资料，可帮助审计人员在撰写审计报告时确定审计意见、审计决定和审计建议。审计报告中所记载的任何事项都必须有相应的审计工作底稿作为支持，审计工作底稿是编写审计报告的基础。

（二）审计工作底稿是协调审计工作的依据

审计项目负责人可以通过审计工作底稿来组织审计工作、实施审计方案，通过对审计工作底稿的检查来协调审计工作，控制审计过程。

（三）审计工作底稿是控制审计工作质量的手段

审计项目负责人可以通过对审计工作底稿的检查来控制审计工作质量。业务部门负责人也要通过对审计工作底稿的复核来检查审计工作质量。

（四）审计工作底稿是考核审计人员的依据

每位审计人员在审计工作中编制的审计工作底稿既反映了该审计人员所做的工作，也反映了该审计人员所做工作的质量。

（五）审计工作底稿是进行复议和诉讼的重要佐证资料

当发生行政复议或诉讼时，审计工作底稿可为复议机关或法院的审理提供重要的资料依据。

（六）审计工作底稿是总结审计工作和进行审计理论研究的资料

审计工作底稿汇集了审计人员的工作经验，将这些资料进行比较研究可以改进和规范审计工作，总结和发展审计理论。

二、明确审计工作底稿分类

（一）审计工作底稿按内容分类

（1）管理类审计工作底稿，是指与开展项目审计工作有关的计划、组织、协调、控制、监督等方面的工作记录和资料，如审计通知书、审计工作方案、审计人员出勤记录等。

（2）业务类审计工作底稿，是指对被审计事项进行检查、分析、评价等所形成的工作记录和资料。

（二）审计工作底稿按编制顺序分类

（1）分项目审计工作底稿，是指根据审计方案确定的项目内容，审计人员逐个项目编制形成的一项一稿或者一事一稿的审计工作底稿，如调查记录表、应收账款账龄分析表等。

（2）汇总审计工作底稿，是指在分项目审计工作底稿编制完成的基础上，按分项目工作底稿的性质、内容加以分类、归集综合编制的审计工作底稿，如账项调整表。

（三）审计工作底稿按用途分类

业务类审计工作底稿按其内容的不同又可以分为审计日记和调查类、查账类及专项审计工作底稿等。

（1）审计日记，是承担审计项目的每位审计人员每天工作的记录。

（2）调查类审计工作底稿，是指审计人员了解被审计单位有关情况或被审计事项的实际情况，收集审计证据所做的各种审计调查记录，如内部控制调查表、调查记录表等。

（3）查账类工作底稿，是指审计人员在审查会计凭证、账簿和报表过程中所编写的各种工作记录，如试算平衡表、应收账款明细表、账项调整表等。

（4）专项工作底稿，是指审计人员对查清关于伪造凭证、贪污盗窃、行贿受贿、严重损失浪费等违法乱纪事项形成的审计工作底稿。

（四）审计工作底稿按格式分类

（1）专用审计工作底稿，是指具有特定用途的审计工作底稿。它们往往在审计工作开始前就已设计好具体的格式。这种审计工作底稿有利于提高审计工作效率，并使审计规范化。

（2）通用审计工作底稿，是指无特定格式的、审计人员在审计时根据实际情况采用的审计工作底稿。通用审计工作底稿按一事一稿的原则编制。

三、审计工作底稿编制

（一）明确审计工作底稿要素

（1）被审计单位的名称。审计工作底稿都应注明被审计单位名称。

（2）被审计事项的名称以及实施审计的时间。审计工作底稿中应注明所审查的被审计事项，如应收账款账龄分析表、账项调整表等。

（3）审计工作底稿的编号。审计工作底稿应按预先的规定分类顺序编号。

（4）审计过程记录。审计过程记录主要包括：①实施审计具体程序的记录及资料；②审计测试评价的记录；③审计方案及其调整变更情况的记录；④审计人员的判断，评价，处理意见和建议；⑤审计组讨论的记录和审计复核记录；⑥审计组核实与采纳被审计单位对审计报告反馈意见的情况说明；⑦其他与被审计事项有关的记录和证明材料。

（5）审计结论或审计查出问题摘要及依据。

（6）编制者姓名和编制日期。

（7）复核者的姓名和日期。

（8）其他应说明的事项。

（9）审计工作底稿的附件。附件主要包括：①与被审计单位财政，财务收支有关的资料；②与被审计事项有关的法律文件、合同、协议、会议记录、往来函件、公证书、鉴定资料等的原件、复制件或摘录件；③其他有关的资料。

（二）编制审计工作底稿

编制和使用审计工作底稿时应注意以下内容。

（1）编写审计工作底稿应做到内容完整、真实，重点突出。

（2）编写审计工作底稿应做到观点明确、条理清楚、用词恰当、字迹清晰、格式规范。

（3）相关的审计工作底稿之间应当具有清晰的勾稽关系，相互引用时应注明索引编号。

（4）编制汇总工作底稿应当在详细审阅分项目审计工作底稿并确定其事实清楚、证据确凿。

（5）编制审计工作底稿所附的审计证明材料应当经被审计单位或其他提供证明资料者的认定签字。

（三）复核审计工作底稿

国家审计准则明确规定了对审计工作底稿的三级复核制。

（1）审计工作底稿应由项目负责人、部门负责人和专职复核机构或复核人员分别复核。在审计实施过程中，审计报告提交审计机关领导前进行复核。

（2）各级复核人员在复核时应当做必要的记录，书面表示复核意见并签名。

（3）必要时审计人员应当根据复核意见，对审计工作底稿予以补充修改，或做出说明。

四、管理审计档案

1.审计档案分类

审计档案按其使用期限的长短和作用大小可以分为永久性档案和当期档案。

（1）永久性档案，是指那些记录内容相对稳定，具有长期使用价值，并对以后审计工作具有重要影响和直接作用的审计工作底稿所组成的审计档案。

（2）当期档案又称一般档案，是指那些记录内容在各年度之间经常发生变化，只供当期审计使用和下期审计参考的审计工作底稿。

2.审计档案保管与所有权界定

审计档案的所有权属于承接该项业务的审计机构。

对于永久性档案，应当长期保存。若终止了对被审计单位的后续审计服务，那么其永久性档案的保管年限与最近一年当期档案的保管年限相同。对当期档案，应当自审计报告签发之日起，至少保存 10 年。

3.保密与调阅审计档案

（1）保密。审计机构应建立严格的审计档案保密制度，原因有两点：第一，审计档案中记录了被审计单位的商业秘密；第二，审计档案中记录了审计机构的审计技术和方法。

但下列情况下，可对外提供审计工作底稿：①法院、检察院及其他部门因工作需要，在按规定办理了手续后，可依法查阅审计档案中有关的审计工作底稿；②注册会计师协会对执业情况进行检查时，可查阅审计档案；③不同会计师事务所的注册会计师，因审计工作的需要，并经委托人同意，办理了有关手续后，可以查阅审计档案。例如，被审计单位更换了会计师事务所，后任注册会计师可以调阅前任注册会计师的审计档案；基于合并会计报表审计业务的需要，母公司所聘的注册会计师可以调阅子公司所聘注册会计师的审计档案；联合审计；会计师事务所认为合理的其他情况。

（2）调阅。凡是拥有审计档案的审计机构应对要求调阅者提供适当的协助，审计档案中的内容被调阅者引用后，因调阅者的误用而造成的后果，拥有审计档案的审计机构不需承担连带责任。

任务六　明确审计准则

1947 年，美国审计程序委员会颁布第一部审计准则《审计准则试行方案——公认的重要性和范围》。

审计准则的产生符合两个方面的要求：一是为审计人员提供工作标准和指南，规范审计人员资格条件和工作方式；二是为审计服务使用者提供审计工作质量评价的依据。

自此，世界上大多数国家都在国家审计、民间审计和内部审计等领域制定出了一系列准则。

一、明确审计准则含义

（一）审计准则的含义

审计准则是审计工作应遵循的规范和尺度，是评价审计工作质量的权威性规则。审计准则的制定、公布与实施，奠定了保证审计质量、指导审计行为、评价工作业绩的基础。

（二）把握审计准则的体系结构

1.不同的审计主体应有不同的审计准则

各类审计组织服务的对象不同，且自身的工作性质不同，因此相应的规范要求，即审计准则也应各不相同，以适应规范不同审计主体的要求。

2.不同性质的审计业务应有不同的审计准则

审计业务的性质不同，意味着审计工作的内容和范围不同，审计人员提供的保证程度不同，对于不同性质的审计业务就应制定不同的审计准则。

3.不同层次的审计行为应有不同层次形式的审计准则

审计行为大体可以分为结构化行为和非结构化行为。

结构化行为是指在特定环境因素下，不同审计人员应该完成同样的工作或得出同样的结论，如审计总体计划的制订、审计报告的基本要素、审计意见的种类等。

非结构化行为是指随被审计单位环境的变化和不同委托人的要求而需相应调整的审计要求，如审计抽样数量和抽取具体项目的确定、审计风险的评定、重要性初步判断金额在各账户间的分摊等。为适应这种分类，应将规范要求分为审计准则和审计指南：审计准则又可以分为审计基本准则和审计具体准则；而审计指南可以分为审计具体指南和行业审计指南。

审计准则与审计法规、审计程序、审计依据有着明显的区别，主要表现在概念、制定主体、主要内容、约束力、强制性程度等方面的不同。

（三）发挥审计准则的作用

1.审计准则是衡量审计质量的尺度

对审计质量的统一社会评价，主要依靠对审计人员和审计过程中的专业行为评价，审计准则提供了这种评价的尺度。

2.审计准则是确定和解除审计责任的依据

审计准则规定了审计职业责任的最低要求，审计人员若违背了审计准则，不仅说明未能切实履行应尽的职责，而且也应对其所造成的后果承担必要的法律责任。

3.审计准则是审计组织与社会进行沟通的中介

借助审计准则，社会公众可以了解审计工作的基本内容和审计质量的基本水准；通过让公众参与审计准则的制定，审计组织可以了解社会对审计的需求及其变化。

4.审计准则是完善内部管理的基础

审计组织只有以审计准则为依据制定出各种内部管理制度，才能保证审计规范的先进性和合理性。

此外，审计准则的颁布也为解决审计争议提供了仲裁标准。审计准则还为审计教育明确了方向，为审计专业教育和职业继续教育确定了努力的目标。

二、明确国家审计准则

很多国家的国家审计部门都制定了自己的准则。这些准则基本上以民间审计准则为范本，适应了对审计主体的特殊要求。

（一）最高审计机关国际组织审计准则

最高审计机关国际组织审计准则是最高审计机关国际组织制定的国家审计准则，由该组织下设的审计准则委员会制定。该准则在1989年柏林召开的国际组织第十三届大会上通过，并在1992年华盛顿大会上得到了修订。

最高审计机关国际组织审计准则的总框架是依据《利马宣言》《东京宣言》、最高审计机关国际组织在各界大会上通过的声明和报告，以及联合国专家小组会议就发展中国家的公共会议和审计问题提出的报告而拟定的，并征求了广泛的意见。

1.国家审计的基本要求

（1）最高审计机关应考虑在一切重大问题上遵循最高审计机关国际组织的审计准则，并为不适用此准则的工作制定可行的准则，以确保其工作始终具有高质量。

（2）最高审计机关应对国家审计过程中发生的各种情况做出自己的判断。

（3）随着公共意识的增强，对管理公共资源的个人或实体应负公共责任的要求日益明确，因此需要确立责任程序并使其行之有效。

（4）国家机构内的管理部门应对财务报表和其他信息的形式及内容的正确性和充分性负责。

（5）有关部门应确保为按国家要求编制财务报告和揭示财务状况而颁布公认的会计准则。

（6）一贯使用公认的会计准则将公正地展示财务状况和经营成果。

（7）完善的内部控制系统的建立能使错误和舞弊风险降到最低限度。

（8）立法机关的法令能使被审计单位在保持和提供全面评价被审计活动所必需的一切有关资料方面进行合作。

（9）所有的审计活动都应在最高审计机关的审计职业范围内进行。

（10）各最高审计机关应努力改进对工作措施的有效性进行审计的技术。

（11）各最高审计机关应避免审计人员和被审计单位之间的利害冲突。

2.国家审计的一般准则

（1）最高审计机关和审计人员必须是独立的。

（2）最高审计机关和审计人员必须具备合格的审计能力。

（3）最高审计机关和审计人员必须在遵守最高审计机关国际组织的审计准则时做到应有的谨慎。

（4）其他一般准则。

①最高审计机关应当采取招聘具备适当资格的人员和实行培训审计人员的政策与措施。

②最高审计机关应当采取相关政策和措施来编写审计实施手册和其他指导性文件及指示。

③最高审计机关应当实行下列政策和措施：支持最高审计机关内部现有的技术和经验，查明所缺乏的技术；为完成审计任务做出妥善的技术安排，指派足够的人员参加审计，以所要求的谨慎态度为实现自己的目标而合理地制订计划并进行监督。

④最高审计机关应当采取政策和措施来检查最高审计机关的内部准则和内部程序的效率和有效性。

3.国家审计的现场工作准则

（1）审计人员应确保经济、有效、及时、高效率和高质量地进行审计、编制审计计划。

（2）在审计过程中，各级审计人员的工作以及每个审计阶段都应受到严格的监督，提供文件应由一名高级审计人员进行审查。

（3）在确定审计程序和范围时，审计人员应当调查和评价内部控制的可靠性。

（4）在进行常规（财务）审计时，应对现行法律和规章的遵循情况实施测试。

（5）应取得足够的、相关的和合理的证据，作为证实审计人员对被审计组织、活动或职能机构所做的判断和结论。

（6）在进行常规（财务）审计时，审计人员应当分析财务报表，以确定其是否符合有关公认的财务报告和披露的准则。必要时，其他各类审计也可这样做。

4.国家审计的报告准则

（1）每次审计结束时，审计人员都应编写一份书面意见或报告，以恰当的形式陈述审计结果。报告的内容应当易于理解，避免意义含糊、模棱两可。

（2）审计人员所属的最高审计机关最后决定所要采取的行动，这些行动是针对审计人员所发现的欺骗性做法或严重的舞弊行为。

（3）对于常规审计，审计人员应根据法律和规章遵循情况，编写一份书面报告。

（4）对于绩效审计，报告应包括与审计目标有关的非合规性情况的所有重要实例。

（二）中国国家审计准则

为了实现审计工作规范化，明确审计责任，保证审计质量，我国根据《审计法》《中华人民共和国审计法实施条例》和其他有关法律法规制定了《国家审计准则》。

1.总则

（1）总则明确了制定国家审计基本准则的目的、内容和适用条件。

（2）审计机关办理审计事项必须由合格的审计人员承担，并应当按照规定的程序和要求实施审计。

（3）审计机关行使审计监督权时应保持自身的独立性。

2.一般准则

（1）一般准则是审计机关及其审计人员应当具备的资格条件和职业要求。

（2）为保证审计机关和审计人员办理审计事项时客观公正，应遵循一些具体规定，诸如不得参与被审计单位的行政或经营管理活动、回避制度、保密性要求、继续教育要求、专业技术资格考评制度、人员聘用制度等。

3.作业准则

（1）作业准则是审计机关和审计人员在审计准备和实施阶段应当遵循的行为规范。

（2）作业准则明确了年度审计项目计划的确定、审计小组的成立、审计方案的编制方法与程序。

（3）作业准则明确了审计通知书的送达时间和主要内容。

（4）作业准则明确了审计人员进行符合性测试和实质性测试的内容和程序。

（5）作业准则明确了审计人员收集审计证据的具体要求。

（6）作业准则明确了审计工作底稿的编制方法和内容，以及对审计工作底稿进行检查和复核的要求。

4.报告准则

（1）报告准则是审计机关反映审计结果、提出审计报告以及审定审计报告时应当遵循的行为规范。

（2）报告准则明确了审计机关提交审计报告的程序和时间。

（3）报告准则明确了审计报告的内容。

（4）报告准则明确了审计报告的复核和审定程序。

5.处理、处罚准则

（1）处理、处罚准则是审计机关对审计事项做出评价，出具审计意见书，对违反国家规定的财政、财务收支行为以及违反《审计法》的行为，给予处理、处罚，做出审计决定时应当遵循的行为规范。

（2）处理、处罚准则明确了审计机关进行审计处理的主要程序。

（3）处理、处罚准则明确了审计意见书和审计决定的主要内容。

（4）处理、处罚准则明确了审计机关进行审计处理和处罚的具体形式。

（5）处理、处罚准则明确了被审计单位对审计机关做出的具体行政行为不服时申请复议的程序。

（6）处理、处罚准则明确了审计机关应当向本级人民政府、上级审计机关和本级人民代表大会常务委员会提出对上一年度本级预算执行和其他财政收支的审计报告。

6.附则

附则指出，国家审计的各项具体准则依据《国家审计准则》制定。该准则由审计署负责解释。该准则从 1997 年 1 月 1 日起施行。

在国家审计基本准则的基础上，审计署还相继颁布了 38 个审计规范项目文本，这些审计规范的颁布对于实现审计工作法律化、制度化、规范化，保证审计工作质量，提高审计工作效率具有十分重要的意义。

三、明确民间审计准则

美国民间审计界最早提出了比较全面的审计准则，此后很多国家都借鉴这一准则的结构和主要内容，建立起了比较健全的民间审计准则体系。

（一）国际会计师联合会国际审计准则

1.一般准则

一般准则是审计人员资格条件和执业行为准则，主要包括：

（1）审计人员应具备相应的学历、实践经验、职业培训和工作能力。

（2）审计人员必须坚持超然独立的态度，在表达意见时，保持客观公正。

（3）审计人员必须具备相应的职业道德水平。

2.现场工作准则

现场工作准则是审计人员实施审计时应遵循的准则，主要包括：

（1）对规划审计计划所做的规定，包括审计计划的可行性研究、审计的工作程序、审计人员与工作的分工等。

（2）对确定审计范围所做的规定，包括审核财务报表、评审内部控制制度、确定扩大或缩小审查的时间和范围等。

（3）对收集审计证据所做的规定，包括收集证据的方法、重要性和风险评价、为表达审计意见提供合理依据等。

（4）对实施审计所做的规定，包括实施审计的必要条件和手续、应实施的审计业务等。

3.报告准则

报告准则是审计人员编制审计报告、表达审计意见和记录必要审计工作时应遵循的准则，主要包括：

（1）对审计报告应记载事项的规定。

（2）对表达审计意见的规定。

（3）对补充记载事项的规定。

（4）对审计报告报送对象和报送时间的规定。

（二）中国注册会计师独立审计准则

1.独立审计基本准则

独立审计基本准则是独立审计准则的总纲，是对注册会计师专业能力的基本要求和执业行为的基本规范，是制定独立审计具体准则、实务公告和执业规范指南的基本依据。

（1）一般准则。

①独立审计的目的是注册会计师对被审计单位会计报表的合法性、公允性及会计处理方法的一贯性表达审计意见。

②注册会计师应当具备专门学识和经验，经过适当专业训练，具备足够的分析判断能力。

③注册会计师应当遵守职业道德规范，并保持应有的职业谨慎态度。

④注册会计师应按照独立审计准则的要求出具审计报告，明确界定审计责任与会计责任。

（2）外勤准则。

①注册会计师接受委托应签订业务约定书。

②注册会计师执行审计业务前应当编制审计计划。

③注册会计师应当调查和评价被审计单位的内部控制制度，据以确定实质性测试的性质、时间和范围。

④注册会计师应当采用适当的方法收集充分的审计证据。

⑤注册会计师应将对审计计划、实施过程与结果需要加以判断的重要事项记录于审计工作底稿中。

⑥注册会计师应根据具体业务委派审计人员，并对其工作进行监督。

（3）报告准则。

①注册会计师应当在实施必要的审计手续后，以经核实的审计证据为依据，形成审计意见，出具审计报告。

②审计报告应当说明审计范围、会计责任与审计责任、审计依据和已实施的主要审计程序等事项。

③审计报告应当说明被审计单位会计报表的编制是否符合《企业会计准则》及国家其他有关财务会计法规的规定，在所有重要方面是否公允地反映了其财务状况、经营成果和资金变动情况。

④注册会计师可以出具无保留意见、保留意见、否定意见和拒绝表达意见四种意见类型的审计报告。

2.独立审计具体准则与独立审计实务公告

（1）独立审计具体准则是依据独立审计基本准则制定的，是对注册会计师执行一般审计业务、出具审计报告的具体规范。

（2）独立审计实务公告也是依据独立审计基本准则制定的，是对注册会计师执行特殊行业、特殊目的、特殊性质的审计业务、出具审计报告的具体规范。

3.执业规范指南

执业规范指南是依据独立审计基本准则、具体准则与实务公告制定的，为注册会计师执行独立审计具体准则、实务公告提供可操作的指导意见，注册会计师应当参照执行。

四、明确内部审计准则

（一）国际内部审计师协会内部审计准则

国际内部审计师协会于 1941 年在美国成立，为了提高内部审计工作的质量和效率，于 1974 年成立了职业准则和责任委员会，负责制定内部审计准则。该委员会认为，内部审计准则不应机械套用民间审计的准则，应有自己的侧重点，包括三个方面的内容：一是内部审计的职责说明，二是内部审计职业道德准则，三是内部审计实务准则，其中内部审计实务准则是核心和主要内容。

国际内部审计师协会制定的《内部审计实务标准》是当今世界有关内部审计影响最大、最具权威性的一部准则，该准则的颁布标志着内部审计在规范化和合理化方面都迈出了一大步。它的优点在于比较系统地确定了内部审计的目标、地位和工作范围，对内部审计人员的素质、职业道德、工作程序、继续教育等问题提出了全面要求。这对提高内部审计质量、对社会各方面理解和支持内部审计工作都具有重要意义。

（二）中国内部审计准则

中国内部审计准则由基本准则、具体准则和实务指南构成，是审计工作的核心规范。基本准则作为总纲，确立审计应遵循的基本原则，如独立性、客观性及职业道德；具体准则细分为作业类、业务类和管理类，含审计计划、证据收集、内部控制审计、绩效审计等领域；实务指南提供操作性指引，助力准则实施。为适应数字化转型和法律法规更新，准则持续修订。2023 年修订的重点是：删除审计通知书三日送达限制，增加数字化环境影响条款，引入审计档案管理要求，并强化党组织对审计工作的领导。这些调整使准则更贴合审计实践需求。准则的实践意义显著。一方面通过规范审计流程、提升审计质量，有效加强对单位内部管理，保护资产安全，提高会计信息的可靠性；另一方面，帮助企业挖掘潜力、降本增效，提升经济效益，还对经营活动进行客观评价，为管理层决策提供依据。中国内部审计准则不断完善，不仅体现了与国际标准接轨，还凸显了在新时代背景下审计职能在公司治理、风险管理与价值创造中的价值。

项目四
微课视频

项目五 评审内部控制

◎ 学习目标

知识目标：

掌握内部控制的含义、作用和局限性、种类；掌握内部控制的要素、控制环境、风险评估、控制活动、信息与沟通、对控制的监督；掌握调查了解内部控制和记录内部控制的方法、测试的步骤和方法、初步评价和再评价的内容；熟悉内部控制测试和实质性审查的关系、测评结果的利用。

素质目标：

培育诚信品格和良好的审计职业道德；培养审计人员的专业素质；养成严谨、认真、细致的工作作风；培养节约成本意识；培养创新精神；适应社会政治、经济、文化的发展，把国家利益、民族利益放在心中，肩负国家使命和社会责任。

能力目标：

能设计简单的内部控制系统；能对内部控制系统进行评价或审计等。

项目导入

本项目旨在引领学生深入内部控制的广阔领域，通过系统化、结构化的学习路径，全面解锁内部控制的精髓。学生们不仅能深刻理解内部控制的基本概念、功能范畴及其丰富多彩的展现形态，更能深入掌握其六大支柱性要素：从奠定坚实基石的控制环境，到敏锐精准的风险评估与高效有力的控制活动；从确保信息畅通无阻的沟通机制，到对控制执行不懈追求的持续监督，共同构建起一个完整而严密的内部控制知识体系。

在此过程中，注重对学生综合素质的培育。以诚信为本，致力于塑造学生高尚的审计职业道德，培养其在复杂多变的社会环境中坚守原则、公正无私的品格。同时，培养学生的严谨治学态度、细致入微的工作精神与敏锐的成本意识，鼓励其勇于探索、敢于创新，以适应快速变化的社会政治、经济、文化环境，心怀家国，勇担时代赋予的社会责任。

在能力提升层面，本项目注重实践导向，着力培养学生的实战操作能力。学生将学会如何根据组织特性自主设计科学合理的内部控制体系，并具备对既有内部控制系统进行深入剖析、专业评估与高效审计的能力。这将使他们在未来职业生涯中能够发挥关键作用，为组织的稳健运行与持续发展筑起坚实的防线。

通过本项目的学习，学生将实现知识积累与能力素质的双丰收，不仅能掌握内部控制的精髓，更能在实践中游刃有余，为推动内部控制体系的不断完善与发展贡献自己的力量。

任务一　初识内部控制

内部控制系统简称内部控制，又称内控制度，是在经营管理活动中，随着单位对内加强管理、对外满足社会需要而逐步产生并发展起来的自我查纠、自我调整及制约的系统。

一、追寻内部控制发展渊源

内部控制是管理现代化的必然产物，是在内部牵制的基础上，由企业管理人员在经营管理实践中创造并经人们理论总结而逐步完善起来的。内部控制有其漫长的演进历史。

最初的内部牵制实践，可以追溯到古埃及，当时就存在着内部牵制的思想与举措。据史料稽考，在古罗马，也存在着内部牵制来审查有无记账差错或舞弊行为，进而达到控制财产收支目的的思想。中国在西周时期，内部牵制制度已经基本形成。周王朝统治者为了防止掌管财物的官吏贪污盗窃或弄虚作假，对其实施严密的分工牵制和交互考核等方法，以达到"一毫财赋之出入，数人之耳目通焉"的程度。在内部牵制方面，当时世界上几乎没有别的国家可以和周朝相比。15 世纪末期，借贷记账法在意大利的出现，标志着内部牵制趋于成熟。

内部控制的发展，与审计人员法律责任的不断加强及其对审计风险的日益关注，有着密切的联系。不断发生的诉讼案件和有关法规的颁布实施，进一步强化了审计人员的法律责任，促使其更加关注审计风险，并使内部控制的研究与评价成为一项法定的审计步骤，甚至将委托人内部控制是否健全、有效作为能否接受委托审计的重要前提条件。与此同时，也促使企业注重自身内部控制的建设。

考察现代内部控制的演变历史发现，促进内部控制发展的动因主要有两个：一是企业内部管理的压力；二是外部审计开展的推动。另外，实行内部控制有其积极作用，即保护企业财产的完整性，提高会计信息的准确性，以及配合外部审计的有效性。

二、明确内部控制含义

内部控制是指被审计单位为了保证业务活动的有效进行，保护资产的安全和完整，防止、发现、纠正错误与舞弊，保证会计资料的真实、合法、完整而制定和实施的政策与程序。其实质是一个控制系统，它包括控制环境、会计系统和控制程序等。内部控制的实质是针对既定的控制目标，与特定的控制环境相联系，由存在于管理制度或者管理活动中的具有调整、检查、制约作用的政策与程序等因素，有机地联系在一起而形成的集合。

现代内部控制作为社会和历史的产物，总是与特定的社会历史条件相联系，并受到企业性质、管理制度及经营实践等诸多因素影响，与此同时，也受到人们认识水平的限制。

1981年，国际会计师联合会指出："内部控制包括组织体制的设计和经济实体所采用的方法与程序，就其实用方面而言，是为了达到既定的管理目标而有秩序和有效率地进行经营活动。"

1984年，最高审计机关国际组织在维也纳召开第二次学术讨论会，对内部控制进行了专题研究，最终形成的文件指出："内部控制是指单位为了维护资产的安全，检查财务资料的准确性与可靠性，提高经营效率，鼓励执行既定的政策和达到预定的计划、目的和目标，而在内部正式通过的计划、协调方法和程序。"

经过实践验证和理论研究，1986年4月，最高审计机关国际组织在第十二届国际审计会议上发表总声明，对内部控制做出了权威性解释："内部控制作为完整的财务和其他控制体系，包括组织结构、方法和程序以及内部审计。它是由管理当局根据总目标而建立的，目的在于帮助企业的经营活动合法化，具有经济性、效率性和效果性，保证管理决策的贯彻，维护资产和资源的安全，保证会计记录的准确与完整，并提供及时的、可靠的财务和管理信息。"

审计人员之所以关心、研究与评价内部控制，是出于审计工作的需要，为了在保证执业质量的前提下提高审计工作效率，最终是为了确定在哪些方面可以信赖被审计单位的内部控制，在哪些方面不应信赖被审计单位的内部控制，而应当实施详细的实质性测试程序，以便将审计风险降低至可接受的水平，使审计工作符合质量要求，但并不承担设计和实施内部控制的职责和义务。

被审计单位管理当局建立健全内部控制，主要是为了实现下列管理目标：①保证业务活动的有效进行；②保护资产的安全与完整；③防止、发现、纠正错误与舞弊；④保证会计资料的真实、合法、完整。

内部控制并不仅限于企业单位，同样也存在于其他各类经济组织和行政事业单位中。

三、认清内部控制两个基本假设

国内较早研究内部控制的李凤鸣教授在《内部控制学》中指出，内部控制的构建主要基于两个基本假设：

（1）两个或两个以上的人或部门同时犯某种错误的可能性远远小于一个人或部门犯错误的可能性。

（2）两个或两个以上的人或部门合伙舞弊的可能性要远远小于一个人或部门舞弊的可能性。

任务二　鸟瞰内部控制

内部控制是内容与形式的高度统一。从内容和形式的维度来剖析内部控制，有助于在理论上阐释和在实践中应用内部控制。

一、明确内部控制内容

内部控制的内容，归根结底是由基本要素构成的。企业类型、业务规模等方面不同，内部控制具体内容也不尽相同。健全、完善的内部控制主要包括下列几个方面的内容。

（一）组织结构

组织结构是指企业内部的机构设置及其责任与权力的分配方式。设置组织结构，主要应按照相互牵制、相互协调原则，结合企业规模、业务特点等具体情况，设置职能部门并进行业务分工，以使每一笔业务的全部处理过程或过程中的重要环节，不是由一个部门单独处理，而是由两个或两个以上的部门在相互协调、相互制约的基础上共同完成的。对各部门的职权和责任应明确加以规定，既避免权力重叠，又可防止权力落空或出现权力真空，而使每项业务处理的各个环节都有相应的机构负责。

（二）岗位责任

岗位责任是指企业在合理的组织结构基础上，将各部门的业务活动划分为若干个具体的工作岗位，并赋予其相应的任务、权限和责任，权限与责任相对应，以使每个岗位既有适当的权限以便开展工作，又有相应的责任以便完成任务，并定期进行检查，做到"事事有人管、人人有专责、办事有标准、工作有检查"，从而使各级各类人员都能"有其位、谋其政"，并对各项经济业务实施有效控制。

岗位责任的设置应贯彻相互牵制原则，既要对不相容职务实行分离，以使不同岗位之间形成一种相互检查、相互制约的关系，又要对各类人员的职务进行定期轮换，以确保每项职务得到全面复核。

（三）业务流程

业务流程是指企业在明确岗位责任的基础上，为保证生产经营活动顺利进行而规定的业务处理步骤与生产工艺环节的秩序。例如，对差旅费报销事项规定由部门领导审批、财务主管审核、会计人员制证、出纳员报销和分管会计记账等步骤组成报销业务流程。

（四）处理手续

处理手续是指企业在业务活动处理过程中，体现在业务程序各个环节上的具体措施和例行规定。例如，在由订货、验收、入库、付款、记录组成的材料采购流程中，就验收这个环节而言，需要办理核对订货合同，检查进货数量、品种、规格、质量和价格，开具验收单和质量证明单，并由经办人签章等手续。

（五）业务记录

业务记录是指企业为反映和控制各项生产经营业务，以文字形式对生产经营业务活动的发生、进展和结束的全过程所进行的记载，包括业务活动的批准与接收记录、生产调度单、会计信息载体等。例如，企业应根据控制要求和管理需要设计、保持和提供恰当的业务记录。

（六）检查标准

检查标准是指企业为检查经营管理活动并保证检查活动有据可依所制定的各项标准、尺度等如材料到货验收标准、材料消耗定额标准、产品质量检验标准等。

（七）人员素质

人员素质是指企业根据经营管理的要求对各岗位人员在素质方面所做的具体规定和要求。其内容主要包括两个方面：一是人员知识水平、业务技能的规定；二是人员思想品德、道德修养的要求。人员素质是决定内部控制效果的重要因素。即使内部控制设计健全，如果人员素质较差，也会因此失去作用。

此外，内部审计是企业为监督、评价和鉴证财务信息及经营管理活动而专门设立的独立职能机构。应充分认识到内部审计在内部控制中的特殊地位和作用。

二、明确内部控制分类

内部控制形式是指内部控制各要素按照不同的标志所组合成的集合体，是按照不同标准划分内部控制而形成的各种分类形态。

（一）按控制内容分类

（1）环境控制，也称基础控制，是指对企业生产经营活动赖以进行的内部环境所实施的总体控制，如组织控制、人员控制、业务记录及内部审计等。

（2）业务控制，也称应用控制，是直接对企业生产经营活动所实施的具体控制，如业务处理程序中的批准与授权、审核与复核，为保证资产与记录安全而采用的限制接近等。

（二）按控制目的分类

（1）内部会计控制，是指为保护财产物资的安全完整、会计信息的正确真实以及财务活动的合法有效而制定和实施的有关会计业务及相关业务的政策与程序，如现金、银行存款内部控制，记账程序内部控制，会计凭证保管、整理、归档内部控制等。

（2）内部管理控制，是指为保证经营决策及方针政策正确、有效地贯彻执行以及经营目标的实现，促进经济活动的经济性、效率性和效果性而制定和实施的有关业务管理方面的政策与程序，如劳动、人事内部控制，新产品开发内部控制，材料供应、产品生产、商品销售内部控制等。

（三）按控制对象分类

（1）财产物资控制，是指企业为保护财产物资的安全性和完整性所采取的各项控制措施，如材料验收控制、存货定期盘点制度等。

（2）会计资料控制，是指企业为保证会计资料的真实性、合法性及完整性所采取的各项控制措施，如成本计算规程控制，账证、账账、账表和账实核对制度等。

（3）财务收支控制，是指企业为保证财务收支的合理性、合法性所采取的各项控制措施，如对财务收支事项的审批、核对和记录等。

（4）经营决策控制，是指企业为保证经营决策及方针政策的正确实施和有效执行所采取的各项控制措施，如定期总结生产经营情况、实行股东会议审议制度等。

（5）经济效益控制，是指企业为保证经济活动的合法性和效益性所采取的各项控制措施，如基建工程控制、生产定额制度等。

（6）经营目标控制，是指企业为保证经营目标的实现所采取的各项控制措施，如目标利润控制、分解落实经营目标并实行定期检查制度等。

（四）按控制方式分类

（1）预防式控制，是指企业为防止错误和舞弊的发生，或尽量减少其发生的可能性所采取的控制措施。例如，出纳与会计必须由两个人分别担任，银行支票的开具与掌管印章必须相分离等。

（2）察觉式控制，是指企业为及时查明业已发生的错误和舞弊，或尽量增大发现、纠正错误和舞弊的机会所采取的控制措施。例如，定期进行账账核对与实物盘点，以发现记账错误和货物短缺等。

（五）按控制地位分类

（1）主导性控制，是指企业为实现某项控制目标而首先实施的控制措施。在正常情况下，它能够防止错误和舞弊的发生，但存在缺陷或不能正常运行时，须以其他控制进行弥补。例如，对于保证业务记录的完整性而言，凭证连续编号就是主导性控制。

（2）补偿性控制，是指企业为弥补主导性控制的缺陷而实施的控制措施。例如，在凭证没有连续编号的情况下，进行凭证、账证、账账之间的严格核对，与凭证的连续编号相比，核对是保证业务记录完整性的一项补偿性控制。

三、明确内部控制重要性

（一）对被审计单位管理当局的重要性

（1）保证国家的方针、政策和财经法规在企业内部的贯彻执行。

（2）保证企业内部经营决策和规章制度的正确落实。

（3）保证会计资料的真实性和正确性。

（4）保证财务活动的合法性和有效性。

（5）维护财产物资的安全性和完整性。健全完善的内部控制，能够科学有效地监督和制约财产物资的采购、计量、验收、入库、记录、保管、领用、退废等环节，确保财产物资的安全完整，避免、纠正、制止各种损失浪费行为。

（6）保证各项经营活动的正常、有效进行。

（二）对审计人员的重要性

（1）有利于审计人员设计恰当的审计程序、编制合理的审计计划、利用合适的内部审计，以提高审计工作效率。

（2）有利于审计人员确定对审计计划和审计程序的执行与实施程度，以保证审计测试质量。

（3）有利于审计人员均衡审计工作，保持应有的职业谨慎，合理运用专业判断，以降低审计风险至可接受的水平。

四、明确内部控制局限性

（一）受制于成本与效益原则

从控制的角度分析，控制环节和控制措施越严密，控制的效果就越好。但控制环节和控制措施越严密，相应的控制成本就越高，同时也会影响企业经营活动的效率。被审计单位管理当局在设计和运行内部控制时，必然要权衡控制成本与控制效率、效果。

（二）一般仅针对常规业务活动而设计

针对常规业务活动而设计的内部控制，可能不适用于特殊的、非常规的业务活动。

（三）可能因执行人员粗心大意、判断失误及对指令的误解而失效

内部控制按照企业管理当局的意图运行。决策人员或具体操作人员如果出了偏差，贯彻企业管理当局意图的内部控制即使设计得再完善，也会失去应有的控制效能。

（四）可能因有关人员相互勾结、内外串通而失效

处于不相容职务上的有关人员相互串通、互相勾结，都可能导致舞弊现象发生，从而使内部控制丧失揭错防弊的能力。

（五）可能因执行人员滥用职权或屈从于外部压力而失效

企业高管可能置内部规章制度于不顾，将自己的行为凌驾于内部控制之上，从而使内部控制对其失效。

（六）可能因经营环境、业务性质的改变而削弱或失效

内部控制的改变通常会滞后于经营环境与业务性质的变迁和变化。当经营环境、业务性质变动较大后，内部控制可能被削弱或失效。

任务三　评价内部控制

一、了解内部控制

企业内部控制体现在规章制度中，如成本管理制度、资金管理制度、设备管理制度、质量管理制度等。对企业内部控制的了解应先从查阅企业的规章制度入手，然后调查其执行情况。了解内部控制，可从两方面进行：一是通过查阅有关的规章制度是否符合内部控制的原则要求，了解每一控制要素的政策和程序的设计；二是通过各种调查方法掌握内部控制的执行情况，了解有关政策和程序的运行情况。

（一）编制审计计划、确定审计程序

在编制审计计划时，审计人员应当了解被审计单位内部控制的设计和运行情况。在确定了解内部控制所应实施审计程序的性质、时间和范围时，应当考虑：

（1）被审计单位经营规模及业务复杂程度。

（2）被审计单位数据处理系统类型及复杂程度。

（3）审计重要性（对此评估需要运用专业判断）。

（4）相关内部控制类型。

（5）相关内部控制的记录方式。

（6）固有风险的评估结果等。

（二）利用以往的审计经验

审计人员在了解内部控制时，应当合理利用以往的审计经验进行专业判断。主要包括对被审计单位所属行业的了解，以往审计取得的对被审计单位情况的了解，被审计单位经营和会计制度的复杂性，对固有风险和重要性的初步评估等。

（三）实施审计程序

（1）询问被审计单位有关人员，并查阅相关内部控制文件，将两者进行核对，以检查文件规定与有关人员的理解是否一致。

（2）检查内部控制生成的文件和记录，如组织结构图、职务说明书、工薪记录表、内部审计报告及以前年度的审计工作底稿等。

（3）观察被审计单位的业务活动和内部控制的运行情况，以便了解业务授权、文件记录等内部控制的执行是否与制度规定相吻合。

（4）选择若干具有代表性的交易和事项进行穿行测试。穿行测试也称全程测试、了解性测试，是指在每一类交易循环中选择一笔或若干笔业务进行测试，以验证内部控制的实际运行是否与审计工作底稿上所描述的内部控制相一致。

（四）把握内部控制要素

内部控制包括控制环境、会计系统、控制程序三个要素。

第一，了解控制环境。控制环境，是指被审计单位管理当局对内部控制及其重要性的态度、认识和措施。控制环境的好坏，直接影响到被审计单位特定控制程序的有效性。影响控制环境的因素较多，其中主要因素包括：

（1）经营管理的观念、方式和风格。

（2）组织结构和权力、职责的划分方法。

（3）控制系统，是指管理当局制定和实施并加以控制的诸如内部审计职能、人事聘用政策与程序、职务分工等系统。

第二，了解会计系统。会计系统，是指被审计单位用于确认、计量、记录和报告其交易和事项的财务信息系统。健全的会计系统应当包括下列内容：

（1）鉴定和登记一切合法的经济业务。

（2）对各项经济业务按时进行适当分类，作为编制财务报表的依据。

（3）将各项经济业务按适当的货币价值计价，以便列入财务报表。

（4）确定经济业务发生的日期，以便按照会计期间进行记录。

（5）在财务报表中恰当地表述经济业务以及对有关内容进行披露。

第三，了解控制程序。控制程序，是指被审计单位管理当局为了实现其特定的管理目标而制定的除控制环境以外的各项政策和程序。控制程序主要包括：

（1）交易授权。健全、有效的内部控制要求每笔交易或每项业务活动都经过适当授权。

（2）职责划分。建立内部控制，必须对不相容职务进行分离，避免担任不相容职务。不相容职务，是指经营业务的授权、批准、执行和记录等完全由一个人或一个部门办理时，发生错误或舞弊的可能性就会增大的两项或两项以上职务。如经管现金和银行存款的出纳与负责总账登记的会计，就属于不相容职务。

（3）凭证与记录控制。被审计单位必须设计和使用适当的凭证的记录，以确保各种交易和事项得以全面、完整、准确地记录。

（4）资产接触与记录使用。被审计单位对接触、使用资产和记录，应当有适当的控制措施，未经授权，不相关人员或部门不得接触、使用、记录资产。

（5）独立稽核。被审计单位对已记录的交易和事项及其计价应当安排由具体经办人以外的独立人员或部门进行核对或验证。

（五）关注与利用内部审计

内部审计是企业内部控制系统的重要组成部分，是内部控制中的特殊因素。对内部审计应当给予关注，并应结合有关因素，对以往的内部审计工作质量进行研究和评价，以确定是否利用内部审计工作成果。审计人员应当考虑下列因素：

（1）内部审计人员的独立性。

（2）内部审计人员的经验和能力。

（3）内部审计程序的性质、时间和范围。

（4）内部审计人员所获取的审计证据的充分性和适当性。

（5）内部审计工作受重视程度。

二、内部控制的描述方法

用于内部控制描述的方法主要有文字表述法、调查表法和流程图法等。

（一）文字表述法

文字表述法，是指审计人员通过询问被审计单位的有关人员，查阅相关内部控制文件，将被审计单位业务的授权、批准、执行、记录、保管等程序及其实际执行情况，用叙述性文字记录下来，形成对内部控制描述的一种方法。

文字表述法一般按业务循环，逐项描述各个业务循环所完成的工作及其派生的各种文件记录。审计人员采用文字表述法对内部控制的描述情况，通常记录在审计工作底稿上。

文字表述法的优点主要在于简便易行、比较灵活、不受任何限制，可对被审计单位内部控制的各个业务循环加以描述。但文字表述法也有其缺点，即对内部控制的描述，有时很难用简明易懂的语言来详细说明各个细节，从而可能使文字表述显得较为冗赘，也有可能遗漏内部控制设计中的重要环节，而且缺乏层次感和形象感，不便于资料整理和进行对比分析。它通常用于记录控制环境、一般控制和实物控制等方面的情况，几乎适用于任何类型、任何规模的单位，特别适用于内部控制不健全、内部控制程序较为简单且易于描述的中小企业。

（二）调查表法

调查表法，也称内部控制问卷法，是指审计人员根据被审计单位的业务类型、业务循环、内部控制等，将内部控制的必要事项，特别是与保证会计记录的正确、可靠以及保证财产物资的安全、完整有关的主要事项作为调查项目，利用内部控制调查表向被审计单位有关人员调查了解其内部控制是否健全、完善，从而对内部控制加以描述的一种方法。

审计人员根据其对被审计单位应具备的标准内部控制的理解，事先设计出一系列有针对性、标准化的调查表，然后将该调查表发给被审计单位有关人员，并要求其在调查表规定的栏目里填写回答的内容。审计人员据此检查被审计单位应有的各项控制措施是否存在，应该控制的关键环节是否设置，从而判断其内部控制情况。

采用该种方法的关键，是针对需要调查了解的控制系统及控制点，设计拟调查的问题条款，编制内部控制调查表。其中，调查问题的设计是否得当，直接关系到检查与评价工作的质量。一般说来，主要应注意下列几个方面：

（1）确定调查项目。审计人员可根据审计计划的要求和以往审计的经验，按照会计要素将被审计单位的内部控制系统划分为若干具体控制系统，分别设计不同调查项目的内部控制。

（2）安排调查内容。审计人员应紧紧围绕控制系统中各个控制点和关键控制点及其控制措施安排调查内容，逐一列出调查问题条款，并补充控制环境、一般控制等调查问题条款。关键控制点，是指未加控制就容易产生错误或舞弊的业务环节。

（3）设计调查表格式。审计人员可根据自身需要，结合被审计单位内部控制情况，自行设计调查表的格式。其要素主要包括调查单位、调查项目、调查时间、调查问题、调查内容、调查答案，以及被调查人、审计负责人和审计调查人等。在调查表中，一般为每个调查问题分设"是""否""不适用"和"备注"四个栏目。接受调查的有关人员，对所调查的问题做肯定回答时，在"是"栏内打"√"；做否定回答时，在"否"栏内打"√"；如出现既不能肯定，也不能否定的情况时，在"不适用"栏内打"√"。有时，还可以在"否"栏内根据控制差的轻重程度，再细分为"较轻"和"严重"两栏；或者单设一栏"弱"，再在该栏内细分为"较轻"和"严重"两栏。至于"备注"栏，一般用于记录回答问题的资料来源和对有关问题的说明。

调查表法具有下列优点：一是简便易行，即使没有较高的专业知识与业务技能、没有较多审计经验的人员也能利用该表进行操作，因为设计与利用该表是不同的，设计该表的确需要设计人员具有较高的专业学识与技能、丰富的审计经验、较多的职业判断；二是能对所调查问题给予明确答复，使审计人员能获取明确的调查答案，有利于对内部控制做进一步分析评价；三是调查内部控制的范围明确，调查内容可同时由若干人分头进行，有利于节省审计时间，加快审计进度，提高审计效率；四是调查表中"否"栏和"弱"栏集中反映内部控制存在的问题，能引起审计人员的高度重视，大大减少审计人员忽略重要内部控制的可能性。

调查表法具有下列缺陷：调查内容只限于明确的调查事项，不易了解其他方面的有关信息，从而难以提供一个完整的、系统的、全面的分析评价。调查事项如果设计不当，所填答案就不能正确地反映内部控制的健全状况。格式固定的调查表因缺乏弹性而难以适用于不同行业的被审计单位或特殊情况，可能使"不适用"栏填得较多，从而导致该种方法本身也显得不适用。审计人员如果机械地照表提问，往往会使被调查人员产生敷衍心理，调查易流于形式，这样就会失去调查表的意义。

（三）流程图法

流程图法是指用特定的语言符号和图形，将被审计单位的组织结构、职责分工、权限范围、文件编制及顺序、会计记录、业务处理流程、会计档案的种类及存放地点等内部控制情况，以图解的形式直观、形象地加以描述的一种方法。

用特定的语言符号，将内部控制中各种业务处理手续，以及各种文件或会计记录的传递流程描述出来的图解形式，即流程图，共有两种类型：一种是评价流程图，即反映特定单位理想内部控制要求的流程图，通常由审计人员设计；另一种是现状流程图，即描述特定单位现行内部控制状况的流程图，既可由审计人员设计，也可由管理当局绘制。

绘制流程图时，应注意做到：①从上到下，自左至右，先干后支，依次描绘；②简单明了，来去分明，完整清晰，避免重叠；③统一符合，合乎逻辑，加注图例，少用文字。

绘制流程图的方法步骤大致如下：第一，确定流程图语言符号；第二，选定流程图控制主线；第三，决定流程图反映重点；第四，择定流程图绘制方式，包括纵向流程图和横向流程图；第五，制定流程图文字说明。

流程图法的优点是：①从整体的角度，以简明的图示将被审计单位的内部控制系统描述出来，突出了控制点和关键控制点，便于快速地检查出内部控制系统中的薄弱环节，也便于对内部控制系统进行评价；②运用便于了解被审计单位内部控制的特征，也能够揭示内部控制系统中各个组成部分的内在联系及存在的缺陷，有利于向被审计单位管理当局提出改进意见或建议；③由于流程图直观明了、形象清晰，便于修改，当下次再对被审计单位进行审计时，只要根据其修改后的内部控制实际情况对原先归档的流程图稍做变动，即可更新整个流程图，减轻工作量。

流程图法不足之处主要有：①绘制流程图需具备较娴熟的技术、较丰富的经验及多种专业知识，且颇费时间，因而绘制工作复杂，绘制难度较大，初学者不容易掌握和运用；②它无法直接反映控制流程之外的控制措施，如实物控制等，也不能明显地标出内部控制中的薄弱环节，在实际工作中，往往需要与调查表法等配合使用；③流程图中的语言符号，其含义并不统一，不同的人使用同样的符号往往具有不同的含义，同样的内容又可能使用不同的符号，这样容易产生混乱、导致误解；④当被审计单位业务规模大、组织结构复杂、控制环节较多时，流程图就会很复杂，审计人员运用该种方法时就难以识别关键控制点或不易将主要精力置于关键控制点上。

文字表述法、调查表法和流程图法的比较如表 5-1 所示。

表 5-1　文字表述法、调查表法和流程图法的比较

描述方法	概念	优点	缺点	适用范围
文字表述法	文字表述是对被审计单位内部控制健全程度和执行情况的书面叙述	①描述深入具体②弥补调查表只能简单肯定或否定之不足	①文字冗长②不利于提供分析、评价依据	①内控程序简单②比较容易描述的小企业
调查表法	调查表就是将那些与保证会计记录的正确性和可靠性以及与保证资产的完整性有密切关系的事项列作调查对象，由事务所自行设计成 标准化的调查表，交由注册会计师根据调查的结果自行填写	①简括说明，有利于分析②省时省力，初期完成	①不同行业或小企业，标准问题不太适用②按会计报表项目分别调查③只能针对具体项目进行分析，无法提供全面的视角	适用范围广泛
流程图法	流程图是用符号和图形来表示被审计单位经济业务和文件凭证在组织机构内部有序流动的文件	①便于表达内部控制特征，一目了然②便于修改	①编制技术要求高，花费时间多②某些弱点很难在图上明示	对大企业十分有用

描述内部控制的上述描述方法并非互斥，而是相互补充的。因此，在描述被审计单位内部控制时，可对不同业务环节运用不同的方法，也可同时结合运用几种方法。

三、内部控制测试

（一）运用初步审计策略

（1）必须注意主要证实法操作步骤与较低控制风险估价水平法操作步骤的区别。

（2）认定与策略的关系。

在审计实务中，对有的认定采用主要证实法，而对其他的一些认定采用较低控制风险估计水平法。如存货保持永续盘存记录，则存在或发生、完整性用较低控制风险估价水平法；估价或分摊、权利和义务、表达与披露则可能用主要证实法。

（二）内部控制测试的概念

1.符合性测试的概念

符合性测试是为了确定内部控制制度的设计和执行是否有效而实施的审计程序。

2.符合性测试的基本对象

（1）控制设计测试，看其设计是否合理。

控制设计测试所要解决的问题是，被审计单位的控制政策和程序是否设计合理、适当，能否防止或发现、纠正特定会计报表认定的重大错报或漏报。

（2）控制执行测试，看其运行是否有效。

控制执行测试所要解决的问题是，被审计单位的控制政策和程序是否实际发挥作用。

测试某项控制执行的有效性，应着重查清控制是怎样应用的、是否在年度中一贯应用、由谁来应用。

注意事项：①对主要交易种类的有关控制进行符合性测试；②对某账户的有关控制进行符合性测试；③并不是所有的控制都要加以测试；④只对那些防止或发现、纠正会计报表认定产生重大错报或漏报的控制执行测试。

（三）符合性测试的种类

注册会计师可在审计计划期间和期中工作期间执行符合性测试。在主要证实法下可执行同步符合性测试及追加符合性测试，在较低控制风险估计水平法下，必须执行计划符合性测试。符合性测试的种类如表 5-2 所示。

表 5-2　符合性测试的种类

种类	与审计程序的关系	说明
1.同步符合性测试	①第 1 和第 2 程序相结合，即了解内部控制的同时，提供了有关控制政策和程序是否有效的证据 ②核算 ③减少追加符合性测试的范围	①既可能是取得了解时的"副产品"，也可能是注册会计师事先计划安排的；②其获取的证据，只能使注册会计师评价 CR（检查风险）的估计水平处在略低于最高至中等水平之间，因其是在计划期间取得的，证据本身不能证明某项控制政策和程序在整个被审年度均由经授权的人员适当和一贯地加以运用；③这种符合性测试不是必需的，而是注册会计师有选择地执行的
2.追加符合性测试	第 2 程序	①这种测试在外勤工作中执行；②在主要证实法下，执行追加符合性测试是为了进一步降低注册会计师对控制风险的估计水平；③不核算，或不能进一步降低 CR 的估计水平，就不测试
3.计划符合性测试	第 2 程序	①这种测试在外勤工作中执行；②在选用较低控制风险水平法下，必须执行；③其获取的证据，应足以支持评价某些认定的 CR 估计水平处在中等或低水平；④执行的目的是支持计划的实质性测试水平
4.双重目的测试	第 2 和第 3 程序相结合	①这种测试在外勤工作中期中执行；②在较低的控制风险水平下执行；③核算；④小心谨慎设计测试程序，以确保能取得有关控制的有效性和报表中的重要错报或漏报这两个方面的证据；⑤应谨慎地评价所取得的证据

（四）符合性测试的性质

在确定了测试的种类之后，应进一步决定符合性测试的性质。可选用的符合性测试程序有以下三种：其一，检查交易和事项的凭证；其二，询问并实地观察未留下审计轨迹的内部控制的运行情况；其三，重新执行相关内部控制程序，相当于穿行测试。

（五）符合性测试的范围

第一，明确符合性测试证据的特征。

（1）充分性。测试范围越大，有关控制政策或程序执行有效性的证据就越充分。

（2）恰当性。注意以前年度审计证据对本年度的影响。

第二，出现下列情况之一时，可不进行符合性测试，而直接实施实质性测试程序。

（1）相关内部控制不存在。

（2）相关内部控制虽然存在，但通过了解发现其并未有效运行。

（3）符合性测试的工作量可能大于进行符合性测试所减少的实质性测试的工作量。

（六）符合性测试的时间

其一，同步符合性测试是在计划期间内执行的。

其二，追加或计划符合性测试通常在期中工作中执行，并且应尽可能安排在期中的后期执行。

其三，若期中审计已进行符合性测试，在决定完全信赖其结果前，进一步获取期中至期末的相关审计证据，应当考虑以下因素：①期中审计符合性测试的结论；②期中审计后剩余期间的长短；③期中审计后内部控制的变动情况；④期中审计后发生的交易和事项的性质及金额；⑤拟实施的审计实质性测试程序。

（七）符合性测试中使用内部审计人员的工作

1. 协调

协调需做好以下工作：①定期同内部审计人员会谈；②复核他们的工作计划表；③取得内部审计人员的审计工作底稿；④复核内部审计报告。

测试内部审计人员的工作，应清楚以下问题：①内部审计工作范围是否适当；②审计方案是否适当；③工作底稿是否充分记录了所执行的工作，包括监督和复核的证据；④相关内部审计工作对有关情况的结论是否适当；⑤审计报告与所执行的工作是否一致。

2. 直接支持

直接支持需做好以下工作：①评价内审胜任能力和客观性；②了解内审所负责任和执行程序的目标；③将发现的重大会计审计问题提请注意。

（八）符合性测试有时是双重目的测试

在绝大多数的会计报表审计中，追加符合性测试主要在期中工作期间执行，而实质性测试则主要在期末工作时执行。但是，也允许在期中工作时执行有关交易的某些详细的实质性测试，以检查报表中是否有重要错报或漏报。如果发生这种情况，可同时针对相同的交易执行符合性测试。比如，在检查销售发票是否经过被授权人的签字，以独立验证这些凭证的正确性的同时，也可以列表反映这些发票上的错误金额。这类测试被称为双重目的测试。

任务四　审计内部控制

在长期的尝试和实践中，审计人员逐渐认识到，采用统计抽样等方法与内部控制评价等手段，能从根本上解决审计目的与审计方法、社会需求和审计资源的矛盾，从根本上改变传统审计的观念和审计方法，弥补抽样审计的不足，从而减少了审计业务量，提高了审计效率，保证了审计质量，减小了审计风险。作为现代审计基石的审计抽样，离不开对被审计单位内部控制的研究与评价。

一、内部控制评价

内部控制评价，是审计机构和审计人员在日常审计工作中定期或不定期地对现行内部控制所进行的评价，主要评价被审计单位内部控制的健全性与有效性。

内部控制评价，按照先后评价的重点，可分为健全性评价与有效性评价。在审计工作中，如果健全性评价认为被审计单位内部控制系统是完善的，则可对其进行有效性评价；否则直接执行全面的实质性审计。

如果有效性评价认为被审计单位内部控制系统的执行是有效的，则可综合健全性评价与有效性评价的结果，据以确定实质性审计的范围、重点和方法，进行有限的实质性审计；否则执行全面的实质性审计。

（一）健全性评价

健全性评价，是针对被审计单位实行的内部控制本身是否完善所进行的测试与评价。其测试的内容是被审计单位各项内部控制是否符合内部控制的基本原则，被审计单位在哪些环节、采取何种措施进行控制，关键控制点是否重点进行了控制，所有内部控制目标是否均已达到，从而据以评价内部控制在设计上是否存在缺陷和不足。例如，通过健全性测试，判断被审计单位哪些方面的内部控制设计比较严密、科学，有较强的控制功能；哪些方面的内部控制还存在着弱点，控制作用不明显，或者根本没有控制作用。健全性测试与评价的方法步骤如下。

1.确定内部控制评价模式

通常情况下，审计人员可事先设计一个内部控制评价模式，并结合被审计单位的具体情况，衡量其是否基本符合该单位内部控制需要，然后将其直接作为或修改后再作为评价被审计单位内部控制的参照模式与依据。

在对内部控制进行最后评价时，如果企业的内部控制程序和措施等能够保证内部控制目标的实现，则认为该单位的内部控制系统是健全、完善的。

2.调查内部控制现状

对被审计单位内部控制现状的调查，主要是通过查阅被审计单位有关内部控制的规章制度和文件资料以及以前年度有关的审计档案，或通过询问被审计单位有关管理人员和当事人，来了解被审计单位基础控制与应用控制的健全性和严密性，并运用文字表述法、调查表法、流程图法等将被审计单位内部控制的现状准确描述出来。

3.评价内部控制健全性

审计人员根据内部控制评价模式，对被审计单位内部控制的健全程度做出客观评价。具体来说，其做法是：

（1）审计人员通过调查所了解的被审计单位内部控制的现状与事先确定的内部控制评价模式进行比对，以揭示其内部控制措施是否被采用。对于所发现的控制缺陷，审计人员应按其性质与内容进行相应的归类、汇集，并记录在内部控制缺陷登记表中。

（2）审计人员通过查阅有关资料和询问有关人员，了解是否存在补偿性控制措施，以全部抵消已发现的控制缺陷的影响。

（3）在分析被审计单位内部控制系统中所有控制缺陷及其潜在影响的基础上，审计人员即可对其健全性做出评价。

（二）有效性评价

有效性评价，是针对在健全性评价中被认为健全的或基本健全的内部控制，在实际工作中是否得到贯彻执行以及贯彻执行的程度所进行的测试与评价。有效性评价工作，通过符合性测试等方式进行。符合性测试与评价的方法步骤如下。

1.确定符合性测试的内容与数量

符合性测试的内容是由其健全性测试与评价所确定的，并被认为是可以信赖的内部控制。至于在健全性测试与评价中被认为存在缺陷、错弊或薄弱的内部控制，应排除在符合性测试的范围之外，而直接列为实质性审计的重点内容。列入符合性测试范围的内部控制，并非都要进行审查，而是通过实施抽样测试。

符合性测试，是评价被审计单位内部控制系统中规定的关键控制点，在实际经济活动中能否贯彻执行的审计程序。其关键在于确定适当的样本数量，这关系到测试效率和质量问题。审计人员根据审计工作的实际需要，结合有关影响因素，科学、合理地选定测试样本的数量。在符合性测试中，影响样本量大小的因素包括计划对内部控制的信赖程度、可容忍误差、可接受的信赖过度风险、预期总体误差、总体中项目的数量等。

2.进行符合性测试

符合性测试数量确定后，审计人员可运用随机抽样法、系统选样法及随意选择法等方法抽取样本。测试样本，可使用检查证据、穿行试验和实地观察等方法进行，然后将测试结果记录在符合性测试表中。

3.做出符合性评价

通过符合性测试，审计人员可对内部控制在实际工作中的执行与否及执行程度做出评价。如果关键控制点或多数一般控制点失去控制，则表明被审计单位内部控制系统失效，从而可以得出直接进行实质性审计的结论；如果少数一般控制点执行不好或全部控制点都执行良好，则仍需继续进行评价，从而全面、客观地评价内部控制的有效性。

审计人员可根据其发现的被审计单位内部控制缺陷和薄弱环节，确定实质性审计的范围、重点和方法，并将注意到的内部控制弱点告知被审计单位管理当局，甚至在必要时提出改进内部管理的意见和建议。

二、内部控制评价应用

内部控制评价在审计中的应用，是指内部控制评价结果在实质性审计中的应用，即根据内部控制评价结果确定实质性审计的范围、重点和方法，并借以指导具体审计活动。

（一）内部控制评价应用的意义

在审计中应用内部控制评价的重要意义表现为以下几点。

（1）内部控制评价方法在审计中的应用，奠定了抽样审计技术的基础，促进了审计方式的变革，在保证审计质量的前提下提高了审计效率。

（2）内部控制评价模式在审计中的应用，将内部控制评价模式作为参照依据，以之与现行内部控制系统相比对，从而衡量内部控制的完善程度，并将两个在不同角度和层次发挥作用而实现相同目的的业务环节，即控制点和审计要点先后联系起来，产生了一种比根据审计目标或经验判断列出审计要点更具有针对性和科学性的做法，即依据内部控制评价模式揭示审计要点。其具体做法是先根据内部控制评价模式中的控制系统，界定其所对应的业务系统，然后根据该评价模式中设置的控制点逐一列出其对应的审计要点，以便进行实质性审计。

（3）内部控制评价活动在审计中的应用，因其作为不同的角色而形成不同的应用形式。内部控制评价，既可以作为一种手段而成为实质性审计的基础，也可以作为一个目的而成为一个独立的审计项目。

（4）内部控制评价结果在审计中的应用，有利于审计人员制订总体审计计划并安排具体审计项目；也有利于审计人员确定实质性审计的范围、重点和方法，修改具体审计方案，指导实质性审计工作；还有利于审计人员向被审计单位提出改进内部管理的意见和建议，从而能够更好地发挥审计的作用。

（5）内部控制评价程序在审计中的应用，形成了在评价内部控制基础上进行实质性审计的审计程序，简称内部控制评价基础审计程序。其实质是将内部控制评价与实质性审计相结合。

（二）内部控制评价基础审计程序

一般来说，审计程序可分为准备阶段、实施阶段和终结阶段。准备阶段的主要工作表现为制订审计计划，终结阶段的主要工作表现为编制审计报告。因此，准备阶段和终结阶段也可分别称为计划阶段与报告阶段。

1.计划阶段

计划阶段的工作内容主要包括制订总体审计计划和具体审计方案。结合内部控制评价，确定采取内部控制评价基础审计是否恰当。主要考虑下列因素：

（1）被审计单位经济业务情况。如果被审计单位经济业务较少、金额较大，或经常发生错弊问题、内部控制不可信赖，一般应直接进行全面的实质性审计；否则采用内部控制评价基础审计。

（2）被审计单位内部控制情况。如果被审计单位内部控制不健全，或者虽内部控制措施完善但实际工作中未予落实或落实不力，则应直接进行全面的实质性审计；否则采用内部控制评价基础审计。

（3）被审计单位内部审计质量。如果被审计单位内部审计部门工作质量较高，并在日常做了大量的实质性审计，表明其内部审计工作的结果可资利用，外部审计人员宜采用内部控制评价基础审计，否则直接进行实质性审计。

（4）审计人员素质条件。一般来说经验较多的审计人员，或了解被审计单位内部控制情况的审计人员，为了在保证审计质量的同时提高审计效率，一般采用内部控制评价基础审计；否则直接进行实质性审计。

2.实施阶段

实施阶段的工作内容主要包括健全性评价、有效性评价以及实质性审计。健全性评价与有效性评价构成了内部控制评价程序。在实施阶段所进行的工作，是内部控制评价程序与实质性审计相结合的突出体现。

（1）如果健全性测评表明被审计单位及被审计项目内部控制可以信赖，则可继续进行有效性测评；否则进行全面的实质性审计。

（2）如果有效性测评中通过符合性测试，表明被审计单位及被审计项目内部控制可以信赖，可进行综合评价；否则进行全面的实质性审计。综合评价，是根据健全性评价和符合性评价的结果，来确定实质性审计的范围、重点和方法，并提出改进内部管理的意见或建议。

（3）实质性审计，也叫作实质性测试，主要是对会计凭证、会计账簿及会计报表等会计资料进行直接审查并盘点库存实物等。实质性审计可分为全面的实质性审计与有限的实质性审计。在进行有限的实质性审计时，如果发现有较多或较严重的错弊问题，应扩大审计的范围和内容，直至实施全面的实质性审计。依赖和利用内部控制评价，存在着一定的控制风险，审计人员必须关注控制风险并将之降到可接受的水平。无论内部控制评价如何，都不能离开或替代必要的实质性审计。

3.报告阶段

报告阶段的审计程序和内容，基本上是总结内部控制审计工作的结果，编制审计报告，表达、出具审计意见等。

项目五
微课视频

项目六　选用抽查法与大数据分析工具

◎ 学习目标

知识目标：

掌握细查法的含义、特点、适用范围；掌握抽查法的含义、特点、适用范围。

素质目标：

培育诚信品格和良好的审计职业道德；培养审计人员的专业素质；养成严谨、认真、细致的工作作风；培养节约成本意识；培养创新精神；适应社会政治、经济、文化的发展，把国家利益、民族利益放在心中，肩负国家使命和社会责任。

能力目标：

能运用判断抽查、统计抽查、属性抽查、变量抽查、货币单位抽查法查账；能应用大数据审计工具查账等。

📖 项目导入

在波谲云诡的商业环境中，企业高效运营与合规管理，是其稳健运行的保障。随着大数据技术的全球浪潮汹涌而至，审计领域正面临着前所未有的深刻变革与严峻挑战。设想一家跨国企业巨擘，在浩瀚的数据海洋中遨游，如何精准把脉风险，高效化解难题？这正是本项目策源的灵感火花。

本项目匠心独运，构建审计生态学习环境，无缝集成了前沿大数据分析利器，旨在让每一位参与者都能沉浸式体验审计的智慧与魅力。在这里，细查法化身为精细入微的手术刀，引领学生深入剖析关键领域的每一个细节；而抽查法则如同敏锐的雷达扫描系统，助力学生迅速锁定问题核心，无论是基于判断、统计、属性或变量的抽样，皆能游刃有余，精准高效。

我们的追求远不止于此。本项目更着眼于培育一批兼具诚信操守、严谨态度、创新思维及成本意识的审计精英。在实战演练中，学生将学会如何在错综复杂的经济局势中保持定力，平衡准确性与效率，更重要的是，将个人成长融入国家发展大局，以审计人的身份，肩负起为中华民族伟大复兴添砖加瓦的历史使命。这不仅是一场技能的磨砺之旅，更是一次心灵的觉醒与责任担当的深刻体验。

让我们并肩作战，在审计的广阔天地里，以智慧为笔，以责任为墨，共同绘制属于我们的辉煌篇章，为国家的繁荣与民族的复兴贡献审计人的力量。

任务一　选择细查或抽查

一、细查法和抽查法的演进

从详细审计法，到判断抽样审计法，再到统计抽样审计法，最后到属性抽样和变量抽样审计法。在几千年审计的查账史中，查账技术不断更新。

早期审计保证会计记录的正确和财产的安全，以期内会计记录审查为中心，采取详细审计方法，对一切凭证和账簿都进行逐一查对，取得证据。

20世纪初，资产负债表审计首先在美国流行，对审计的要求是来自银行家、债权人，需要了解企业的财务状况，判断其偿债能力，以便于信用决策，审计目的开始转向以审定资产负债表所有余额是否真实可靠、是否实际存在为主。

20世纪30年代，世界经济危机爆发，大批企业破产倒闭，为了保护投资者的权益，单纯对资产负债表进行审计已经不能满足了解企业经营情况和经营成果需要，资产负债表审计发展为财务报表审计。

抽查法的最初形式是判断抽查。但判断抽查并未解决抽样规模的问题，抽查的数量仍然很大，在大型企业中即使进行10%的抽查也意味着成千上万次的审阅、核对、复核、计算，仍是一种大量的、有限制的抽样。而且在抽查样本的选择方面是以经验判断为主，结论的可靠性完全依赖审计人员的业务水平、实践经验和判断能力。因此，判断抽查审计法具有一定的局限性。

随着概率论和统计抽查的发展，将概率论和统计抽查同审计的抽查法结合起来后，开始萌发统计抽查的查账方法。

二、明确细查法含义特点

细查法是指在审查账表单证时，对被查期间的所有会计记录和凭证进行细密周详的审查的一种查账方法，故称详细审计法。细查法的特点，就在于审查会计资料的规模上，对整个企业（或其他单位）或某类业务期内全部的会计记录和凭证进行逐项验证。

细查法是早期通常使用的查账方法。这种方法对于会计账目中所存在的一切差错，特别是营私舞弊、违法违纪行为，只要工作态度认真负责，细心核对审阅，一般来说不容易被遗漏，能够最大限度地保证审计质量。但正因为要审核全部账表单证，所以工作量太大，几乎相当于重复一次全面的会计核算工作，费时费力，审计成本太大。

对那些规模较大、经济业务繁杂的大中型企业，细查法一般是不宜采用的，它只适用于经济业务比较简单的小型企业和一般行政事业单位。

对于某些内部控制制度和会计工作比较混乱的大中型企业，或已发生重大贪污盗窃或严重违反财经法纪案件的单位，仍需使用细查法。

三、明确抽查法含义特点

抽查法是指从被审查事项的全部会计资料中抽取一部分进行核对审查，用以推断总体有无错弊的一种查账方法，又称抽样审计。如果经过抽查没有发现问题，则对其余部分不再进行审查。反之，如果在抽查中发现了问题，则需根据具体情况，适当扩大抽查规模、范围，若问题较多或发现严重问题，则应改为细查法，以便彻底把全部问题查清。

抽查法是在审查会计资料的规模上，对整个企业（或其他单位）或某类业务期内部分会计记录和凭证进行测试。

抽查法由于摆脱了细查法不分巨细、一律审核的大量繁重工作，在很大程度上节省了人力、物力和时间，具有高效率、低费用的优点，能达到事半功倍的效果。但如果选择不当或缺乏代表性，抽查结果往往不能表明全部情况，甚至会以偏概全，得出错误结论，尤其对于那些发生频率不高的舞弊行为具有很大的局限性。因此，严密完善的内部控制制度成为实行抽查法的前提条件。

抽查法适用于内部控制制度和会计基础工作比较好、组织机构和现代化管理工作比较健全的企业。

任务二　选用判断抽查

抽查技术按方法的不同，分为统计抽查和非统计抽查两种。非统计抽查又称经验抽查或判断抽查，是指审计人员根据长期积累的经验，结合审计的要求以及进驻被审计单位了解到的情况，通过主观判断，从特定审计对象的总体中有选择、有重点地抽取部分项目进行审核检查，并根据检查结果来推断总体的一种抽查技术。

一、确定抽查对象

判断抽查的成败，关键在于是否遵循了一定抽查原则来确定抽查对象，关注的重点如下。

（一）审计工作具体目标

不同类型的审计，其具体目标各有侧重，而目标通常决定审计内容，在确定审计对象时，首先必须考虑具体审计目标。

（二）应审项目的特征

应审项目的特征具体可从以下方面来进行衡量。

（1）项目金额。金额越大的项目，对审计的总体目标产生的影响也相对较大，包括合计金额、单位金额、金额比重等。

（2）项目性质。根据有关业务内容的性质是否重要来确定抽查对象，往往更为有效。例如，会计账户，有些极容易出现错误和舞弊行为，应成为抽查的重点。

（3）项目时间。根据有关应审项目涉及时间是否重要作为确定抽查对象的原则。例如，贪污存款利息，一般会发生在存款利息的结算期。

（三）被审计单位的内部控制制度

内部控制制度差产生错弊的可能性较大。内部控制制度的检查总是先于对有关会计资料的实质性检查，因而可以根据内部控制制度的检查结果来确定抽查对象。如钱账分管不严、实物长期未盘点均应列入抽查范围。

（四）产生错弊的可能性

容易出现错弊的地方，应该列入抽查的范围。下列方面往往容易产生错弊。

（1）复杂业务的处理。因为处理复杂的业务，往往需要较高的技能。

（2）收发频繁的业务。

（3）交接初期的业务。因为新的经办人对有关业务的处理可能不太熟悉。

（4）素质较差的经办人经办的业务。业务经办人水平较差或品质不好，容易使经办的业务出错。

（5）内部控制制度的薄弱环节。

（6）金额较大的会计事项。

（7）季节性易出错的事项。

（8）曾有揭发材料的事项。

（五）其他方面提供的信息

审计人员要在准备阶段了解被审计单位的所有情况，比较困难。因此，在进行判断抽查时，除了依靠审计人员观察了解获得的信息之外，还应依靠被审计单位有关人员或其他方面提供的信息。

二、确定抽查数量

抽查数量占总体业务量的 25%～35% 为宜，具体可按如下办法进行。

（1）先将抽查对象按一定标准进行排队。

应审项目一般分为四类，即详细检查类、重点检查类、一般检查类和少量检查类。

（2）确定抽查对象类别比重。

抽查对象各类抽查的基本原则是：详查类 100% 检查；重点抽查类抽查 80%～98% 为宜；一般抽查类抽查 30%～60% 为宜；少量抽查类抽查 5%～10% 为宜。

（3）剔除重要项目，计算确定抽查数量。

特别重要的项目采用详细审查法。余下的项目采用抽查法，根据需要抽查的类别和比重、数量，最终确定应抽查的样本数量。

三、确定抽样技术

抽取样本的方法可以是判断抽查，也可以是随机抽查。判断抽查往往带有随意性或审计人员的偏好。

四、运用抽样技术

样本项目抽出以后，应运用相应的审计方法对其进行检查，根据检查结果得出审计结论。判断抽查技术应用起来比较方便，既不需要复杂的计算，也不需要查表格，还能利用审计人员的经验和技能。由于会计核算或其他活动中产生问题的机会不均等，一般隐藏于难以发现的复杂事项中，因此使用判断抽查有时比统计抽查更有效。但审计人员的经验有限，因而审计结论的可靠程度会受经验多少的影响。判断抽查技术运用范围广泛，无论是在准备阶段，还是在实施阶段。在大范围内使用判断抽查技术，确定应予审查的重点内容，在小范围内使用统计抽查技术确定需要审查样本的数量。

判断抽查技术使用方便，能减少工作量并抓住重点，能利用审计人员的经验与技能，但不能科学地计算抽样误差，审计结论的可靠程度取决于审计人员的实践经验与判断能力，因而审计风险很大。

任务三　选用统计抽查

统计抽查，是指审计人员根据审计的具体要求，按照随机原则，运用概率论与数理统计原理，从特定审计对象总体中抽取部分个体进行检查，并根据检查结果对总体特征进行推断的一种抽查技术。

统计抽查技术补充了判断抽查的不足，能保证样本项目抽取中的机会均等，能计算抽样误差的大小，能估计审计结论的可靠程度，能科学计算出审计工作量。

按用途不同，统计抽查技术分为属性抽查和变量抽查两种。属性抽查主要用于对内部控制制度的符合性测试；变量抽查主要用于对会计资料的实质性测试，如对各账户余额、发生额的正确性测试。

运用统计抽查技术，一般要经过五个步骤：确定抽查总体、确定抽查规模、随机抽取样本、审查样本项目和推断总体。

一、确定抽查总体

确定抽查总体是指确定同质的总体，即抽查范围内的每个项目，能反映出总体的特征，每个项目具有相同的特征，可从以下方面考虑。

（1）每个项目是否具有共同的特性。例如，检查生产耗用的材料成本是否正确，若根据领料单的检查来确定耗用量，则将其他用途材料领用单剔除。

（2）该业务是否与审计目标相联系。与审计目标相联系的所有项目，应列入抽查的总体。经过剔除和分析，抽查的总体即可确定。而后对总体中的每个项目按照一定的方法编号，以便为抽样做好准备。

抽查特定的总体，需要剔除重要项目，可这样进行：

一是按判断抽查标准剔除。运用判断抽查技术确定抽查对象，将认为特别重要的或特别危险、最容易产生问题的项目，从特定总体中取出来。要求审计人员根据以往的经验，结合观察了解到的实际情况，通过主观分析判断确定。

二是按金额比重剔除。运用判断抽查标准剔除后，仍有重要项目需要剔除，常常以金额比重的大小作为衡量的标准。

例如，检查 3 000 张领料单，合计金额为 9 000 000 元，如果某领料单的领料金额超过 180 000 元（含 180 000 元），为总体金额的 2%，则该领料单作为重要项目，应剔除。

大金额业务确定表如表 6-1 所示。当总体业务量在 1 999 笔以内时，且个别项目金额达到总体金额的 5%，则该项目为大金额，应作为重要项目剔除。如检查 1 800 个应收账款余额的正确性，1800 个账户的累计金额为 400 万元，当某个或某几个明细账的余额超过 20 万元时，这个或这几个明细账即是重要账户，应从这 1 800 个账户中剔除。总体业务量不断扩大时，衡量大金额的比重随之降低。总体业务量在 2 000 ～ 4 999 笔时，只要某项目金额超过总体金额的 2%，则被确定为重要项目，应予剔除。同样，当总体业务量继续增加，达到或超过 5 000 笔以后，只要某项目金额超过总体金额的 1%，就应被确定为重要项目，也应予以剔除。

表 6-1　大金额业务确定表

总体业务量 / 笔	大金额业务确定占比
0 ～ 1 999	5%
2 000 ～ 4 999	2%
5 000 及以上	1%

二、确定抽查规模

抽查数量常常是通过计算或查表求得的，需考虑四个因素，即总体规模的大小、项目的差错情况、审计结论的可靠程度、审计结论的精确限度。

（一）总体规模的大小

抽查样本数量的多少与总体规模的大小呈正向关系。总体规模越大，需要抽查样本的数量越多，反之则越少。但当业务量很少时，应检查绝大部分或全部个体。随着总体规模的扩大，抽查量并非无限增加，而有一定限度。符合性测试时，抽查量一般为总体业务量的 25%～30%。

（二）项目的差错情况

总体中各项目的差错通常有两种情况：一种是总体中的项目未能按照特定的控制目标进行而发生了错误，这种错误发生的频率，称为总体差错率或总体错误率；另一种是总体中的项目之间在数额上发生差错，通常以标准差来表示。抽查数量需要根据总体差错率或总体标准差计算，总体差错率用于属性抽查，总体标准差用于变量抽查，两者与抽查数量之间都成正向关系，即差错越大，抽查数量越多，反之则越少。

若是初次审计，则只靠检查初始样本来确定。如在评估内部控制制度时，若在抽取 30 张领料单审查的结果中发现了 3 张凭证错误，则样本差错率为 10%，那么可用 10% 作为总体差错率，即以初始样本的差错率代表总体差错率。若在变量抽查法下，则同样可以利用抽取 30 个项目审查的结果计算标准差，并作为总体的预计标准差计算抽查数量。

如果是分期继续审计，则可以根据上期审计发现的差错率或标准差，结合被审计单位的情况，适当调整确定。

此外，审计人员可简化手续，可以根据自身的实践经验估计一个差错率或标准差来代表总体差错率或标准差。

（三）审计结论的可靠程度

审计结论的可靠程度，是指采用统计抽查法时，有多大程度保证审计结论是正确无误的。审计结论的可靠程度与抽查样本数量之间成正向关系，即可靠程度越高，所需抽查样本的数量越多，反之则越少。

在变量抽查法下，因多数是评估有关记录在金额上的可靠性，所以通常用 90%～99% 的高可靠程度。当所需的可靠程度确定以后，则可通过查表得到所需要的可信水平系数，见表6-2。

表6-2　常用可信水平系数

可靠程度	可信水平系数（t）
68.3%	1.00
70.0%	1.04
75.0%	1.15
80.0%	1.28
85.0%	1.44
90.0%	1.65
95.0%	1.96
95.4%	2.00
99.0%	2.58
99.7%	3.00

（四）审计结论的精确限度

审计结论的精确限度，是指在采用统计抽查法的情况下得出的审计结论与总体的实际情况之间所能允许的最大误差范围。精确限度通常以货币金额或百分比的形式表示。只要存在抽查，必然有误差。精确限度与抽查数量呈反向关系，即允许的误差范围越大，所需抽查的数量越少，反之则越大。若要求在统计抽查法下，所得出的审计结论与总体的实际情况相符，即不存在误差，精确限度为零，唯一的办法是进行全面的详细审查。若进行属性抽查，精确限度通常用其上限即可。因为只要审计总体的实际情况不超出上限，就说明审计结论是符合要求的。

在进行符合性测试时，预计总体差错率为5%，允许的误差范围为±2%，通常确定抽查数量所用的精确限度的上限为7%（5%＋2%）。属性抽查法下精确限度的确定，凭审计人员的实践经验，一般必须≤10%或必须≤5%。在变量抽查法下，精确限度通常根据确定的总体规模、可靠程度、预期的总体标准差来计算确定：

$$\Delta = (t \cdot S \cdot N) \div \sqrt{n}$$

式中，Δ 为精确限度；t 为可靠水平系数；S 为预计差错率或标准差；N 为总体规模；n 为抽查数量（抽查规模）。

如果确定总体规模为400个明细账，预计可靠程度为90%，样本规模为30，标准差为200元，则精确限度为：

$$\Delta = (t \cdot S \cdot N) \div \sqrt{n}$$
$$= (1.65 \times 200 \times 400) \div \sqrt{30}$$
$$= 24\,100\,(\text{元})$$

在确定抽查样本量时，除了计算外，还可通过查表来确定。

三、随机抽取样本

（一）样本设计

围绕样本的性质、样本量、抽样组织方式、抽样工作质量要求所进行的计划工作，称为样本设计。应考虑以下因素。

1.审计目的

考虑将要达到的具体审计目的，并考虑将要取得的审计证据的性质、可能存在误差的条件以及该项审计证据的其他特征，以正确地界定误差和审计对象总体，并确定采用何种审计程序。

2.审计对象总体与抽样单位

（1）审计对象总体。它是指形成审计结论时，拟采用抽样方法审计的经济业务及有关会计或其他资料的全部项目。在确定审计对象总体时，应保证其相关性和完整性。

（2）抽样单位。它是构成审计对象总体的个体单位。应当根据审计目的及被审计单位的实际情况，确定抽样单位。

（3）样本。依据抽样方法和要求，从审计对象总体中选取若干抽样单位，形成样本。样本量确定表如表 6-3 所示。

表 6-3　样本量确定表

总体业务量 / 笔	正常业务 / 笔	低差错业务 / 笔
0 ～ 199	全体或 100	全体或 75
200 ～ 1 999	100	75
2 000 ～ 4 999	150	100
5 000 及以上	200	100

3.抽样风险和非抽样风险

（1）抽样风险。直接与抽样相关的因素造成的不确定性被称为抽样风险，它是依据抽样结果得出的结论与审计对象总体特征不相符合的可能性。抽样风险与样本量呈反向关系，样本量越大，抽样风险越小。

在进行符合性测试时，需要关注信赖不足风险。信赖不足风险是抽样结果没有被充分信赖，而实际上应予信赖内部控制的可能性。此外还要关注信赖过度风险。信赖过度风险是抽样结果被过度信赖，即抽样结果使得对内部控制的信赖超过了其实际上应予信赖的可能性。

在进行实质性测试时，需要关注误受风险。误受风险是抽样结果表明账户余额不存在重大错误，而实际上存在重大错误的可能性。此外还要关注误拒风险。误拒风险是抽样结果表明账户余额存在重大错误，而实际上不存在重大错误的可能性。

抽样风险对审计工作的影响：①信赖不足风险与误拒风险的产生，可能导致两种结果，即降低审计效率和执行额外的审计程序，从而增加审计的工作量。②信赖过度风险与误受风险是最危险的风险，它会导致形成不正确的审计结论，影响审计工作的效果，甚至对审计组织产生毁灭性的后果。

（2）非抽样风险。非抽样风险是指与抽样无关的因素造成的不确定性；是指因采用不恰当的审计程序或方法，或因误解审计证据等而未能发现重大误差的可能性。产生这种风险的原因主要有：人为错误；运用了不切合审计目标的程序；错误解释样本结果。

非抽样风险无法量化，但可通过适当的计划、指导和监督审计工作，坚持质量控制标准，有效降低非抽样风险。

4.可信赖程度

可信赖程度通常用预计抽样结果代表审计对象总体特征的百分比来表示。可信赖程度越高，需选取的样本数量就应越大。

5.可容忍误差

可容忍误差是抽样结果可以达到审计目的而愿意接受的审计对象总体的最大误差。应当在审计计划阶段，根据审计重要性原则，合理确定可容忍误差。可容忍误差越小，需要选取的样本量应当越大。

（1）控制测试的可容忍误差。它是在不改变对内部控制的可信赖程度的条件下，所愿意接受的最大误差。

（2）实质性测试的可容忍误差。它是在对某一账户余额或某类经济业务总体特征做出合理评价的条件下，所愿意接受的最大金额误差。

6.预期总体误差

根据以前审计发现的误差、被审计单位经营业务和经营环境的变化、内部控制制度的评价及分析性复核的结果等，确定审计对象预期总体误差。

7.分层

分层是将某一审计对象总体划分为若干具有相似特征的次级总体的过程。可以利用分层确定重点项目，减少样本量。

分层时应当注意：①总体中的每一抽样单位必须属于一个层次，并且只属于这一层次；②必须事先以具体的、确定的、有形的差别来区分不同的层次；③必须能够事先确定每一层次中抽样单位的准确数字。

分层适用于内部各组成部分具有不同特征的总体。分层除了可提高抽样效率外，也可按项目的重要性、变化频率或其他特征而选取不同的样本数，并且可针对不同层次使用不同的审计程序。

分层使审计人员将样本选择与总体中的关键项目联系起来，可以提高样本的代表性和审计的有效性。

（二）抽取样本

抽查样本量确定以后，将这些需要检查的样本从总体中抽出来检查。统计抽查中，抽取样本必须符合随机原则，可按以下办法进行。

1. 随机数表抽样

随机数表又称乱数表，是由 0～9 共 10 个数字组合而成的，每个数字在表中出现的次数大致相同，出现的顺序按随机原则排列。随机数表如表 6-4 所示。

表 6-4　随机数表

行	列							
	（1）	（2）	（3）	（4）	（5）	（6）	（7）	（8）
1 000	37 039	97 547	64 673	31 546	99 314	66 854	97 855	99 965
1 001	25 145	84 834	23 009	51 584	66 754	77 785	52 357	25 532
1 002	98 433	54 725	18 864	65 866	76 918	78 825	58 210	76 835
1 003	97 965	68 548	81 545	82 933	93 545	85 959	63 282	61 454
1 004	78 049	67 830	14 624	17 563	25 697	07 734	48 243	94 318
1 005	50 203	25 658	91 478	08 509	23 308	48 130	65 047	77 873
1 006	40 059	67 825	18 934	64 998	49 807	71 126	77 818	56 893
1 007	84 350	67 24l	54 031	34 535	04 093	35 062	58 163	14 205
1 008	30 954	51 637	94 500	48 722	60 988	60 029	60 873	37 423
1 009	86 723	36 464	98 305	08 009	00 666	29 255	18 514	49 158
1 010	50 188	22 554	86 160	92 250	144 021	65 859	16 237	72 296
1 011	50 014	00 463	13 906	35 936	71 761	95 755	87 002	71 667
1 012	66 023	21 428	14 742	94 874	23 308	58 533	26 507	11 208
1 013	04 458	61 862	63 119	09 541	01 715	87 901	91 260	03 079
1 014	57 510	36 314	30 452	09 712	37 714	95 482	30 507	68 475
1 015	43 373	58 939	95 848	28 288	60 341	52 174	11 879	18 115
1 016	61 500	12 763	64 433	02 268	57 905	72 347	49 498	21 871
1 017	78 938	71 312	99 705	71 546	42 274	23 915	38 405	18 779
1 018	64 257	93 218	35 793	43 671	64 055	88 729	11 168	60 260
1 019	56 864	21 554	70 445	24 841	04 779	56 774	96 129	73 594
1 020	35 314	29 631	06 937	54 545	04 470	75 463	77 112	77 126

使用随机数表抽样按照四步进行：第一步，对总体项目进行编号；第二步，确定使用哪几位随机数；第三步，确定随机数的起点和路线；第四步，选取样本。

例如，从 1 号至 100 号发票中选 5 张。用随机数表中数字的后三位作为随机数，以第一行、第一列为随机起点，按从上到下、从左到右的路线选取样本，则 5 个样本分别为 039、049、059、014、023。

应注意，一旦行或列确定以后，就要按顺序依次进行，将所有符合要求的项目都抽出来。由于使用随机数表时所用顺序及位数不同，从中选出的样本项目也不一样，因此，在运用随机数表抽取所需的样本时，必须说明用随机数表的方法，即从哪一行或哪一列开始，使用的是其中的哪几位。

2.机械随机抽样

机械随机抽样，又称系统抽样或等距抽样。这种方法抽样的关键是要确定抽样间距（以"D"表示）和随机起始点。随机起始点的确定可以运用随机数表，在抽样间距的数码范围内查找确定，抽样间距可用以下公式进行计算：

$$D = N/n$$

其中，N为总体规模，n为抽查规模。例如，从100张领料单中抽出5张进行检查，采用机械随机抽样法抽样，样本间距为20，再从1～20的范围内，在随机数表中第一行的后两位查找，若找到第一个随机起始点为09，那么随后应抽出的样本项目分别是29、49、69、89。

采用机械随机抽样时，最好使用多个随机起始点。采用多个随机起始点的基本做法与采用一个随机起始点时的基本做法相同，只不过抽样间距应在原来的基础上乘上随机起始点的个数。该方法使用方便，可用于无限总体。但要求总体必须是随机排列的，否则容易发生较大偏差。若上例中的起始点个数为2个，则抽样间距为40（即20×2），在1～40的范围内，从随机数表中第一行后两位查找，两个起始点分别为31、09，则被选中的样本项目的5张凭证号码分别为09、31，49、71、89。

3.计算器抽样

计算器抽样，是指审计人员借助计算器来抽取所需样本的方法。计算器抽样法实际上是金额单位抽样法的简化形式。

4.整群抽样

整群抽样是先将总体项目按某一标志分成若干群，然后使用随机数表抽样或系统抽样法抽样，整群地抽取样本项目的方法。例如，将全年的现金支出凭证按群划分为36个群，现在从中抽出4个群进行审查。假设从随机数表中选出32、29、15、7四个随机数，那么样本由第7、15、29、32这4个群现金支出凭证所组成。

整群抽样的优点是抽选单位比较集中，避免了样本过于分散，简化了审计工作。但以群为单位进行抽样，影响了总体中各单位分配的均匀性，抽样误差较大，代表性较低。

四、审查样本项目

在总体中将需要检查的项目抽出来后，采用相应的技术和方法进行检查。在检查完毕后，根据检查的结果计算实际差错率或标准差，与预计差错率或标准差比较。若实际差错率或标准差大于预计差错率或标准差，则需要调整抽查数量。

基本做法是：用第一次审查后获得的实际差错率或标准差，代替原来的预计差错率或标准差，重新计算（或查表）获得相应的抽查数量，对求出的新的抽查数与原抽查数之间的差额部分，再用随机抽样的方法，从总体中抽取差额部分，并进行审查。

根据新增样本项目审查结果，重新计算实际差错率或标准差，比较是否符合要求。若第二次审查所获得的差错率或标准差仍大于调整时所用的差错率或标准差，则需要继续调整，直到审查所获得的实际差错率或标准差小于或等于确定抽查数量时所使用的差错率或标准差为止。

五、推断总体

在对样本实施必要的审计后，需要对抽样结果进行评价，具体的程序和内容如下。

1. 分析样本误差

（1）根据预先确定构成误差的条件，确定某问题项目是否存在误差。如张冠李戴类，应收账款明细账甲单位记错为乙单位，管理费用记错为财务费用等。在评价抽样结果时，不能认为这是一项误差。

（2）按照既定的审计程序，无法对样本取得审计证据时，应当实施替代审计程序，以获取相应的审计证据。针对函证应收账款肯定式未收到回函，无法或者没有执行替代审计程序，则应将该项目视为一项误差。

（3）某些样本误差项目具有共同的特征，如相同的经济业务类型、场所、时间等，将这些具有共同特征的项目作为一个整体，实施相应的审计程序，并根据审计结果，单独进行评价。

（4）分析抽样中所发现的误差，还应考虑误差的质的方面，包括误差的性质、原因及其对其他相关审计工作的影响。样本误差可做如下的定性分析：

①误差是否超过审计范围？是关键的还是非关键的？

②分析每一个关键误差的性质和原因，看其是故意的还是非故意的？是系统的还是偶然的？是频繁的还是不频繁的？是否影响到货币金额？

③确定这些误差对其他控制测试以及实质性测试的影响。

2. 推断总体误差

分析样本误差后，应根据抽样中发现的误差采用适当的方法，推断审计对象的总体误差。总体误差划分为几个层次时，应先对每一层次做个别推断，然后将推断结果加以汇总。

3. 应对抽样风险

（1）实质性测试中，运用审计抽样推断总体误差后，将总体误差对比可容忍误差，并将抽样结果与其他有关审计程序中所获得的证据相比较。

（2）控制测试中，抽样结果无法达到其对所测试的内部控制的预期信赖程度，应当考虑增加样本量或修改实质性测试程序。

4. 形成审计结论

在抽样结果评价的基础上，应根据所取得的证据，确定审计证据是否足以证实某一审计对象总体特征，从而得出审计结论。

统计抽查技术中运用随机原则、大数定律，用符合要求的样本审查结果来对抽查总体的特征进行推断。因此，通过对预计的差错率或标准差的比较，认为已经符合要求，则应对总体进行推断。

运用统计抽查技术时，审计人员还应在具体应用时特别注意以下问题：

（1）注意统计抽查运用的前提条件。即被抽查的总体必须是特定的同质总体；需要按照随机原则，保证被抽查总体中的每个项目被选中的机会均等。如果这两个条件满足不了，那么统计抽查是无效的。

（2）注意剔除重要项目。抽查总是不确定的，每个人所运用的随机选择方法不同，抽取检查的项目也不同，因而最终的结果也不一样，为了尽量减少风险，对于重要项目要全部审查。

（3）制定统计抽查的操作规程，以保证审计质量。

（4）对统计抽查的具体做法要在审计工作底稿中详细记载。

任务四　选用属性抽查

一、属性抽查步骤

1.确定测试目标

控制测试的目标要按业务循环来确定。如销售与收款循环的控制测试目标是销售与收款控制的有效性。

2.定义属性和偏离状态

属性，是指为内部控制的实际执行提供证据的特征。偏离状态，即属性的偏离状态，是指样本不具有一个或多个应有的属性。

3.确定总体

审计人员根据具体的审计目标确定审计对象总体。审计对象总体包括测试的所有项目。如对购货业务的某项控制进行测试，它的总体对象是所有的购货发票。

4.确定可容忍偏差率

（1）可容忍偏差率。可容忍偏差率是指审计人员认为抽样结果达到审计目标而愿意接受的审计总体的最大偏差率。如"验收单后附有购货发票"这一属性的可容忍偏差率为7%，是指有7%或少于7%的验收单后面没有附购货发票时，审计人员认为这一控制是有效的。

（2）可容忍偏差率与样本规模。可容忍偏差率与样本规模呈反向关系。可容忍偏差率越大，需要的样本规模就越小；可容忍偏差率越小，需要的样本规模就越大。

5.确定可接受过度信赖风险

（1）可接受过度信赖风险。可接受过度信赖风险是指当实际总体偏差率大于可容忍偏差率时，审计人员依然承认内部控制是有效的风险。这一风险是由于审计抽样产生的。如可容忍偏差率为7%，再假定可接受过度信赖风险为5%，这就意味着，总体偏差率超过7%的可能性为5%时，审计人员依然认为内部控制是有效的。

（2）量化标准。属性抽查中一般把可接受过度信赖风险量化为10%或5%。

（3）应用。如果想减少余额实质性测试，就应采用比较低的过度信赖风险。此外，重要属性采用比较低的可容忍偏差率和可接受过度信赖风险。如购货批准属性比购货发票与验收单记载的数量一致属性的可容忍偏差率和可接受过度信赖风险要低。

6.估计总体偏差率

估计总体偏差率是为了确定样本量。在估计时，根据以前年度审计结果进行估算；也可以选取少量的样本进行估算，这些样本可以作为最终样本的一部分。

7.确定样本规模

（1）对样本量影响的四个要素。样本量受到可容忍偏差率、可接受过度信赖风险、估计总体偏差率和总体规模的影响。

（2）确定样本量。因为总体规模对样本量的影响较小，可容忍偏差率、可接受过度信赖风险、估计总体偏差率确定后，就可以通过样本量确定表来确定样本量。

（3）样本确定实例。样本量确定表如表 6-5 和表 6-6 所示。如"验收单后附有购货发票"这一属性的可容忍偏差率为 7%，可接受过度信赖风险为 5%，估计总体偏差率为 3%。从表 6-5 中找到可容忍偏差率为 7% 这一列，找到估计总体偏差率为 3% 这一行，两者相交处的数字 129 即为样本量。

表 6-5　样本量确定表（5% 的可接受过度信赖风险）

估计总体偏差率 /%	可容忍偏差率 /%										
	2	3	4	5	6	7	8	9	10	15	20
0.00	149	99	74	59	49	42	36	32	29	19	14
0.25	236	157	117	93	78	66	58	51	46	30	22
0.50		157	117	93	78	66	58	51	46	30	22
0.75		208	117	93	78	66	58	51	46	30	22
1.00			156	93	78	66	58	51	46	30	22
1.25			156	124	78	66	58	51	46	30	22
1.50			192	124	103	66	77	51	46	30	22
1.75			227	153	103	88	77	68	46	30	22
2.00				181	127	88	77	68	46	30	22
2.25				208	127	88	77	68	61	30	22
2.50					150	109	77	68	61	30	22
2.75					173	109	95	68	61	30	22
3.00					195	129	95	84	61	30	22
3.25						148	112	84	61	30	22
3.50						167	112	84	76	40	22
3.75						185	129	100	76	40	22
4.00							146	100	89	40	22
5.00								158	116	40	30
6.00									179	50	30

续表

估计总体偏差率 /%	可容忍偏差率 /%										
	2	3	4	5	6	7	8	9	10	15	20
7.00										68	37

表 6-6 样本量确定表（10% 的可接受过度信赖风险）

估计总体偏差率 /%	可容忍偏差率 /%										
	2	3	4	5	6	7	8	9	10	15	20
0.00	114	76	57	45	38	32	28	25	22	15	11
0.25	194	129	96	77	64	55	48	42	38	25	18
0.50	194	129	96	77	64	55	48	42	38	25	18
0.75	265	129	96	77	64	55	48	42	38	25	18
1.00		176	96	77	64	55	48	42	38	25	18
1.25		221	132	77	64	55	48	42	38	25	18
1.50			132	105	64	55	48	42	38	25	18
1.75			166	105	88	55	48	42	38	25	18
2.00			198	132	88	75	48	42	38	25	18
2.25				132	88	75	65	42	38	25	18
2.50				158	110	75	65	58	38	25	18
2.75				209	132	94	65	58	52	25	18
3.00					132	94	65	58	52	25	18
3.25					153	113	82	58	52	25	18
3.50					194	113	82	73	52	25	18
3.75						131	96	73	52	25	18
4.00						149	98	73	65	25	18
4.50						218	130	87	65	34	18
5.00							160	115	78	34	18
5.50								142	103	34	18
6.00								182	116	45	25
7.00									199	52	25
7.50										52	25
8.00										60	25
8.50										68	32

8.抽取样本

样本量确定后，通过以下两种方法抽取样本：随机抽样和系统抽样。

9.测试样本

测试每一个样本项目是否与规定的属性一致，并记录发现的偏差。假定测试"验收单后附有购货发票"这一属性时，抽取的样本量为150，偏差样本量为3。

10.评估样本结果

属性抽查是用样本结果评估表来评估样本结果，即推论总体。

样本结果评估表如表6-7和表6-8所示。样本结果评估表的使用分为三步（若属性抽查评估样本结果为5%的可接受过度信赖风险）：第一步，在表6-7中找到实际偏差数量3；第二步，在表最左边一列找到样本量150；第三步，两者相交处的数字5.1，即为所要计算的总体偏差率的上限。

表6-7 样本结果评估表（5%的可接受过度信赖风险）

样本容量	用属性抽查评估样本结果（5%的可接受过度信赖风险）发现的实际偏差数量										
	0	1	2	3	4	5	6	7	8	9	10
25	11.3	17.6									
30	9.5	14.9	19.5								
35	8.2	12.9	16.9								
40	7.2	11.3	14.9	18.3							
45	6.4	10.1	13.3	16.3	19.2						
50	5.8	9.1	12.1	14.8	17.4	19.9					
55	5.3	8.3	11.0	13.5	15.9	18.1					
60	4.9	7.7	10.1	12.4	14.6	16.7	18.8				
65	4.5	7.1	9.4	11.5	13.5	15.5	17.4	19.3			
70	4.2	6.6	8.7	10.7	12.6	14.4	16.2	18.0	19.7		
75	3.9	6.2	8.2	10.0	11.8	13.5	15.2	16.9	18.4	20.0	
80	3.7	5.8	7.7	9.4	11.1	12.7	14.3	15.8	17.3	18.8	
90	3.3	5.2	6.8	8.4	9.9	11.3	12.7	14.1	15.5	16.8	18.1
100	3.0	4.7	6.2	7.6	8.9	10.2	11.5	12.7	14.0	15.2	16.4
125	2.4	3.7	4.9	6.1	7.2	8.2	9.3	10.3	11.3	12.2	13.2
150	2.0	3.1	4.1	5.1	6.0	6.9	7.7	8.6	9.4	10.2	11.0
200	1.5	2.3	3.1	3.8	4.5	5.2	5.8	6.5	7.1	7.7	8.3

表6-8 样本结果评估表（10%的可接受过度信赖风险）

样本容量	用属性抽查评估样本结果（10%的可接受过度信赖风险）发现的实际偏差数量										
	0	1	2	3	4	5	6	7	8	9	10
20	14.9	18.1									
25	8.8	14.7	19.9								
30	7.4	12.4	16.8								
35	6.4	10.7	14.5	18.1							
40	5.6	9.4	12.8	15.9	19.0						
45	5.0	8.4	11.4	14.2	17.0	19.6					

续表

样本容量	用属性抽查评估样本结果（10%的可接受过度信赖风险）发现的实际偏差数量										
	0	1	2	3	4	5	6	7	8	9	10
50	4.5	7.6	10.3	12.9	15.4	17.8					
55	4.1	6.9	9.4	11.7	14.0	16.2	18.4				
60	3.8	6.3	8.6	10.8	12.9	14.9	18.8				
70	3.2	5.4	7.4	9.3	11.1	12.8	14.6	16.2	17.9	19.5	
80	2.8	4.8	6.5	8.3	9.7	11.3	12.8	14.3	15.7	17.2	18.6
90	2.5	4.3	5.8	7.3	8.7	10.1	11.4	12.7	14.0	15.3	16.6
100	2.3	3.8	5.2	6.6	7.8	9.1	10.3	11.5	12.7	13.8	15.0
120	1.9	3.2	4.4	5.5	6.6	7.6	8.6	9.6	10.6	11.6	12.5
160	1.4	2.4	3.3	4.1	4.9	5.7	6.5	7.2	8.0	8.7	9.5
200	1.1	1.9	2.6	3.3	4.0	4.6	5.2	5.8	6.4	7.0	7.6

将计算出的总体偏差率与可容忍偏差率进行比较，如果：①计算出的总体偏差率小于可容忍偏差率，那么总体偏差率可以接受，内部控制可信赖；②总体偏差率等于可容忍偏差率，那么总体偏差率可以接受，内部控制可信赖；③总体偏差率大于可容忍偏差率，那么总体偏差率不可接受，需扩大样本量，或增加实质性测试程序。上例计算出的总体偏差率为5.1%，小于可容忍偏差率7%，因此认为总体偏差率可以接受，内部控制可信赖。

二、发现抽查

1.发现抽查概念

发现抽查是属性抽查的一种修正形式，是指在既定可接受过度信赖风险程度下，如果总体偏差率等于或超过可容忍偏差率，那么至少会有一个偏差被查出来。

2.应用发现抽查

使用发现抽查法时，审计人员要确定可容忍偏差率和可接受过度信赖风险，假设估计总体偏差率为0%，具体步骤参照属性抽查。发现欺诈证据时应放弃抽样程序，进行全面的详细审计。

例如，审查企业职员是否虚构进货发票、验收报告。假如审计人员确定可容忍偏差率为3%，可接受过度信赖风险为5%，估计总体偏差率为0%。经审查未发现任何偏差，那么审计人员可以得出结论：总体中虚假凭证超过3%的风险，只有5%。

任务五　选用变量抽查

一、比较属性抽查和变量抽查

变量抽查是指用来估计总体金额而采用的一种方法，是对审计对象总体的货币金额进行实质性测试所采用的抽样方法。它是根据实质性测试的目的和特点所采用的审计抽样。属性抽查是指在精确度界限和可靠程度一定的条件下，为了测定总体特征的发生频率而采用的一种方法。它是根据控制测试的目的和特点所采用的审计抽样方法。变量抽查和属性抽查的区别如表6-9所示。

表6-9　变量抽查和属性抽查的区别

抽样方法	测试种类	目标	特点	抽样结果	适用范围
变量抽查	实质性测试	估计总体金额或者总体中的错误金额	定量（数量特征）	①确定账户金额；②是否存在重大误差等	实质性测试中运用的抽样技术，通常用于往来、存货、工资和交易授权
属性抽查	控制测试（符合性测试）	估计总体既定控制的偏差率	定性（质量特征）	①对与错；②是与否	控制测试运用的抽样技术

二、变量抽查分类

（1）单位平均估计，也称均值估计，是通过确定样本的平均值来确定总体的平均值和总值的方法。

（2）比率估计，是通过计算样本的实际值与账面值的比率来估计总体实际值与账面值的比率，并以此比率乘以账面值来估计总体实际值的抽样方法。

（3）差额估计，是以样本实际值与账面值的平均差额来估计总体实际值与账面值的差额，并以此平均差额乘以总体项目个数，进而计算出总体实际值与账面值差额的抽样方法。

三、变量抽查分步进行

1.确定测试目标

以应收账款审计为例（以下均以单位平均估计方法为例），应收账款审计的目标是应收账款的存在性和总价值。

2.确定总体和抽样单位

总体为应收账款总账中记录的100 000笔应收账款记录，金额为6 250 000元。抽样单位为应收账款余额。

3.选择审计抽样方法

审计人员决定使用单位平均估计法。

4.确定样本规模

（1）影响样本规模的因素。

①可容忍误差。可容忍误差是不至于引起财务报表错报的最大错误金额。可容忍误差是审计人员愿意接受的最大误差，也是账户层次的重要性水平。

②计划可接受的抽样风险。计划可接受的抽样风险受以下三个因素的影响：误受险、误拒险和可容忍误差。

计划可接受的抽样风险＝可容忍误差÷（1＋误受险系数÷误拒险系数）

③风险系数。风险系数需要通过风险系数表来确定，如表6-10所示。

表6-10　风险系数表

可接受的风险水平	误受险系数	误拒险系数
1	2.33	2.58
4.6	1.68	2.00
5	1.64	1.96
10	1.28	1.64
15	1.04	1.44
20	0.84	1.28
25	0.67	1.15
30	0.52	1.04
40	0.25	0.84
50	0.00	0.67

④估计总体标准差。估计总体标准差有两种方法：一种是审计人员可以在以前年度审计发现的基础上加以估计；另一种是利用初始样本计算。可用下述公式计算：

$$S = \sqrt{\sum_{i=1}^{n}(X_i - \bar{X}) \div (n-1)^2}$$

式中，S为标准差；Xi为项目i的数值；$\bar{X}$为总体平均值；n为总体内项目数。

⑤总体规模。总体规模，即总体内项目的个数。本例为100 000个。

（2）样本量的计算。

假设已知可容忍误差为364 000，误拒险为4.6%，误受险为5%，估计总体标准差为15，总体规模为100 000，则计划可接受的抽样风险（精确限度）为：

364 000÷（1＋1.64÷2）＝200 000

则样本量为：

（总体规模×误拒险系数×估计总体标准差）²÷（计划可接受的抽样风险）²

＝（100 000×2×15）²÷200 000²

＝225（个）

5.选取样本

采用随机数表方法选取样本。

6.测试样本项目

审查样本项目，计算样本的实际标准差。如果：①样本实际标准差小于估计总体标准差，则进行样本结果评估；②样本实际标准差大于估计总体标准差，那就说明样本规模过小，对其进行处理。

7.评估样本结果

（1）计算审计后的单位样本平均值。假定审计后的样本总和为13 725，单位样本的平均审计值为61。

（2）估计的总体审计值。

估计的总体总审计值＝单位样本的平均值×总体中项目总数估计的应收账款的总值

$$＝61×100\ 000＝6\ 100\ 000$$

（3）确定可接受的区间。

可接受的区间＝估计的总体审计值±允许的抽样风险

$$＝6\ 100\ 000±200\ 000$$

$$＝[5\ 900\ 000，6\ 300\ 000]$$

评价：被审计单位的账面价值金额6 250 000元在可接受的范围内，因此应收账款不存在重大错误。

（4）应收账款的账面值落入可接受区间之外（如大于6 300 000）的处理。

可采取的措施有：①增加样本量；②请客户调整账面余额；③请客户改正总体中错误；④不签发无保留意见的审计报告。

8.样本实际标准差大于估计总体标准差的处理

样本实际标准差大于估计总体标准差时，应重新计算允许的抽样风险。

调整后可接受的抽样风险＝可容忍的误差－（总体规模×误受风险系数×样本实际标准差）÷$\sqrt{样本规模}$

假定样本的实际标准差为16，则：

调整后可接受的审计抽样风险＝364 000－（100 000×1.64×16）÷$\sqrt{225}$

$$＝189\ 067$$

根据该计算，可接受区间变为6 100 000±189 067，即[5 910 933，6 289 067]，被审计单位应收账款的账面金额仍在这一区间。

任务六　选用货币单位抽查

一、货币单位抽查概念

货币单位抽查，又称元单位抽样、累积货币金额抽样，是运用属性抽查的理论估计总体金额误差的一种抽样方法。其基本特点是以货币为单位。比如，一个有600笔业务的应收账款总体，价值2 973 000元，总体中的项目就是2 973 000项。

二、货币单位抽查分步进行

（一）确定测试目标

确定测试目标为账户余额有无重大错误。

（二）确定总体

总体是在账簿中记录的某一会计科目的总体金额。

（三）确定抽查单位

货币单位抽查法下，抽样单位为1元，而非每一笔业务。一旦总体中的某1元被抽中，则包含该元的业务被抽取，此业务也称抽样逻辑单位。货币单位抽查法下，金额大的业务被抽到的可能性更大。

（四）确定样本规模

1.计算公式

$$n＝（BV×RF）÷（TM－AM×EF）$$

式中，n 为样本量；BV 为总体账面价值；RF 为可靠程度因子；TM 为可容忍误差；AM 为预计误差；EF 为预计误差的扩展因子。

2.总体账面价值

总体账面价值是记录在账面上的被审计对象总体的金额。

3.可靠程度因子

可靠程度因子是分布预期误差为零的风险水平。它可以根据审计人员确定的误受险水平来定。方法是先确定误受险水平，然后查高报错误可靠程度因子表，如表 6-11 所示。

表 6-11　高报错误可靠程度因子

高报的错误数	误受险			
	1%	5%	10%	15%
0	4.6l	3	2.31	1.9
1	6.64	4.75	3.89	3.38
2	8.41	6.3	5.33	4.72
3	10.05	7.76	6.69	6.02

4.可容忍误差

可容忍误差是账户层面的重要性水平，需要审计人员判断加以确定。

5.预计误差

预计误差是审计人员估计的总体中的金额差错。审计人员可以根据以前的经验和被审计单位的情况估计。

6.扩展因子

只有在预计有错误存在的情况下才需要确定扩展因子。方法是根据已确定的误受险，查预计误差扩展因子表，如表 6-12 所示。

表 6-12　预计误差扩展因子

误受险	1%	5%	10%	15%	20%	25%	30%	37%	50%
扩展因子	1.9	1.6	1.5	1.4	1.3	1.25	1.2	1.15	1

（五）选择抽样方法

选择抽样方法一般采用系统抽样的方法。抽样区间按下式计算：

抽样区间＝总体账面价值÷样本量

假定某审计人员从金额为 200 000 元的应收账款中选取 100 个样本，抽样区间为

2 000（200 000÷100）。审计人员在1～2 000之间选择了随机起点，随机起点为518。样本选取情况表如表6-13所示。

表6-13　样本选取情况

账户号	账面价值/元	累积数/个	选取的金额/元	样本项目的账面价值/元
001	1 100	1 100	518	1 100
002	125	1 225		
003	2 350	3 575	2 518	2 350
004	758	4 333		
005	695	5 028	4 518	695
…	…	…	…	…
395	28	200 000		

审计人员必须对001、003、005等被选取的整个账户余额或构成余额的交易进行审计。

（六）测试样本

测试样本时需对抽取的样本进行审查。

（七）评估样本结果

样本结果的评估是通过将样本审查结果估计的总体误差上限与可容忍误差对比进行的。

1.估计误差上限

误差上限包括估计总体误差和抽样风险限额。

（1）估计总体误差。

①样本中没有误差时，估计总体误差为零。

②样本中存在误差时，估计总体误差为样本账面值。

当样本账面值小于抽样区间时：

$$估计误差＝误差率×抽样区间$$

$$误差率＝（样本的账面值－样本的审计值）除样本的账面值$$

当样本账面值大于抽样区间时，把实际误差作为估计误差。因为大于或等于抽样区间的每个账户都包含在样本中，而这些项目又不代表此区间其他未被选中的项目。所以，账户的实际错报就等于预计错报，即预计误差。

（2）抽样风险限额。

抽样风险限额就是精确限度，由两部分构成：基本精确度和增加的抽样风险限额。

①基本精确度，是指当样本中没有发现误差时对总体误差的容忍度（即对总体误差的容忍范围）。

$$基本精确度＝可靠程度因子×抽样区间$$

这里的可靠程度因子是在一定的误受风险下，误差为"零"时的可靠程度因子。

如果误差增加，则可靠程度因子就会增加，因此就需要增加精度。这一增加的精度，被称为增加的抽样风险限额。

②增加的抽样风险限额，是指当样本中发现了误差时可能误差容忍度的增加数。增加的抽样风险限额只与账面价值小于抽样区间的项目有关。因为大于或等于抽样区间的项目都包括在样本中，都已审计过，所以没有抽样风险。增加的抽样风险限额的计算步骤如下：

第一步，按误差率从大到小排列账面值小于抽样区间的项目。

第二步，计算可靠程度因子的增加数，并减去1。

第三步，用误差率乘以抽样区间再乘以可靠程度因子增加数减去1的差。

第四步，汇总以上结果。

上述计算过程可用以下公式表示：

$$增加的抽样风险限额 = \sum[误差率 \times 抽样区间 \times （可靠程度因子增加数 - 1）]$$

在账面值小于抽样区间的情况下，如果样本中没有误差，则增加的抽样风险限额为零。

2.比较误差上限和可容忍的误差

（1）以上计算的误差上限小于等于可容忍的误差，说明在一定的抽样风险水平上，支持总体中没有超过可容忍的错报的结论。

（2）以上计算的误差上限大于可容忍的误差，说明不能保证总体中没有超过可容忍的错报。

三、货币单位抽查有利有弊

1.优势

（1）货币单位抽查使用简单。

（2）当误差很小时，使用货币单位抽查的样本很小。

（3）大金额的项目被选中的可能性大。

2.弊端

（1）金额单位抽样只适用于检查高估误差。账户中的零余额、低估和负余额需要运用其他的抽样方法。

（2）发现误差时，抽样风险的限额太高。

（3）货币单位抽查不适用于错误太多的情况，否则样本过大。适用于预计误差为零或很小的情况。

任务七　应用大数据审计工具

一、运用PBI软件分析

（一）安装PBI软件文件

首先，双击软件安装包，图6-1所示。

图 6-1　导入软件安装包

其次，单击"下一步"按钮，如图 6-2 所示，之后持续单击该按钮。

图 6-2　单击"下一步"按钮

最后，单击"完成"按钮，如图 6-3 所示。

图 6-3　完成安装

（二）实践操作

首先，双击软件图标，如图 6-4 所示。

图 6-4 启动 PBI

其次，单击视图中的"×"按钮，选择使用免费版，如图 6-5 所示。

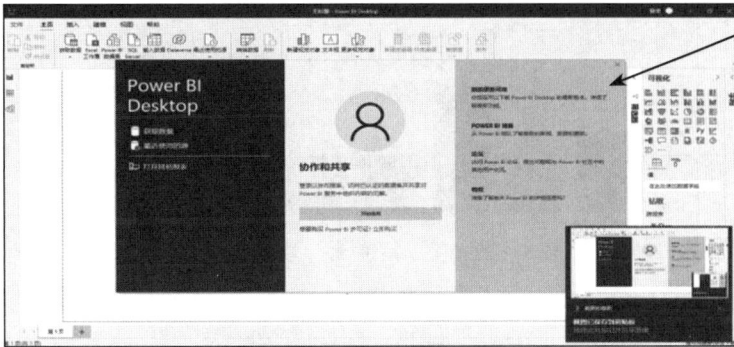

图 6-5　选择使用免费版

然后，单击其中一个 Excel 工作簿，如图 6-6 所示。

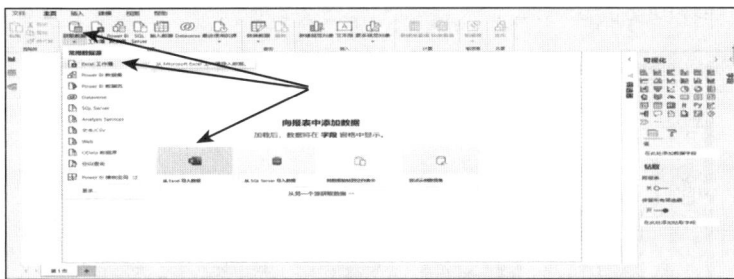

图 6-6　导入 Excel 工作簿文件

之后，导入财务报表，如图 6-7 所示。

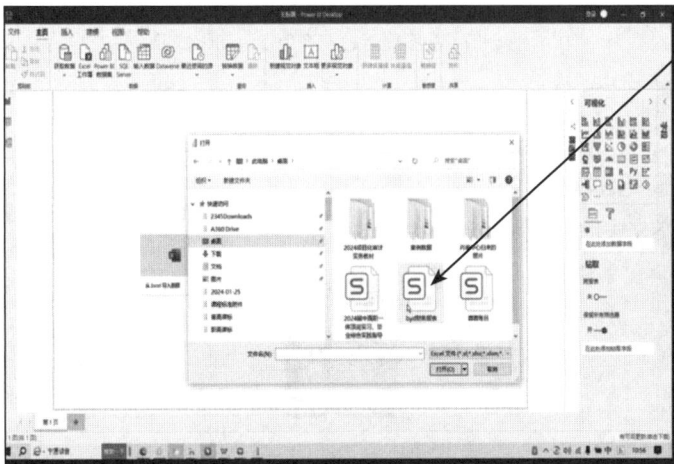

图 6-7　导入财务报表

最后，对财务报表进行处理、建模、新增度值处理、可视化处理等。

通过对图 6-8 分析发现，某些年份某公司利润较高，某些年份利润较低。作为审计人员需要进一步分析，寻找利润减少的原因和对策，以便提出建议。

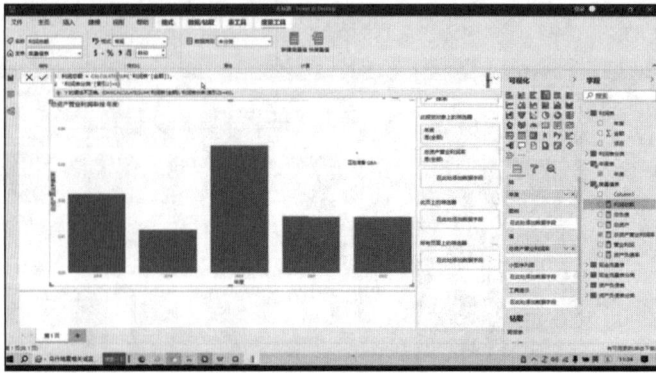

图 6-8 视图显示利润数额变化情况

通过对图 6-9 进行分析发现，某公司 2022 年资产负债率为 75%，高于 50% 标准，有走高趋势。作为审计人员需要进一步分析公司的资产负债率提高是否合理，风险是否可控，应当怎样控制风险。

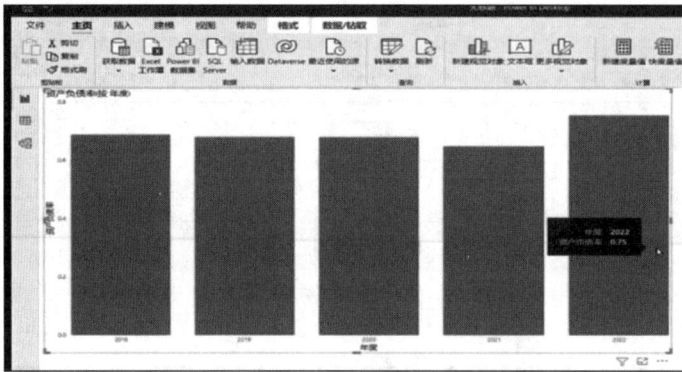

图 6-9 视图显示总资产负债率变化情况

二、运用SPSS分析

（一）安装SPSS软件

安装好的 SPSS 软件如图 6-10 所示。

图 6-10 安装好 SPSS 软件

（二）运用"平安证券慧赢"客户端下载数据（如图 6-11 所示）

图 6-11 用"平安证券慧赢"下载数据

（三）运用SPSS软件分析下载的数据

根据图 6-12 可确定进一步分析的重点，为后面进行深入调查分析确定分析检查的空间范围。

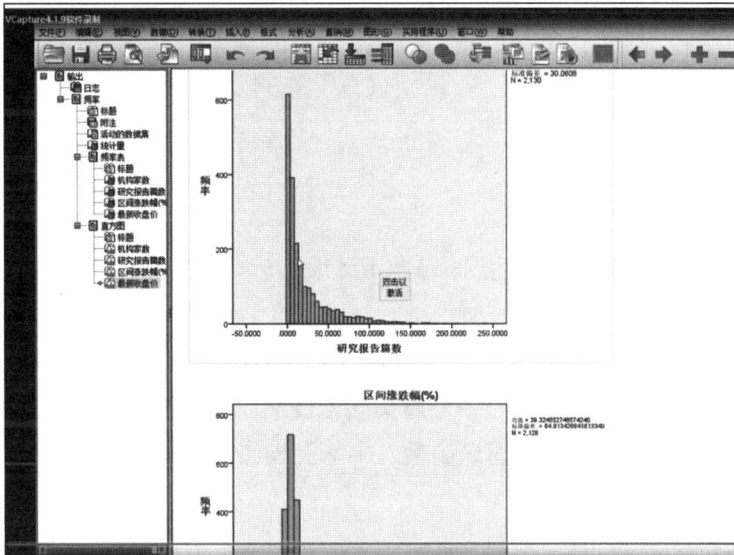

图 6-12　用 SPSS 软件分析下载的数据得到的视图

项目六
微课视频

项目七 衡量重要性和审计风险

🎯 学习目标

知识目标：

掌握重要性的含义、分类、运用；掌握审计风险。

素质目标：

培养节约成本意识；培养创新、团队合作精神；适应社会政治、经济、文化的发展，把国家利益、民族利益放在心中，肩负国家使命和社会责任；自觉投入现实社会之中，适应市场经济的形势，将爱国热情融入中华民族伟大复兴的征程中，主动运用审计规律。

能力目标：

能在审计过程中运用重要性；能应对审计风险。

📋 项目导入

在审计的应用中，每一细微决策都如同精密天平上的微妙砝码，直接衡量着财务信息的真实与公正。而重要性原则，则是那把无形的智慧标尺，它不仅是深邃理念的化身，更是引领我们在浩如烟海的财务数据中精准定位关键信息、智慧区分轻重缓急的璀璨灯塔。

本项目匠心独运，旨在引领学生深入探索重要性的精髓，剖析其多维分类体系，并通过实战模拟的洗礼，让学生在复杂的审计迷宫中游刃有余，精准导航。

面对审计风险这一现代审计领域的隐性挑战，我们深知每位审计人员都需磨砺出敏锐的洞察之眼与稳健的应对之策。因此，本项目核心聚焦于深化学生对审计风险本质的把握与驾驭能力，确保学生在审计征途中步伐稳健，从容应对每一个未知与考验。

同时，重视学生综合素质的全面提升：强化成本意识，让学生在审计实践中学会精打细算，追求效益最大化；激发创新思维，鼓励学生在传统框架之外勇于探索，寻求更优解决方案；培育团队合作精神，让学生在协同作战中熠熠生辉，共同推动审计项目迈向新高。

我们期望，通过这一系列精心设计的培养路径，学生能够成长为既精通审计业务又心怀社会责任的精英，将个人价值的实现融入国家发展的宏伟蓝图之中。最终，本项目致力于构建一个理论与实践并进的学习殿堂，让学生熟练掌握重要性原则，高效驾驭审计风险，从而在审计领域崭露头角，成为引领行业变革的先锋。让我们并肩踏上这场既充满挑战又孕育机遇的审计征途，共同书写审计人新时代的辉煌篇章！

任务一　评估重要性

审计人员出具无保留意见的审计报告，是不是意味着被审计单位的会计报表没有错误？当然不是。既然被审计单位的会计报表有错误，为什么审计师还要出具无保留意见的审计报告？这就是一个重要性的问题。

一、界定重要性含义

（一）重要性的概念

重要性是指被审计单位会计报表中错报或漏报的严重程度，这一程度在特定环境下可能影响会计报表使用者的判断或决策。理解重要性概念需要注意以下三点：①重要性是根据外部使用者来确定的；②重要性的确定需要职业判断；③重要性是一个相对的概念。

（二）重要性的运用

重要性运用于审计程序的两个阶段。

1.审计准备阶段

在准备阶段运用重要性，是为了确定适当的审计程序的性质和范围。设计的审计程序应该能查出重大错报，但不应浪费时间去查找那些不会影响审计报告的非重大错报。

2.审计终结阶段

在终结阶段运用重要性，是为了评价审计结果。根据是否有超过重要性水平的未调整差异选择审计意见。

二、重要性水平的影响因素及层次划分

（一）重要性水平的影响因素

1.审计业务的性质

对审计质量要求高的审计业务，重要性水平就要低一些。

2.企业规模

例如，30万元的支出，对一个总资产不过100万元的小企业可能是重要的，而对一个经营规模比较大的企业（如经营收支超过100亿元）则可能是不重要的。

3.错误的性质

对某些性质严重的错误项目可以降低重要性水平，这些错误包括：

（1）舞弊或违法行为导致的错误。

（2）有可能引起合同上义务的错误。例如，某项错误会使营运资金从低于贷款合同规定的数额变为高于贷款合同规定的数额。

（3）影响收益趋势的错误。例如，某项错报使得收益的趋势由每年递增1%变为下降1%。

（4）涉及是否盈利的错误。例如，某项错报使被审计单位由盈利变为亏损。

4.以往的审计经验

以往审计中发现的常见问题如收入确认不准确、费用归集不规范等，需有针对性地确定审计重点，以提升审计效率与准确性。

5.有关法律法规对财务会计的要求

税法、会计准则等法律法规要求财务处理合规，需关注收入确认、资产计量等政策变化，确保报表合法可靠。

6.内部控制与审计风险的评估结果

内部控制制度存在缺陷可能增加审计风险，需评估控制的有效性，如采购流程漏洞易致舞弊，需加强监督与测试。

7.会计报表各项目的性质及其相互关系

会计报表各项目相互关联，如应收账款增加可能反映收入虚增或信用政策放宽等。

8.会计报表各项目的金额及其波动幅度

会计报表各项目的金额及其波动需结合行业周期分析，若出现异常波动可能隐藏收入操纵或市场竞争力变化。

（二）重要性的层次

重要性可以划分为两个层次：会计报表层次的重要性、账户和交易层次的重要性。

1.会计报表层次的重要性

会计报表层次的重要性是指总体的重要性。它是确定会计报表所有的重大方面公允的基本界限。

2.账户和交易层次的重要性

账户和交易层次的重要性是指形成会计报表的各账户和交易的重要性。它是根据总体重要性分配得来的。账户和交易层次的重要性就是可容忍的错误。只有单个账户和交易的错报或漏报不超过其重要性，会计报表总体的错报或漏报才不会超过总体重要性。

三、审计准备阶段重要性的评估

审计准备阶段对重要性的评估主要涉及两项工作。

（一）对总体重要性的初步判断

判断重要性可以借助一定的辅助方法。

1.固定比率法

该法按以下基础和比例确定重要性：

（1）税前净利润的 5%～10%。

（2）资产总额的 0.5%～1%。

（3）净资产的 1%。

（4）营业收入的 0.5%～1%。

2.变动比率法

该方法是以总资产和总收入中的较大者为基础确定重要性水平的。该法包括以下两步。

（1）确定总资产或总收入中的较大者的范围。重要性计算表如表 7-1 所示。

表 7-1　重要性计算表

总资产或总收入中较大者的范围		重要性水平	
下限（不包括在内）/ 元	上限（包括在内）/ 元	基数 / 元	系数
0	30 000	0	0.059 00
30 000	100 000	1 780	0.031 00
100 000	300 000	3 970	0.021 40
300 000	1 000 000	8 300	0.014 50
1 000 000	3 000 000	18 400	0.010 00
3 000 000	10 000 000	38 300	0.006 70
10 000 000	30 000 000	85 500	0.004 60
30 000 000	100 000 000	178 000	0.003 13
100 000 000	300 000 000	397 000	0.002 14
300 000 000	1000 000 000	826 000	0.001 45
1 000 000 000	3 000 000 000	1 840 000	0.001 00
3 000 000 000	10 000 000 000	3 830 000	0.000 67
10 000 000 000	30 000 000 000	8 550 000	0.000 46
30 000 000 000	100 000 000 000	17 800 000	0.000 31
100 000 000 000	300 000 000 000	39 700 000	0.000 21

（2）重要性水平按以下公式计算：

$$重要性水平＝基数＋系数×超过下限部分$$

例如，某被审计单位的总资产为 15 660 000 美元，收入总额为 21 720 000 美元，其中较大者为收入总额，故应以收入总额为计算基础。查表 7-1 可知，总收入额在 10 000 000 ～ 30 000 000 美元，基数为 85 500，系数为 0.004 60。

重要性水平＝ 85 500 ＋ 0.004 60×（ 21 720 000 － 10 000 000 ）＝ 139412 （美元）

故 139 412 美元为该被审计单位的重要性水平。

（二）重要性的分配

分配重要性就是把总体的重要性水平分配至具体的账户。

1.分配重要性需要考虑的因素

在制定账户或交易层次的审计程序前，将会计报表的重要性水平分配至各账户或各类交易，也可单独确定各账户或各类交易的重要性水平。可以采用分配的方法，也可以采用不分配的方法。一般选择资产负债表账户作为分配的基础，各账户分得的重要性水平称为可容忍误差。确定账户或交易的重要性水平时应当考虑以下主要因素：

（1）各账户或各类交易的性质及错报或漏报的可能性。可能性越大，重要性越高。

（2）各账户或各类交易重要性水平与会计报表层次重要性水平的关系。两者是等量关系。

（3）账户或交易的审计成本。审计成本越高，重要性越高。

（4）对于重要的账户或交易，应当从严控制重要性水平。

（5）对于交易频繁的账户或交易，因其审计成本可能较大，可以将重要性水平确定得高一些，以节省审计成本。在制定账户或交易的审计程序前，可将会计报表层次的重要性水平分配至各账户或各类交易，也可单独确定各账户或各类交易的重要性水平。

2.重要性的分配方法

（1）分别确定法。

对出现错误的可能性比较大、审计取证成本比较高的账户，分配的重要性数额要大一些；对出现错误的可能性比较小、审计取证成本比较低的账户，分配的重要性数额要小一些。例如，存货账户，收发结存工作很频繁，审计取证成本高，因此其重要性就应分配多一些。

分配后各项目的重要性水平之和一般应是总体重要性水平的 1.5～2 倍。其原因有三：第一，各个账户的错报经常是互相抵消的。例如，一项资产的高报可能被另一项资产的低报所抵消。第二，由于采用复式记账，一个账户的错误可能在审计本账户和相关账户时都被发现并记录。例如，一笔年底购入的存货记录的错误金额，可能在对存货、应付账款或销货成本账户的测试中同时被发现。第三，所有的账户都不可能把分配给它们的重要性水平全部用满。这一方法主要用于资产负债表的重要性水平的分配。

（2）比例确定法。

这一方法是按照总体重要性水平的一定比例确定重要性水平的。例如，把各账户的重要性水平确定为总体重要性水平的 20%～50%，审计时只要发现该账户或交易的错误超过这一水平，就建议被审计单位进行调整。计算方法有固定比率法和变动比率法两种。

①固定比率法。重要性水平是判断基础的固定比率得到的数值。计算公式为：

$$重要性水平 = 判断基础 \times 固定百分比$$

重要性水平按固定比率计算如表 7-2 所示。目前世界各国无统一规定，表 7-2 为审计实务中的参考数值。

表 7-2　重要性水平按固定比率计算

判断基础	比例
税前净利润	5%～10%（净利润较小时取 10%，较大时取 5%）
资产总额	0.5%～1%
净资产	1%
营业收入	0.5%～1%

②变动比率法。基本原理是规模越大的企业，允许的错报或漏报的金额比率（相对数）就越小，一般是根据资产总额或营业收入两者中较大的一项确定一个变动百分比。

重要性水平按固定比率计算如表 7-3 所示。

表 7-3　重要性水平按固定比率计算

单位：万元

项目	金额	甲方案（1%）	乙方案（专业判断从成本角度）
现金	700	7	2.8
应收账款	2 100	21	25.2
存货	4 200	42	70
固定资产	7 000	70	42
总计	14 000	140	140

甲方案按确定报表层次的重要性水平的相同比例分配，一般不可行。因为它没有考虑各账户或交易的性质、错漏的可能性及审计成本。分配时往往依赖审计人员的职业判断。存货交易频繁，账目较多，可将其重要性水平适当提高到 70 万元，这会大大降低审计成本；固定资产业务较少，将其重要性水平降低到 42 万元，也不会增加较多的审计工作量，总的来说，审计成本可以降低。当然，在提高重要性水平时，要考虑账户及其交易的性质和错弊的可能性，不能一味地为降低审计成本而提高重要性水平。现金（库存现金、银行存款等）的账户和交易出现错弊的可能性较大，故将其重要性水平由 7 万元降低到 2.8 万元，以扩大测试的范围。应收账款可以按会计报表层次的重要性水平倒推，且与甲方案变化不大。在审计过程中，可根据实际情况对账户层次的重要性水平进行适当的调整。

如果同一期间各会计报表的重要性水平不同，应当选择最低的那张报表的重要性水平作为所有会计报表层次的重要性水平。因为会计报表彼此相互联系，且许多审计程序经常涉及两个以上的报表。考虑到谨慎性的需要，应使用被认为对任何一张会计报表都重要的最小的错报或漏报总体水平。

四、审计终结阶段的重要性

（一）目的

审计终结阶段的重要性主要用于评价审计结果。

（二）重要性水平确定

用于评价审计结果的重要性水平一般应与计划重要性水平相同，但也可能不同于计划的重要性水平。

（三）评价审计结果时对重要性的考虑

1.评价审计结果时所运用的重要性水平

评价审计结果时重要性水平与计划重要性水平可能存在偏离。评价审计结果所运用的重要性水平，可能与编制审计计划时所确定的重要性水平初步判断不同。原因可能是环境变化，以及对被审计单位了解的增加。

因此，在编制审计计划时，可规定重要性水平低于将用于评价审计结果的重要性水平，这样可对较多的账户或交易进行测试，减少未被发现的错报或漏报的可能性，从而提供一个安全边际，减少审计风险。

评价审计结果时所运用的重要性水平可能与编制审计计划时所确定的重要性水平判断数不同，如果前者远低于后者，就应当重新评估所执行的审计程序是否充分（数量）。

2.错报或漏报的汇总

在评价审计结果时，应当汇总已发现但尚未调整的错报或漏报，并考虑其金额与性质是否对会计报表的反映产生重大影响。在汇总尚未调整的错报或漏报时，应当包括以下内容。

（1）已发现的错报或漏报。

（2）推断的错报或漏报，审计抽样或执行分析性复核所估计的。

（3）前期尚未调整的错报或漏报。

（4）考虑期后事项和或有事项是否进行了适当处理。

其中，第三点是实质性测试和推断各账户的错报或漏报。需要进行推断的原因是，在实质性测试时，不可能将各账户的每一笔都进行测试。各账户或交易错报或漏报之和即会计报表重要性水平。

3.汇总数与重要性水平的评价

（1）汇总数低于重要性水平的处理。

如果尚未调整的错报或漏报的汇总数低于重要性水平，错报或漏报性质并不重要，可发表无保留意见。当然，已发现的错报或漏报应提请被审计单位调整。因为所有的错报或漏报都应调整，所以下面各种情况的处理都有这一步。

（2）汇总数接近重要性水平的处理。

如果尚未调整的错报或漏报的汇总数接近重要性水平，由于该汇总数连同尚未发现的错报或漏报可能超过重要性水平，应当实施追加审计程序，或提请被审计单位进一步调整已发现的错报或漏报，以降低审计风险。

（3）汇总数超过重要性水平的处理。

如果尚未调整的错报或漏报的汇总数超过重要性水平，应当考虑采用两种措施：一是应当扩大实质性测试范围，以进一步确认汇总数是否真的超过重要性水平；二是提请被审计单位调整会计报表。如果被审计单位拒绝调整会计报表而扩大实质性测试的范围，尚未调整的错报或漏报的汇总数仍超过重要性水平，应当发表保留意见（重要时）

或否定意见（很重要时）。

应当注意，当汇总数超过重要性水平时，这些汇总数是根据已发现的错报或漏报并依此推断的错报或漏报的汇总，毕竟已发现的错报或漏报是在抽取的样本中查出的，如果在较少的样本中，有偶然的错报或漏报，这时推断的错报或漏报及其汇总数也会增大。因此，应扩大抽查的样本量，即扩大实质性测试的范围，来判断已发现的错报或漏报是一种偶然还是一种必然，不一定要追加审计程序。

（4）汇总数远远低于重要性水平的处理。

如果尚未调整的错报或漏报的汇总数远远低于重要性水平，应当考虑所采取的审计程序是否得当，可重新确定审计程序，重新开展实质性测试。再次测试的结果为上述三种情形的，则按上述情形处理。如果其结果还是汇总数远远低于重要性水平，可发表无保留意见。当然，对已发现的错报或漏报应提请被审计单位调整。

任务二　厘清审计风险本质

一、明确审计风险概念

审计风险是审计人员在审计过程中采用了没有意识到的、不恰当的审计程序和审计方法，或者错误地估计和判断了审计事项，发表了与事实不相符合的审计报告，进而受到有关关系人或潜在关系人的指控，乃至承担法律责任和经济责任的可能性。

实际上审计人员在执行审计业务时面临着两种风险，即审计风险和审计职业风险。审计风险和审计职业风险是两种性质完全不同的风险，审计人员应该控制和降低审计风险，但审计人员无法降低审计职业风险。

审计职业风险指有关关系人对审计的结果表示责难、诽谤或控告，使审计人员在职业业务和职业形象方面受到伤害和损失的可能性。审计职业风险是由审计的职业特征所决定的。

审计人员因不恰当的审计程序所造成的失误包括错误拒绝和错误接受两种情况，由此产生了错误拒绝风险和错误接受风险。

（一）错误拒绝风险

如果被审计单位的财务活动是合理合法的，财务报表是按照公认会计准则的要求编制的，不存在重要的差错和舞弊，但审计人员由于工作失误对此加以拒绝，提出了保留意见，这种可能错误的拒绝风险，简称误拒险。

由于在审计工作结束以前，审计人员一般要与被审计单位的主要负责人交换意见，审计人员要将自己的看法与被审计单位沟通。通常在发生错误拒绝的情况时，被审计单位会提出不同的看法。如果被审计单位的看法是合理的，审计人员可以通过扩大审查的范围和抽查样本的规模、改变审计的程序等措施来克服错误拒绝风险，直至形成正确的审计意见。由此可见，错误拒绝风险不会形成最终的审计风险。

（二）错误接受风险

与错误拒绝风险相反，如果被审计单位的财务活动存在重要的差错和舞弊，被审计单位的会计报表没有按照公认会计准则加以编制，而审计人员未能及时地发现这些问题，对此表示接受，发表了无保留意见，这种可能性称为错误接受风险，简称误受险。

一旦审计人员发生错误接受将造成严重的后果，而且审计人员没有机会来予以改变。因为审计人员发生这种疏漏既无法通过与被审计单位交换意见来发现，也无法采取进一步的措施来克服这种疏漏。对于错误接受风险，一旦审计人员发表意见以后就很难再加以改变，因此审计风险实质上就是指这种错误接受风险，审计人员要控制和降低审计风险，其实就是要降低错误接受风险。

二、审计风险形成的原因

审计风险形成的原因有很多，归结起来可以概括为客观原因、主观原因和审计方法自身原因三个方面。

（一）客观原因

审计风险形成的客观原因是指审计工作背景和环境方面的原因。

1.审计对象的复杂性和审计内容的广泛性

被审计单位的生产特点、经营规模和经营形式等对审计风险的形成具有一定的影响。企业的生产过程和经营过程日益复杂，与此相适应企业的会计信息系统也更加复杂。审计的内容十分广泛，会计凭证、账簿记录和经济业务数量之多是可以想象的。审计的对象从财务审计进而发展到经济效益审计、经济责任审计等。审计的对象越复杂，审计的内容越广泛，得到正确审计结论的难度就越大，审计人员失误的可能性就越大，从而审计风险就越大。

2.被审计单位内部控制的强弱

内部控制主要指内部会计控制。被审计单位通过建立内部控制制度来及时发现和剔除经济业务中的差错和舞弊；被审计单位内部控制薄弱可能造成审计人员难以发现差错和问题而形成审计风险。如果被审计单位缺乏良好的分工控制，工作人员同时兼管了不相容职务，会增加舞弊和掩盖差错的可能性，这类问题有时难以被审计人员发现而使审计风险增加。如果有关工作人员串通舞弊，审计风险就更大了。尤其是某些单位在一些问题上进行集体舞弊，故意提供虚假资料使审计人员无法发现这些舞弊，致使审计人员得出错误的结论，导致审计风险产生。

3.对审计结论的依赖程度和审计结论的影响范围

现代经济生活中对会计信息更为依赖，审计结论的服务对象也更为广泛。对审计结论的依赖程度越高，则对审计结论的正确与否的敏感性越大，从而相应提高了审计风险。同时审计结论的服务对象越多，对审计结论正确性的影响也越大。在现代经济生活中，各个方面如审计委托人、投资者、银行、股东和潜在的股东等，越来越依赖于审计过的财务报表进行决策，而越是依赖审计结论，审计结论的敏感性越大，审计风险就越高。

4.审计法律环境的直接影响

审计风险形成的直接原因是审计的法律环境。如果审计人员对其失误可以不承担法律责任或经济责任，当然就不存在所谓的审计风险。根据一些国家的成文法或习惯法，如果审计人员的审计报告或审计结论出现重要差错直接或间接地导致当事人或社会其他方面做出错误的决策并蒙受了经济损失，他们将被追责，并承担由此产生的法律责任或赔偿经济损失。即使他们未被提起诉讼，审计人员的职业威望也会受到影响。因此，审计责任的存在直接导致了审计风险的存在。

（二）主观原因

审计风险形成的主观原因是指审计人员本身的因素，它是形成审计风险的直接原因。

1.审计人员的经验和能力

审计人员的经验和能力直接导致了审计风险的形成。在审计过程中，审计对象十分复杂。审计人员所采用的审计方法及表达意见的正确与否，直接依赖于审计人员的直觉和经验的判断。因此，在审计工作中要求审计人员具有十分丰富的审计工作经验和优秀的判断能力。审计人员能够根据实际情况进行判断，并能采用恰当的审计程序来取得审计证据，进而形成审计意见。审计人员的经验和能力是有限的，即使是经验十分丰富的审计人员，也有可能在审计工作中做出错误的判断而出现工作失误。凡此种种，使得审计意见存在发生差错的可能，这将直接导致审计风险的产生。

2.审计人员的工作责任心

审计人员是执行审计工作的主体，其工作责任心的强弱直接影响审计风险的高低，因此审计人员应该有高度的审计责任心。审计人员应该对被审计事项给予必要的职业关注，并且具备认真、仔细的工作作风。

3.审计人员的工作失误

审计人员的工作失误是导致审计风险产生的直接原因，如果审计人员能够保证在审计过程中采取恰当的方法和程序，那么审计风险不会存在。然而审计人员无法对此做出保证，发生差错和失误是难以避免的。审计人员在审计过程中可能会疏漏某些重要的审计步骤，审计人员的工作失误可能来源于对被审计事项所做的错误判断，而错误的判断导致审计人员采用了错误的审计程序。除此之外，审计人员的工作责任心和被审计单位经济业务的复杂性等因素也会导致审计人员的工作失误。

（三）审计方法自身原因

审计方法自身原因主要体现在审计成本、审计方法和审计模式三个方面。

1.均衡审计风险和审计成本

审计成本表现为审计人力、物力和财力消耗。在其他条件不变的情况下，审计风险和审计成本之间存在一定的反向关系。审计中查证工作做得越细，审计风险越小，但审计成本就会越高。现代审计采用的策略，是适当减少不重要的审计查证工作，而这种为了降低审计成本而采取的相应策略，就会形成相应的审计风险。

2.采用统计抽样方法和分析性审核方法

传统的大量审计审核方法审计成本很高，因此这种方法逐渐被淘汰，只是在一些特殊的情况下采用。现代审计方法变化显著，目前在审计中大量采用统计抽样方法和分析性审核方法。由于抽样审计本身就是以样本审查结果来推断总体的性质的，因此样本与总体之间必然会形成一定的误差，造成了审计抽样风险。由此可见，审计人员改变传统的审计方法而采用测试的方法进行审核，是形成审计风险的重要原因。

3.运用现代审计模式

审计风险的存在与审计人员采用的审计模式密切相关。现代审计模式建立在对内部控制评估或审计风险评估的基础上，通过对内部控制制度的评估确定存在的控制风险，从而确定实质性测试的范围和规模，或者通过风险评估来分析发表意见所存在的风险作为最终表达审计意见的依据。在现代审计模式下，可以接受的审计风险水平有一定的量，允许存在一定的审计风险，是运用现代审计模式的前提。

三、审计风险的性质

（一）审计风险的必然性

审计风险的必然性是指由审计职业特点所决定的一种客观存在性和不可避免性，可以从以下几个方面来理解。

1.审计风险必然性取决于审计风险形成原因的必然性

审计风险产生原因是多方面的，由于这些原因必然存在，决定了审计风险的必然性。因此，审计风险的必然性是从审计风险成因角度表现出来的。

2.审计风险必然性表明审计风险不可避免

审计风险不能消除而只能降低到一定水平，因此不能要求审计人员将审计风险降低到零。

3.审计风险的必然性通过偶然性体现出来

审计风险的必然性是从具体的审计事项中抽象出来的，审计风险的必然性首先取决于审计风险的偶然性。因此审计风险的必然性是一种抽象的形态，只有当审计人员接受了客户的委托，形成了一定的审计关系，审计风险才表现为个别的、具体的风险形态，成为审计风险的实质内容。

（二）审计风险的复杂性

审计风险的复杂性是指审计风险的前因后果是复杂的。审计风险的复杂性表现在以下几个方面。

1.审计风险成因是复杂的

审计风险成因有被审计单位内部和外部、审计人员主观和客观、能够预计和不能预计等方面。审计人员要根据不同的原因采取不同的措施来控制和降低风险。

2.审计风险形成过程是复杂的

审计过程的各个环节都可能产生审计风险。审计风险形成过程的复杂性决定了对审计风险的敏感程度的复杂性。不同类别的审计对于审计风险的敏感程度不同。一般而言，财务报表审计对于审计风险比较敏感，因为客户和其他方面对信息的依赖程度较强，相反经济效益审计对于审计风险就不太敏感；外部审计比内部审计对审计风险的敏感程度高。

3.对审计风险承受是复杂的

审计风险承受主体包括了所有的审计组织。它们的服务对象和地位不同，它们对于审计风险承担的压力也不同。民间审计显然要比其他审计机构承受更大的风险。不同的审计机构对于审计风险所承担责任的过程是十分复杂的，也是审计风险显化过程复杂性的体现。

（三）审计风险的无意性

审计风险的无意性是指审计风险形成于审计人员主观无意识的行为。审计人员在未意识到的情况下发生失误，又在无意识的情况下承担了这些失误及其所产生的后果。对审计风险无意性的特点可从以下方面理解。

1.审计风险与审计人员主观认识的无意性密切相关

即使审计的环境和背景等很复杂，只要审计人员清醒地意识到这些情况而采取正确的审计策略避免失误，审计风险仍然可以得到有效控制。因此审计风险只与审计人员的主观无意性相关。审计人员的主观无意性包括了审计人员无意中做了错误的判断，无意中采用了不当审计方法，无意中遗漏了必要的审计程序，这些无意中的疏忽又造成无意中的取证不当，最终无意中形成了审计风险。

2.审计风险是审计人员在无意中接受的

除了对于可容水平范围内的审计风险是审计人员有意识接受的以外，大部分的审计风险都是在无意识情况下被审计人员接受的，同时也在无意识的情况下接受了由此产生的严重后果。

3.审计风险不包括审计人员有意识行为所产生的后果

这一点对于理解审计风险的本质十分重要。审计人员已经认识到而未采取纠正行动的失误和审计人员故意行为所造成的严重后果不构成审计风险。例如，审计人员为了取悦客户而故意伪造证据，与客户进行勾结对报表做虚假的陈述，这些有意识行为的结果不构成审计风险。

（四）审计风险的潜在性

审计风险的潜在性是指审计风险的可能性和不确定性，即审计风险发生的概率小于1而永远不会等于1。如果审计风险发生的概率为1，那么审计风险就不是风险，而是一种事实。正因为如此，审计风险是潜在的，可以从以下方面理解这种潜在性。

1.审计风险内涵的必然性和外延的偶然性

审计过程所隐含的审计风险具有必然性，但审计风险存在的具体时间、空间和形式具有偶然性。审计风险的潜在性是指这种外延的偶然性，这种偶然性从一定的特殊形态转变为一种实在性时，审计风险的性质就发生了质的转变。对由此产生的后果，审计人员已无力改变而只能承担相应的责任。

2.审计风险的概率无法计算

审计风险的概率无法通过计算得到，它不像统计抽样风险可以采用数理统计方法计算出其大小。实际工作中审计风险的大小取决于审计人员的职业判断，正因为如此，估计存在的审计风险可能并不存在，而没有估计到的审计风险可能恰恰存在，并且只能在审计工作结束后反映出来。

3.审计风险所产生的后果是潜在的

审计风险具有一种潜在的可能性，隐含在整个审计过程中。审计风险显化过程十分复杂，有时某些失误不一定造成严重后果，而有时某些失误却会使审计人员遭受严重的损失。当某一种失误不一定造成损失和严重后果时，审计风险是潜在的，只有在这些失误必然导致损失时，审计风险才表现出一种实在性。审计人员所遭受损失的大小和审计风险的大小并没有直接的联系。审计人员对于经济责任和法律责任的承诺也是潜在的。由于审计风险具有潜在性，客观上容易造成审计人员对审计风险的疏忽。

任务三　分析审计风险要素

审计风险包括固有风险、控制风险和检查风险三个基本要素。

一、固有风险

固有风险是指被审计单位在经济业务中存在差错和舞弊，通过被审计单位的账务处理系统最终进入财务报表的可能性。固有风险所指的财务报表中存在严重错误的可能性是假定被审计单位没有建立必要的内部控制制度，也就是说在除去被审计单位的内部控制制度的情况下，财务报表中存在重要差错和舞弊的可能性。

（一）固有风险的特点

1.固有风险水平取决于财务报表对于业务处理中的差错和舞弊的敏感性

固有风险水平取决于财务报表对于业务处理中的差错和风险大小，即业务处理中的差错和舞弊越大，固有风险水平越高。也就是说经济业务发生问题的可能性越大，固有风险水平越高。

2.固有风险的产生与被审计单位有关，与审计人员无关

固有风险的产生取决于被审计单位自身的生产经营特点、业务性质、工作人员的素质和品德等，固有风险与审计人员的工作无关。审计人员无法通过自己的工作来降低固有风险，审计人员只能通过必要的审计程序来分析和判断固有风险水平。

3.固有风险水平受被审计单位外部经营环境的间接影响

被审计单位外部经营环境的变化会增大固有风险。例如，科学技术的进步会使被审计单位的某些产品过时，这就带来了存货计价是否正确的风险。

4.固有风险独立存在于审计过程中

固有风险客观存在于审计过程中，并且是一种相对独立的风险，这种相对独立风险水平高低需要经过审计人员的认定。在对固有风险进行认定以前通常把固有风险看作100%。也就是说如果没有对固有风险进行判断，未进行必要的审计程序，发表无保留意见的审计风险就是100%。

（二）影响固有风险水平的因素

1.经济业务的特征

不同性质与特征的经济业务所产生的固有风险水平不同。

（1）财产物资对失窃的敏感性。有些财产物资，如现金、贵重金属材料、紧缺物资、有价证券等比较容易失窃；而有些财产物资，如建筑业的黄沙、冶铁业的生铁等失窃的可能性较小，容易失窃的财产物资固有风险较小。

（2）经济业务的重要性。有些业务对报表的影响构成重要性，有些业务对报表的影响不构成重要性，越是重要的事项固有风险也越大。例如，应收账款项目数额较大比较重要，而其他应收款项目数额较小不太重要，那么应收账款的固有风险大于其他应收款的固有风险。

（3）经济业务的复杂性。经济业务处理的过程越复杂，出错的可能性越大，处理过程相对简单的经济业务固有风险较小。

（4）数据的形成过程。有些经济业务的数据是经过计算得到的，而有些经济业务的数据是经过估计得到的，或者是在估计的基础上得到的，那么通过估计得到的数据相对于经过计算得到的数据固有风险较大。

（5）经济业务的常规性。某些经济业务是被审计单位常规性的经济业务，而某些经济业务是被审计单位非常规性的业务。非常规性的业务有时因为处理缺乏规范的程序而容易出现差错，被审计单位也容易对这些业务进行舞弊，因此出现问题的可能性较大，这类业务的固有风险较大。

（6）账户记录的变动性。某些账户记录的变动具有一定的规律，或表现较为合理，而有些账户的记录变动无一定的规律，或表现不合理。例如，某项材料的明细记录长期不发生变动，该材料发生失窃、毁损或变质的可能性较大；又如，某项应收账款的账龄过长，则发生坏账损失的可能性较大。

2.被审计单位内部的经营环境

被审计单位的经营环境不同所产生的固有风险水平也不同。

（1）被审计单位的经营状况和财务状况。如果被审计单位的经营成果和财务状况较差，为掩饰这种情况，被审计单位常会以虚增资产或低估负债来夸大财务状况和经营成果，因此固有风险较大。

（2）被审计单位可能存在的动机。当被审计单位有可能从篡改数据资料或提供虚假会计信息中得到好处时，固有风险相对较大。例如，被审计单位为表明偿债能力强而有可能篡改流动比率、速动比率及有关计算所需的数据，为能从完成的利润中提取一定比例的奖金时有可能虚增利润。因此当存在某些特殊的动机时，固有风险较大。

（3）管理人员的诚实性。诚实性较差的管理人员容易制造假象混淆是非，固有风险较大；相反，管理人员被有关部门授予优秀管理人员荣誉，或企业管理达到国家一定的标准时，其固有风险相对较小。

3.被审计单位外部的经营环境

被审计单位外部的经营环境对被审计单位的经营有所影响，因此在不同的经营背景下固有风险的水平不同。

（1）税率和法规的变化。当税率和法规发生重大变化而对被审计单位的经济利益有所影响时，固有风险较大。例如，当销售税率将要较大幅度提高时，虚增本期销售收入的可能性增大；相反，当销售税率将要较大幅度调低时，故意隐匿销售收入的可能性增大。

（2）对被审计单位政策的变化。被审计单位外部对其政策发生变化时，包括经营方式、考核方式发生变化时，固有风险大小也会发生变化。例如，对被审计单位实行利润目标承包经营增加了虚增利润的可能性，其固有风险增大；又如，加强了对被审计单位的业绩考核，为完成考核指标而提供虚假资料的可能性增加，固有风险相应增大。

4.审计的情况

对被审计单位审计情况的了解也是判断固有风险水平的一个方面。

（1）过去的审计状况。在过去审计过程中发现问题较多，则固有风险较大。因为过去审计中发现的问题较多，表明被审计单位的素质较差，而过去发生过的错误重复发生的可能性较大，因此固有风险较大。

（2）是否初次审计。如果过去未对被审计单位进行过审计，审计人员对被审计单位比较陌生，并缺乏对该单位的审计经验，缺乏对该单位的深刻理解，因此通常会将固有风险高估一些。在以后的重复审计中，由于对该被审计单位审计经验的积累，对固有风险的估计可以较低些。

（3）不明原因地更换审计人员。通常审计人员同被审计单位之间存在着良好的业务关系。如果没有充分理由更换审计人员，可能出现对财务报表揭示的不同意见。在这种情况下，对于后任审计人员来说固有风险较大。

（三）固有风险对审计风险的影响

固有风险是审计风险的一个重要的组成部分，正是由于固有风险的存在，导致审计风险的存在。固有风险同审计风险成正向关系。在其他相关因素不变的情况下，固有风险越高，审计风险越高；固有风险越低，审计风险就越低。

二、控制风险

被审计单位财务活动中的某些差错和舞弊没有被内部控制制度及时预防和发现，这些差错和舞弊最终导致财务报表失实，这种可能性就是控制风险。

（一）控制风险的特点

1.控制风险水平与被审计单位的控制水平有关

被审计单位建立控制的主要目的之一是要防止差错和舞弊，如果被审计单位的内部控制制度存在重要的缺陷或者不能有效地工作，那么差错和舞弊就会进入被审计单位的财务报表系统，由此产生了控制风险。审计人员只能对内部控制制度提出适当的改进意见。因此控制风险只与被审计单位内部控制制度能否防止和察觉差错与舞弊有关。

2.控制风险与审计人员的工作无关

审计人员无法降低控制风险，审计人员的责任是评价控制风险，并通过对控制风险的判断来分析其对报表真实性的影响，确定审计查证的重点和规模。

3.控制风险是审计过程中一种独立的风险

控制风险独立存在于审计过程中，这种风险与固有风险的水平无关。只要内部控制处于不佳的状态下，控制风险必然存在，必然会影响最终的审计风险。

（二）影响控制风险水平的因素

审计人员为了达到审计目标，必须对控制风险水平做出正确判断，因此必须了解影响控制风险水平的因素。一般而言，内部控制的健全性、有效性以及内部控制本身的局限性等，对控制风险都有影响。在审计过程中，需要经过对内部控制的了解、分析、评价和测试，以确定控制风险的水平。

（三）控制风险对审计风险的影响

控制风险是审计风险的一个重要组成部分，正是因为控制风险的存在才导致了审计风险的存在。因此，控制风险与审计风险成正向关系，在其他因素不变的情况下，控制风险越高，则审计风险越高。

三、检查风险

被审计单位经济业务中存在的差错和舞弊通过了被审计单位的内部控制制度，或者绕过了被审计单位的内部控制制度，最终进入了被审计单位的财务报表，审计人员就有责任采用必要的审计方法和审计程序来发现这些差错和舞弊，并把它们从财务报表中剔除出来，以保证财务报表的真实性和公正性。审计人员在整个审计过程中就是要检查和发现这些差错和舞弊。审计过程中存在的不能发现这些差错和舞弊的可能性，称为检查风险。

（一）检查风险的特点

1.检查风险是审计过程中的一种独立的风险

受固有风险和控制风险的影响，检查风险是独立地存在于审计过程中的一种风险。因此检查风险是审计风险的独立变量，任何一个环节的失误都会导致检查风险产生。

2.检查风险与审计人员工作的有效性直接相关

与固有风险和控制风险不同，检查风险与审计人员的工作有关，它是唯一能够通过审计人员的主观努力而加以控制的风险。例如，审计人员忽视了必要的审计程序，或者采用了不恰当的审计方法，或者对于被审计事项做出错误的判断等，都会直接导致检查风险。

3.检查风险直接影响最终的审计风险

固有风险和控制风险对最终的审计风险的影响是间接的，因为即使存在固有风险和控制风险，其产生的后果最终可以通过审计人员的工作予以克服。但如果审计人员不能发现存在的差错和舞弊，这些问题最终将存在于报表之中，因此检查风险直接引起审计风险的存在。检查风险不等于审计风险，检查风险只是审计风险的一个要素，而审计风险是各个风险要素共同作用的结果。

（二）影响检查风险的因素

既然检查风险是审计人员唯一可以控制的风险要素，那么检查风险水平直接与审计人员的工作密切相关，影响审计风险的因素自始至终存在于审计过程中。

1.接受客户的恰当性

审计人员在审计活动中首先要做出的抉择便是对受审个体的选择，审计人员在接受审计项目时就存在了检查风险，这种风险称为接受任务的风险或接受客户的风险。

尽管许多审计人员都希望不断扩大客户数量，但职业的谨慎要求审计人员在接受客户之前对其可信任程度进行必要的调查。客户可能始终对审计人员实行封锁，使审计人员不能发现真实情况，审计人员极易做出错误的判断和结论。只有当有关方面对审计人员提起诉讼时，客户才会提供细节材料，这就是不恰当地接受客户所带来的风险。能否克服这种风险取决于审计人员对客户情况了解的充分性。

2.委派审计人员的恰当性

审计组织一旦接受审计任务，就要委派审计人员组成审计小组。如果委派的审计人员其知识水平和工作能力与审计项目的要求相差甚远，不能及时发现财务报表中存在的差错和舞弊，就会造成审计风险。因此，在委派审计人员时，应该考虑审计人员的合理组合。配备不同层次的审计人员而产生的审计费用，与委派人员的风险之间应进行适当的权衡，避免由此产生的过高的审计成本或过高的委派人员风险。

3.编制审计方案的恰当性

在审计工作进行之初审计人员要编制审计工作方案，审计工作方案是审计人员进行审计的基本策略。审计人员要编制科学的审计工作方案，使整个审计过程得到有效控制，减少失误。审计工作方案的失当会带来检查风险，这种风险称为编制审计方案风险。审计人员在编制审计方案时要充分了解被审计单位的情况，编制出科学合理的审计工作方案，以取得必要的审计证据。

4.审计证据取得的恰当性

审计证据取得的恰当性首先取决于审计人员所采用审计方法的恰当性，不同的审计证据要用不同的方法去取得；其次取决于审计证据数量的恰当性，高风险的审计项目所需的审计证据数量也相对较多；最后，审计证据的恰当性还与所取得的审计证据的质量相关，与审计证据的证明力相关。当然审计人员也应减少不必要的取证。因此，要避免取证风险，就要做到审计方法恰当，审计证据的数量和质量恰当，同时还应兼顾取证的成本。

5.分析性审核的恰当性

审计过程离不开分析性审核。分析性审核可帮助审计人员了解被审计事项的性质，并做出恰当的判断。例如，要确定被审计单位固有风险的水平，一般要经过分析性审核程序。分析性审核程序失当会使审计人员做出错误的判断，由此形成检查风险，这种风险称为分析性审核风险，这是影响检查风险水平的一个重要因素。

6.符合性测试的恰当性

内部控制制度是被审计单位会计工作的环境，一个健全和有效的内部控制制度能够在一定程度上防止差错和舞弊的发生，因此审计人员要通过符合性测试来评价内部控制制度。控制风险虽然与审计人员无关，审计人员无法降低控制风险，但审计人员可以对控制风险进行评价。对控制风险的评价结果将会影响审计人员以后的审计策略，因此符合性测试的恰当性也是引起检查风险的一个因素。符合性测试的恰当性所引起的检查风险称为符合性测试风险。

7.审计抽样的恰当性

现代审计通常采用抽样审计的方法，通过样本的检查确定样本的性质，来推断总体的性质。不论是采用判断抽样的方法还是统计抽样的方法，样本的选择都是至关重要的。在判断抽样的方法下，审计人员必须根据经验来确定抽查的重点和数量，审计人员的判断失误会带来检查风险。在统计抽样的方法下，审计人员是根据数理统计原理来确定样本数量的，但仍然会产生检查风险，这是因为样本规模太小会不足以说明总体；在确定样本规模时需要对总体的性质做出判断；统计抽样本身存在一定的误差，无法保证样本的特征与总体的特征完全一致。审计抽样方法所引起的检查风险称为抽样风险。

8.运用审计标准的恰当性

在审计过程中，审计人员要采用一定的审计标准对所得审计证据进行衡量，当审计标准比较确定的时候审计人员不易发生失误。但是审计标准的内容很多。由于审计标准体系尚不完善，审计人员在执行这些审计标准时存在一定的主观随意性，这也在一定程度上增加了检查风险。这一原因造成的检查风险称为运用审计标准的风险。

9.提出审计报告的恰当性

提出审计报告是审计终结阶段的工作。一般而言，审计人员已经基本完成了审计的取证工作，似乎与检查风险无关。其实，在提出审计报告时，仍然涉及如何将觉察的问题表达出来，从这个意义上说，可以把提出审计报告的恰当性作为影响检查风险的一个因素。提出审计报告的恰当性包括了审计人员是否准确地表达了所要表达的内容，语言是否准确。提出审计报告是否恰当所引起的检查风险称为报告风险。

（三）检查风险对审计风险的影响

检查风险对审计风险有直接的影响。在其他因素不变的情况下，检查风险越高，则审计风险越高；检查风险越低，则审计风险越低。

四、固有风险、控制风险和检查风险的关系

固有风险、控制风险和检查风险的相互关系可以从定量和定性两个方面加以考察。

从定量的角度看，审计风险三要素的相互关系可用以下公式表示：

$$审计风险＝固有风险×控制风险×检查风险$$

从定性的角度看，审计风险三要素的相互关系为：

检查风险与固有风险和控制风险的综合水平之间（即固有风险×控制风险）存在着反向关系。固有风险和控制风险的综合水平越高，可接受的检查风险水平越低，反之亦然。换言之，当固有风险和控制风险的综合水平较高时，必须扩大审计范围，以降低检查风险水平，以便使整个审计风险降低至可接受的水平。

审计风险与审计证据的关系如表 7-4 所示。

表 7-4　审计风险与审计证据的关系

审计风险	固有风险	控制风险	检查风险	证据数量
低（一定）	低	低	高	少
低（一定）	高	低	中	中
低（一定）	高	高	低	多
低（一定）	低	高	中	中
低（一定）	中	中	中	中

以上这些关系，都可从审计风险模式变化中分析：

检查风险＝审计风险÷（固有风险×控制风险）。

任务四　选择审计风险模式

一、审计风险要素的相互关系

（一）各要素之间相互独立

例如固有风险并不影响控制风险，固有风险和控制风险又独立于检查风险。因此，可以根据审计风险要素相互独立的关系来建立审计风险的模式，即审计风险可以用审计风险各要素的乘积来表示。

（二）审计风险各要素不会等于零

审计风险的各个要素都是客观存在的，任何一个审计要素都不会等于零，如果其中有一个要素为零，那么审计风险也就不再存在。

（三）审计风险各要素在时间上的排列是有序的

审计风险各要素在时间上的排列呈以下情形：财务活动中存在重要的差错和舞弊；它们没有被内部控制制度发现和防止；它们没有被审计人员觉察；它们最终进入了财务报表。

（四）审计风险各要素所产生的后果不同

固有风险和控制风险与被审计单位有关，而与审计人员无关，检查风险与审计人员有关而与被审计单位无关；审计人员只能评价而不能控制固有风险和控制风险，但审计人员必须控制检查风险，所控制的水平必须根据固有风险和控制风险的水平来确定；固有风险和控制风险所造成的后果可以通过审计程序来补偿，而检查风险所造成的后果无法通过其他途径予以补偿。

（五）审计风险各要素共同作用于审计风险

审计风险是审计风险各要素共同作用的结果。正是如此，各相互独立的审计风险要素之间才建立了十分密切的内在联系。

二、审计风险模式

审计风险模式表达了审计风险的构成，反映了审计风险各要素的相互关系及它们对审计风险的影响。审计风险模式是对审计风险的抽象表达方式。由于审计风险各要素之间存在上述关系，审计风险模式可以用以下公式表示：

$$AR = IR \times CR \times DR$$

式中，AR为审计风险；IR为固有风险；CR为控制风险；DR为检查风险。

在这个模式中，审计风险是审计风险各要素共同作用的结果，由于这些要素相互独立，因此它们是一种乘积关系。

上述审计风险模式是一个一般表达式，审计风险模式还有扩展的表达形式。如果检查风险中的一些要素十分重要，只要它们相互独立，也可作为单独的审计风险要素。审计风险模式的扩展形式主要有以下几种情况。

1.考虑分析性审核风险

在审计过程中审计人员往往采用一些分析性审核方法来进行检查。例如，进行报表分析、账户分析等来发现可能存在的问题。采用分析性审核方法时并不能发现所有的问题，同时，分析性审核的结果也会存在偏差，所以存在着分析性审核的风险。把分析性审核风险从检查风险中分离出来作为一个单独的审计风险要素来考虑，审计风险模式可以用以下公式表示：

$$R = IR \times CR \times AAR \times DR$$

式中，AAR为分析性审核风险。

2.考虑抽样风险

如果审计人员在实质性检查中采用抽样审计的方法，那么审计人员的检查风险就表现为抽样风险。在这种情况下，审计风险的模式可以用以下公式表示：

$$AR = IR \times CR \times AAR \times SR$$

式中，SR为抽样风险。

3.考虑非抽样风险

如果审计人员在审计过程中结合使用了抽样的方法和非抽样的方法，非抽样的方法包括了分析性审核的方法，那么审计风险模式又可以用以下公式表示：

$$AR = IR \times CR \times USR \times SR$$

式中，USR为非抽样风险。

三、审计风险的可容性

审计风险模式中所表示的审计风险是审计人员发表审计意见时所存在的最终风险，称为终极风险，审计风险通常是指这种终极风险。根据审计风险模式，终极风险是固有风险、控制风险和检查风险共同作用的结果。因此，终极风险是一种合并的风险，所以也称为合并风险。

（一）可容忍风险

在审计过程中，由于审计风险的各个要素都不会等于零，因此终极风险必然存在。如果要求审计人员所做的审计结论要保证完全正确，不论在观念上、技术上，还是从审计的成本效益关系方面来考虑，都是难以接受的。相反，如果认为审计过程中终极风险必然存在而过度地对其容忍，一旦这种风险转变为现实的责任或损失，审计人员将不堪承受由此产生的严重后果。正因为如此，审计人员在审计时所关注的并不是要把终极风险降低到零，而是要将审计风险降低到一个比较低的、为审计人员所能接受的水平，即审计人员预先确定的可容忍风险水平。

（二）期望风险

在审计过程中，审计人员往往要预先确定期望风险的水平，以此作为审计风险的控制目标，帮助审计人员在审计过程中制定具体的审计策略。期望风险水平的概率取值范围在 $0 \sim 1$ 的范围内。如果期望风险水平为 0，即要求将终极风险降低到 0，也就是说要求审计结论与被审计事项完全一致，这显然不具有客观现实性；如果期望风险水平确定为 1，则表明审计结论可以和被审计事项完全不一致，那么该审计活动就失去了意义。期望风险的水平取决于审计结论能够满足审计报告使用者的要求，能够表明审计人员已经遵照了职业准则的要求采取了必要的审计程序，能够表明审计人员已经取得了足够的审计证据来支持审计意见。

终极风险、可容风险和期望风险都是审计风险在不同情况下的表现形式，在具体的审计过程中，这些不同的表现形式最终得到了统一。审计人员期望达到的终极风险的高低影响取证的数量，与审计成本直接相关。审计人员既要注意降低审计风险，又要注意降低审计成本，其最终的策略是将期望风险控制在可容风险的水平。

四、审计风险模式对审计实务的影响

通过审计风险模式的变形可以看出审计风险模式对审计实务产生的影响。

审计风险表示为：

$$AR = IR \times CR \times DR \quad （1）$$

对上述公式（1）变形为：

$$DR = AR / (IR \times CR) \quad （2）$$

如果预先确定审计风险水平，上述公式（2）可以表示为：

$$DR = DAR / (IR \times CR) \quad （3）$$

式中，DAR 为期望的审计风险水平。

当期望的审计风险确定以后，公式（3）中的 DAR 成为一个定值或常数项，那么检查风险与固有风险和控制风险就存在了一种直接的联系。公式中的 DR 则表示为审计人员计划的检查风险，或允许存在的检查风险。

审计风险模式的实际意义在于：审计风险是固有风险、控制风险和检查风险共同作用的结果，检查风险是审计人员唯一可以控制的审计风险要素。当期望的、可容的终极风险确定以后，审计人员可以通过对固有风险、控制风险的评价来确定固有风险水平和控制风险水平,从而确定容许存在的检查风险水平。只要将检查风险控制在可容水平上,终极审计风险就被控制在可容的水平内。正因为如此,审计风险模式成为制度基础审计或风险基础审计理论依据,同时审计风险模式的运用也使审计的成本降低。

这里还需要说明:

第一,允许存在的检查风险与审计人员的查证工作密切相关。一般情况下,允许存在的检查风险越低,审计人员所做的查证工作必须越多、越细;允许存在的检查风险较高,审计人员所做的查证工作可以相对少些、粗些。

第二,在采用抽查审计方法时,审计风险模式还可帮助审计人员确定抽样审计结论可靠性水平。

任务五　衡量审计风险水平

一、审计风险的衡量尺度

审计人员在开始项目前要事先确定期望审计风险的水平,在结束该项目前又要评价终极审计风险的水平。不论是期望风险还是终极风险,审计人员都要把它们控制在可容的范围内。对于什么样的情况才是可容的这一问题的考虑,必然涉及衡量的标准或尺度。如果审计的失误会导致审计人员受到严厉的处罚,审计人员会尽可能将审计风险限制在较低的水平,并在评价终极风险时也会格外小心谨慎。作为审计的客户,他们宁愿选择审计费用较低的审计人员,而不愿选择审计费用较高的审计人员,这一因素制约了审计人员将审计风险水平确定在一个比较低的不合理的水平。在对这两个因素进行权衡的时候,也需要有一个客观的衡量标准来帮助审计人员进行决策。

除了上述两个因素外,审计人员的个人偏好也是一个重要的因素。有的审计人员偏好稳健,他们对于审计风险的反应特别敏感;而有的审计人员富有冒险精神,他们对于审计风险的反应较为迟钝。

既然要把审计风险控制在可容的范围内,那么必须尽可能剔除审计人员主观因素的影响,必须有一个衡量审计风险可容水平的客观标准。在审计过程中,审计人员将重要性原则作为评价可容水平的客观的尺度。

运用重要性原则来评价审计风险时,如果审计意见与被审计事项的实际情况可能存在差异,那么这种差异不能超出重要性原则所允许的范围。如果可能存在的差异没有超出重要性所允许的范围,那么该审计风险是可容的。

二、重要性与审计风险的联系

重要性与财务报表所揭示的真实性和公允性密切相关。当财务报表中存在差错和舞弊时,只要这些差错和舞弊不是重要的,那么仍然可以认为财务报表是真实的和公允的;审计人员由于失误或疏忽未能将某些差错和舞弊揭露出来,只要这些失误的事项不是重要的,仍可认为审计人员所做的审计结论是恰当的。既然如此,审计人员可以忽略这些不重要的失误,甚至有意识地放弃一些审计程序。同样一个金额或数据对于不同的会计信息使用者,产生的影响是不同的。

三、重要性是衡量审计风险可容水平的尺度

（一）衡量审计证据所隐含的风险的可容性

如果一项审计证据所隐含的风险是可容的，那么它不会影响审计风险的可容性。在审计实务中重要性是每一审计证据所隐含的风险的衡量尺度。

（二）根据重要性来确定具体的审计内容

一个审计事项由许多审计内容组成，如果某一项内容是重要的，审计人员必须予以验证。对于不重要的内容审计人员则可不予验证。

（三）根据重要性来确定审计的程序和方法

对一个重要的审计事项，审计人员必须采用较大规模的抽样审计，甚至采用详查的方法；而对于一个不太重要的审计事项，审计人员可以采用较小规模的抽样审计。

（四）根据重要性来确定可靠程度和精确限度

如果审计人员在审计中采用抽样审计的方法，不论进行符合性测试还是进行实质性测试，审计人员都必须首先确定可靠程度和精确限度。重要性是确定可靠程度和精确限度时的衡量标准，可靠程度和精确限度必须控制在重要性所允许的范围内。

（五）根据重要性来报告审计结果

如果发现有重要的问题，审计人员应发表保留意见；如果被审计事项存在的问题并不重要，审计人员可发表无保留意见。

（六）根据重要性来评价审计工作质量

审计工作质量的好坏在一定程度上取决于审计风险是否控制在可容的范围内，也取决于所有重要的事项是否都被揭示出来。即使审计意见与被审计事项存在差异，只要这种差异不构成重要性，仍可认为审计的质量是能得到保证的。

四、重要性、审计风险、审计证据之间的关系

重要性是能容忍的最大误差。如果重要性水平定得较低（指金额的大小），表明审计对象重要，在审计过程中就必须执行较多的测试，获取较多的证据。可见，重要性与审计证据成反向变动关系。

审计风险与审计证据成呈反向变动关系，重要性与审计证据成反向变动关系，那么审计风险和重要性成正向变动关系。这种推论是错的，这不是简单的"负负得正"的关系。

事实上，审计风险和重要性呈反向变动关系。重要性水平定得越低，检查不出报表中重要错报的可能性就越大，审计风险就越大。此时，应采取有效措施降低审计风险至可接受水平。但值得注意的是，不能为了使审计风险达到可接受的低水平，便将重要性水平定得很高，因为审计风险不是决定重要性水平的真正要素。重要性水平的确定，从本质上看，与错报或漏报是否会影响会计报表使用者的判断或决策密切相关。

项目七
微课视频

项目八 审计销售与收款循环

学习目标

知识目标：

掌握销售业务审计的目标、程序、内容、方法、要领；掌握收款业务审计的目标、程序、内容、方法、要领。

素质目标：

培育诚信品格和良好的审计职业道德；培养审计人员的专业素质；养成严谨、认真、细致的工作作风；培养节约成本意识；培养创新精神；适应社会政治、经济、文化的发展，把国家利益、民族利益放在心中，肩负国家使命和社会责任；自觉投入现实社会之中，适应市场经济的形势，将爱国热情融入中华民族伟大复兴的征程中，主动运用审计规律。

能力目标：

能开展销售业务符合性测试；能进行销售业务实质性测试；能开展收款业务符合性测试；能进行收款业务实质性测试。

项目导入

在当今错综复杂且瞬息万变的市场格局下，企业运营的稳健与高效成为其持续发展的基石。其中，销售与收款业务，作为推动企业资金循环与收入增长的核心驱动力，其管理效能的卓越与合规操作的严谨，直接关乎企业的生存命脉与长远发展。本项目精心策划，旨在深度挖掘销售与收款业务的完整流程，从订单接收的细微起点，至款项回收的圆满终点，系统解析其内在运作机制与潜藏的风险隐患。

通过本项目的深入学习与实践操作，学生将深刻领悟销售与收款业务审计的精髓所在，涵盖审计目标的精准设定、审计程序的严谨执行、审计内容的全面覆盖、审计方法的灵活运用，以及掌握执行过程中的关键技巧与要领。同时，本项目将着重培育审计从业者不可或缺的核心素养：秉持诚信为本的职业操守，保持严谨细致的工作态度，对成本控制保持高度警觉，并激发创新思维以应对多变挑战。

尤为重要的是，本项目致力于引导学生树立宏大的家国情怀与社会责任感，将个人职业成长与国家繁荣富强、民族复兴的伟大征程紧密相连。在快速变迁的社会经济浪潮中，鼓励学生以审计专业视角审视问题，积极为国家建设做出贡献，将个人价值的实现融入社会进步的洪流之中，共同书写个人价值与社会价值交相辉映的辉煌篇章。

具体而言，项目将紧密围绕销售与收款业务的符合性和实质性测试两大核心，通过精心设计的真实案例模拟与实战演练，有效提升学生解决实际复杂问题的能力，为其未来职业生涯发展奠定坚实基础，确保学生在面对各类挑战时能够从容不迫，游刃有余。

任务一　初步分析销售与收款循环

一、销售与收款循环的主要业务活动

销售与收款业务是指企业对外销售商品、产品或提供劳务等收取货币的经营活动。

（一）销售业务

1.接受顾客订单

顾客提出订货要求是整个销售与收款循环的起点。收到顾客订单后，应编制销售订单。

2.审批信用

在发出商品之前，赊销业务必须经过授权人员批准顾客的信用。信用的审批如果不严格，常常会使坏账损失超过正常水平。销售订单上批准信用的签字大多就能发货。

3.按销售单供货

企业管理当局通常要求商品仓库只有在收到经批准的销售单时才能供货。设立这项控制程序的目的是防止仓库在未经授权的情况下擅自发货。已批准销售单的一联，通常应送交仓库，仓库按销售单供货和发货。

4.按销售单装运货物

按经批准的销售单供货与按销售单装运货物职责分离，避免装运职员在未经授权的情况下装运商品。此外，装运部门职员在装运之前，还必须进行独立验证，以确定从仓库提取的商品都有经批准的销售单，有关商品的内容与销售单一致。

5.向顾客开具账单并登记销售业务

开具账单时最重要的是保证不漏开、不重开和不错开。实际发货的数量和批准的价格是确定向顾客开具恰当数额账单的关键。在销售日记账和应收账款明细账中恰当地记录销售业务，也是会计核算的一个重要部分。

（二）收款业务

1.办理和记录现金、银行存款收入

办理和记录现金、银行存款收入时，最应关心的是货币资金失窃的可能性。货币资金失窃可能发生在货币资金收入登记入账之前或入账之后。处理货币资金收入时最重要的是要保证全部货币资金都必须如数、及时地记入现金、银行存款日记账或应收账款明细账，并如数、及时地将现金存入银行。在此，汇款通知单起着很重要的作用。

2.注销坏账

不管赊销业务的工作如何主动，顾客因宣告破产、死亡等原因而不支付货款的事仍时有发生。企业若认为某项货款再也无法收回，就必须注销这笔货款。对这笔坏账，正

确的处理方法应该是获取货款无法收回的确凿证据，经适当审批后及时进行会计调整。

3.提取坏账准备

坏账准备提取的数量必须能够抵补企业以后无法收回的本期销售款。

（三）销售退回、销售折扣与折让业务

顾客如果对商品不满意，销货企业一般都同意接受退货，或给予一定的销货折让。顾客如果提前支付货款，销货企业可能会给予一定的销货折扣。发生此类事项时，必须经授权批准，并应确保与办理此事有关的部门和职员各司其职，分别控制实物流和会计处理。在此，需严格使用贷项通知单。

二、销售与收款循环的审计范围

销售与收款循环的审计范围包括销售与收款循环中涉及的所有凭证、账簿等相关资料。销售与收款涉及的报表项目主要有应收票据、应收账款、预收账款、应交税费、其他应交款、主营业务收入、税金及附加、销售费用、其他业务利润等。所使用的重要凭证和账簿资料主要有顾客订货单、销售单、发运凭证、销售发票、商品价目表、贷项通知单、应收账款明细表等。

（一）顾客订货单

顾客订货单即顾客提出的书面购货要求。企业可以通过销售人员或其他途径，采用电话、信函和向现有及潜在的顾客发送订货单等方式订货，取得顾客订货单。

（二）销售单

销售单是列示顾客所订商品的名称、规格、数量以及其他与顾客订货单有关资料的表格，作为销售方内部处理顾客订货单的依据。

（三）发运凭证

发运凭证是在发运货物时编制的，用以反映发出商品的名称规格、数量和其他有关内容的凭据。发运凭证的一联寄送给顾客，其余联由企业保留，可用作向顾客开票收款的依据。

（四）销售发票

销售发票是一种用来表明已销售商品的规格、数量、销售金额、运费和保险费的价格、开票日期、付款条件等内容的凭证。销售发票的一联寄送给顾客，其余联由企业保留。销售发票是在会计账簿中登记销售业务的基本凭证。

（五）商品价目表

商品价目表是列示已经授权批准的、可供销售的各种商品的价格清单。

（六）贷项通知单

贷项通知单是一种用来表示由于销货退回或以批准的折让而引起的应收销售款减少的凭证。这种凭证的格式通常与销售发票的格式相同，只不过它不是用来说明应收账款的增加，而是用来说明应收账款的减少。

（七）应收账款明细表

应收账款明细表是用来记录每个顾客各项赊销、现金收入、销货退回及折让的明细账。各应收账款明细账的余额合计数应与应收账款总账的余额相等。

（八）主营业务收入明细账

主营业务收入明细账是一种用来记录销货业务的明细账。它通常记载和反映不同类别的销货总额。

（九）折扣与折让明细账

折扣与折让明细账是一种用来核算企业销售商品时，按销售合同规定为了及早收回货款而给予顾客的销货折扣和因商品品种、质量等原因而给予顾客的销货折让情况的明细账。

（十）汇款通知书

汇款通知书是一种与销售发票一起寄给顾客，由顾客在付款时再寄回销货单位的凭证。这种凭证上应注明顾客的姓名、销货发票号码、销货单位开户银行账号以及金额等内容。

（十一）现金日记账和银行存款日记账

现金日记账和银行存款日记账是用来记录应收账款的收回或现销收入以及其他各种现金、银行存款收入和支出的日记账。

（十二）坏账审批表

坏账审批表是一种用来批准将某些应收账款注销为坏账的，仅在企业内部使用的凭证。

（十三）顾客月末对账单

顾客月末对账单是一种定期寄送给顾客的用于购销双方定期核对账目的凭证。顾客月末对账单上应注明应收账款的月初余额、本月各项销货业务的金额、本月已收到的货款、贷项通知单的数额以及月末余额等内容。

（十四）转账凭证

转账凭证是指记录转账业务的记账凭证，它是根据有关转账业务的原始凭证编制的。

（十五）收款凭证

收款凭证是指用来记录现金和银行存款收入业务的记账凭证。

三、销售与收款业务的审计目标

（1）确定销售与收款业务的真实性。即确认本期业务是否存在、是否归被审计单位所有。

（2）确定销售与收款业务的完整性。即确认本期所有销售与收款业务均已入账和本期所有已入账的业务均实际发生。

（3）确定应收账款、应收票据的可收回性及坏账准备计提的合理性。

（4）确定销售与收款业务的分类的恰当性。

（5）确定销售与收款业务在会计报表上披露的恰当性。

任务二　符合性测试销售与收款循环

企业销售与收款循环的内部控制应围绕主要业务活动建立、健全，并贯彻不相容职务相分离原则，使不同的职能分别由不同的部门或人员负责，从而加强内部控制，有效防止错误和舞弊的发生。

一、销售与收款循环的内部控制

（一）明确职责分工体系

将销售与收款循环过程中各项职责明确分工，分别由不同部门或人员执行，建立岗位责任制，使各项工作之间既相互联系又相互牵制，防止错误或舞弊的发生。

（二）严格审批制度

销售业务必须经过适当审批，包括对赊销限额、发运货物、结算价格、付款条件、销货退回与折让、坏账准备计提、坏账注销等进行授权。

（三）建立合理的收入核算制度

货物发运之后应及时开具销售发票作为收款依据，并根据审批后的销售业务凭证及时登记入账，同时以适当的会计科目和会计账簿体系来正确反映销售与收款循环的各项业务。

（四）完善收款控制制度

企业应建立对应收账款对账和货款催收制度，加快应收账款的收回，减少货款的长期拖欠或出现坏账损失的可能。

二、了解和描述销售与收款业务内部控制

审计人员可通过查阅被审计单位的有关规章制度、文件资料，向有关人员口头查询或现场调查等方式，了解销售与收款循环的内部控制制度，并运用适当的方法进行描述，记入审计工作底稿。

三、测试与评价销售与收款业务循环内部控制

（一）测试内部控制

1.测试赊销审批

销售业务中大量采用短期赊销形式，如果赊销审批失控，必将导致应收账款无法收回。因此，审计人员必须测试该项控制是否已执行，审计人员可运用随机抽样的方法，从全部销售发票中抽取一定数量的样本，审查该项业务是否经过信用部门的审批，以便评价应收账款的可收回性和坏账准备的充分性。

2.测试发货

审计人员应抽取一定数量的发货单与销售发票、销货通知单核对，审查发货之前是否经过审批，货物是否交给真实顾客，如果收款人有误就不可能收回货款。如果有意将货物运给他人，则可能存在舞弊行为。审计人员还应审查发运的货物是否与顾客订货单上的品名、规格、数量、价格、供货日期一致，如不一致就会产生争执，延误货款的收回。

3.测试销售返回和折让

若销售过程中出现退货的情况，应通过贷项通知单冲减应收账款的记录。审计人员应审核所返回的货物是否具有质检部门和仓库开出的退货验收单或入库单，检查贷项通知单是否根据退回商品验收单填制，是否记明原销货发票与发货单编号，有无主管人员的核准，顺序编号是否完整，追查缺号的贷项通知单去向。方便揭露捏造退货、退款等舞弊行为。

对于销货折让，审计人员应了解被审计单位的折让政策，核对销货发票和相应的应收账款明细账，并分析各月应收账款与销售折让的比例，进一步查明超出比例的销货折让原因。有时会发现员工通过高估现金折扣，或销售退回和折让的方式来掩盖盗用货款等行为。

4.测试坏账处理

确认坏账损失应符合的条件是：因债务人破产、死亡，以其破产或者遗产清偿后，仍不能收回的应收账款；或者因债务人逾期未履行偿还义务超过三年仍不能收回的应收账款。审计人员审查已注销不能收回的应收账款时，应注意检查其是否符合规定的条件，是否已经过适当审批。对任何不正常或不适当的坏账注销都要进一步调查原因，以揭露某些不法分子通过注销或贷记应收账款来掩盖其贪污行为的事实。

（二）评价控制风险

审计人员完成上述程序之后，应根据所收集到的审计证据，结合自己的专业分析和判断，对销售与收款业务的内部控制给出评价，即最终评价销售与收款业务的控制风险。在评价时，审计人员应着重于：一是销售与收款业务的内部控制制度是否健全；二是销售与收款业务的内部控制制度是否存在薄弱环节；三是销售与收款业务的内部控制制度是否得以有效执行；四是审计人员对被审计单位销售与收款业务的内部控制的可信程度。审计人员完成了销售与收款业务的内部控制评价之后，应根据符合性测试的结果，调整或修改下一步实质性测试的审计程序。

任务三　实质性测试销售与收款循环

一、实质性测试应收账款

（一）核对应收账款的明细账与总账的余额

审计应收账款，应核对应收账款明细账与总账的余额，看其是否相符。如有不符，应查明原因，并记入审计工作底稿，并做必要的调整。

（二）获取或编制应收账款明细表

审计人员应当取得或编制应收账款明细表，对表中所列应收账款实施必要的抽查，并与有关的明细账进行核对。审计人员还应将应收账款明细表的合计数与其总账余额相核对，以查明两者是否相符，如果不符，应予以调查并做相应的调整。在验证该表编制正确的前提下，再审查表中是否存在异常项目，如贷方余额的异常等。

（三）编制并分析应收账款账龄分析表

应收账款的账龄，是指资产负债表中的应收账款从销售实现、产生应收账款之日起，至资产负债表日止所经历的时间。应收账款过期未收回的时间越长，其收回的可能性就越小。为了确定应收账款的可收回程度，审计人员应向被审计单位索取或自行编制结账日应收账款账龄分析表。在编制该表时，可以选择重要的顾客及其余额列示；不重要的或余额较小的，可以汇总列示。应收账款账龄分析表的合计数减去已计提的相应坏账准备后的净额应等于资产负债表中的应收账款数。审计人员通过审查该表，可以分析各项应收账款的可收回性，还可以确定和控制函证对象。

（四）函证应收账款

函证应收账款，是指审计人员在审查应收账款账户记录数额是否正确的基础上，进一步对应收账款进行函证，直接发函给被审计单位的债务人，要求核实被审计单位应收账款的记录是否正确的一种审计方法。询证函由审计人员利用被审计单位提供的应收账款明细账户名称及地址编制，询证函的一切事宜要由审计人员亲自进行。

1.函证目的

审计人员对应收账款进行函证，是为了证实应收账款账户金额的真实性、正确性，防止或揭露被审计单位及其有关人员在销售与收款业务中发生的差错和舞弊行为。函证是应收账款审计中最具有决定性和最重要的一项审计程序。

2.函证范围和对象

审计人员通常不需要对所有的应收账款发询证函，选择多少账户及对哪些账户进行函证，涉及应收账款函证的范围和对象问题，关系到所取得的证据是否具有代表性和可靠性，能否支持审计人员对应收账款总体做出有效的推断。

审计人员在确定函证金额的大小和函证范围时，通常应考虑如下因素：①应收账款在全部资产中的重要性。如果应收账款在全部资产中所占的比重较大，函证范围应大一些。②被审计单位内部控制的强弱。如果内部控制较健全，可缩小函证范围。反之，则应扩大函证范围。③以前年度的函证结果。若以前年度函证中发现重大差异或欠款纠纷较多，函证范围应扩大一些。④函证方式的选择。若选择肯定式函证，可相应减少函证量。若选择否定式函证，应相应增加函证量。在一般情况下，账龄长、金额大的应收账款，是审计人员必须向债务人函证的对象。

3.函证时间选择

为了充分发挥函证的作用，审计人员应安排好发函的时间，最好安排在与资产负债日，即与结账日较为接近的时间。同时，也要考虑对方复函的时间，尽可能做到在审计人员的审计工作结束前取得函证的全部资料。一般来说，可选择在结账日前的某一天发函，这时，审计人员有必要对函证日与结账日之间发生的有关赊销业务进行审计，以免遗漏事项。但如果被审计单位的应收账款内部控制较为薄弱，应将函证时间定在结账日，以防止被审计单位有关人员在函证日与结账日之间发生舞弊行为。

4.函证方式

函证方式有两种，即肯定式函证和否定式函证。

（1）肯定式函证，又称正面式或积极式函证，它是指债权人向债务人发出询证函，要求债务人直接向审计人员证实所函证的欠款是否正确，无论对错都要求复函的一种方式。肯定式询证函如图 8-1 所示。

编号：			
致_____：

  本公司聘请的 ×× 会计师事务所正在对本公司会计报表进行审计，按照《中国注册会计师独立性准则》的要求，应当询证本公司与贵公司的往来款项。下列数额出自本公司账簿记录，如与贵公司记录相符，请在本函下端"数额证明无误"处签章证明。如有不符，请在"数额不符需要加以说明事项"处详细指正。回函请直接寄至 ×× 会计师事务所。

  地址：   邮编电话：
  传真：   （本函仅为复核账目之用，并非催款结算）

截止日期	贵公司欠	欠贵公司	备注

  若款项在上述日期之后已经付清，仍请及时函复为盼。

                                    （公司印章）

  数据证明无误
  签章日期
  数据不符需要加以说明的事项
  签章日期

图 8-1　肯定式询证函

（2）否定式函证，又称反面式函证。它是指债权人向债务人发出询证函后，若所函证的款项相符时，就不必复函，只有在所函证的款项不符时，才要求债务人向审计人员复函。否定式询证函如图 8-2 所示。

编号：			
致_____：

  请贵公司认真核对下列账单金额，如果与贵公司会计记录不符，请将不符事项直接邮寄给 ×× 会计师事务所。如无贵公司回函，则表明我公司的应收账款记录是正确的。

  本函附有贴足邮票并写有 ×× 会计师事务所邮寄地址的信封，以供贵公司发现不符时回复之用。

  地址：   邮编电话：
  传真（本函仅为复核账目之用，并非催款结算）

截止日期	贵公司欠	欠贵公司	备注

图 8-2　否定式询证函

审计人员采用哪种函证方式比较适宜，可以根据情形进行选择。当债权人符合下列情况时，采用肯定式函证较好：个别账户的欠款金额较大；有理由相信欠款可能会存在争议、差错或问题。若内部控制有效、预计差错率低、小额欠款债务人众多且多数能积极回应，则否定式函证更适宜。

有时两种函证方式结合起来使用可能更为适宜。对于大金额账项，采用肯定式函证；对于小金额账项，采用否定式函证。

5.函证过程控制

审计人员应当直接负责询证函的发送和回收。被审计单位的会计人员根据应收账款账龄分析表或应收账款明细账期末余额，协助办理准备询证函、信封、贴邮票等事项。询证函一般以被审计单位的名义签发，但答复函必须直接寄到审计人员手中，以避免被审计单位有关人员借机更改数字或截留。如果函证因无从投递而被退回时，审计人员必须仔细分析，了解其中的原因，因为它有可能是一笔不存在的假账。

6.分析询证函及应收账款余额

询证函发出后，审计人员可编制函证结果汇总表，对函证过程加以控制。对于采用肯定式函证方式而没有得到答复的，应采用追查程序，一般来说，应发送第二次乃至第三次询证函。函证结果汇总表如表8-1所示。

表8-1　函证结果汇总

函证编号	债务人名称	债务人地址	函证日期		账面金额	函证结果	差异金额及说明	审定金额
			第一次	第二次				

审计人员应对询证函结果做如下分析：

如果债务人认可询证函中的应收账款金额，说明被审计单位期末应收账款余额是真实的和正确的，审计人员可将收回的询证函汇总编入审计工作底稿，作为审计证据。

如果收回的询证函有差异，则审计人员应进一步查明原因，必要时与债务人直接联系，核实产生差异的原因。有可能是由于购销双方记账时间不同，也有可能是由于一方或双方记账错误，还有可能是有人弄虚作假或进行舞弊。由于记录的时间不同而产生的差异主要表现为：①询证函发出时，债务人已经付款，而被审计单位尚未收到；②询证函发出时，被审计单位的货物已经发出并已做销售记录，但货物仍在途中，债务人尚未收到货物或未经验收入库；③债务人由于某种原因将货物退回，被审计单位尚未收到；④债务人对收到货物的数量、质量及价格等有争议而全部或部分拒付货款。

以上四种情况都会使函证结果小于应收账款账面金额，审计人员应针对不同的情况进一步进行审查。

如果函证结果大于应收账款账面金额或日期不符，审计人员必须追查被审计单位是否有低估或人为操纵应收账款账面金额的行为，并建议被审计单位做必要的调整。

如果肯定式询证函一直未得到回复，审计人员应考虑采用必要的替代审计程序。通常未回复的主要原因是：①债务人已经支付该账款而不愿回复；②债务人发生重大财务困难已破产清算；③询证函邮寄丢失；④应收账款的客户系被审计单位虚构。

审计人员对未回复询证函的应收账款，应根据不同情况进行调查，并采取以下措施：①检查结账日后的现金收入日记账和应收账款明细账，以查明债务人是否在结账日后至收到询证函期间实际支付了账款；②检查与收款业务有关的文件，包括销售合同、顾客订货单、销货通知书、货运文件及销售发票副本等，以验证销售业务的真实性；③向独立于被审计单位之外的机构查询，如工商企业注册机构、资信咨询机构等进行调查询问，以验证债务人的地址、信用及财务状况，以及是否确有其人。如查明债务人是虚构的应予以披露。

7.总结和评价函证结果

审计人员应将函证的过程和情况记录在审计工作底稿中，据以总结和评价应收账款情况。通常评价如下内容：①重新考虑过去对内部控制的评价、符合性测试的结果、分析性复核的结果以及相关的风险评价等是否适当；②如果函证结果表明没有审计差异，审计人员可以合理推论全部应收账款总额是正确的；③如果存在审计差异，审计人员应当估算应收账款总额中可能出现的累计差错额，还应估算未被选中进行函证的应收账款的累计差错。为了取得对应收账款累计更加准确的估计，可以扩大函证范围。

应收账款得到了债务人确认，但不等于债务人一定会付款。而且，函证也不能发现所有存在的问题，如被审计单位与其债务人相互串通舞弊的情况。虽然如此，应收账款的函证仍不失为一种必要的、有效的审计方法。审计人员通过对应收账款的函证，并执行其他实质性测试的审计程序，可以对有关债权回收的可能性得出合理的结论，并向被审计单位管理当局提出有关债权情况所面临的风险和应采取的措施。

（五）审查未函证应收账款

对于未函证的应收账款，审计人员应采用相关的审计替代程序，如抽查销售合同、顾客订货单、销售发票及货运文件等有关销售业务的文件，以确定应收账款是否真实正确。

（六）审查坏账的确认和处理

对于坏账的确认和处理，审计人员应对应收账款、坏账损失、坏账准备和管理费用等账户进行核对，对应收账款账龄进行分析，并结合有关坏账处理的文件对已处理的坏账进行调查了解，以确认是否符合规定条件，坏账的处理是否经授权批准，有关会计处理是否正确。

（七）抽查不属于结算业务的债权

应收账款不包括不属于结算业务的债权，审计人员应根据抽查应收账款明细账，并追查有关原始凭证，查找被审计单位有无不属于结算业务的债权。如果有，应做记录或做适当调整。

二、实质性测试坏账准备

（一）核对坏账准备报表数与总账数、明细账数是否相符

审计人员应核对坏账准备的会计报表项目与明细账、总账的余额是否相符。如不相符，应查明原因，做好审计记录并提出必要的审计调整建议。

（二）审查坏账准备的计提

审计人员应主要查明坏账准备的计提方法和比例是否符合制度规定，计提的数额是否恰当，会计处理是否正确，前后期是否一致。

按照《企业会计制度》的规定，企业只能采用备抵法按期估计坏账损失，形成坏账准备。计提坏账准备的方法由企业自行确定。计提坏账准备的方法一经确定，不得随意变更。如需变更，应按照相关程序，经批准后报送有关各方备案，并在会计报表附注中说明变更的内容和理由、变更的影响数等。

企业在确定坏账准备的计提比例时，应当根据企业以往的经验、债务单位的实际状况，以及其他相关信息合理估计。除有确凿证据表明该项应收账款不能收回，或收回的可能性不大外（如债务单位撤销、破产、资不抵债、现金流量严重不足、发生严重的自然灾害等导致停产而在短时间内无法偿付债务等，以及应收款项逾期3年以上），一般不能全额计提坏账准备，包括当年发生的应收款项；计划对应收款项进行重组；与关联方发生的应收款项；其他已逾期，但无确凿证据证明不能收回的应收款项。

企业持有的未到期应收票据，如有确凿证据证明不能够收回或收回的可能性不大时，应将其账面余额转入应收账款，并计提相应的坏账准备。企业的预付账款如有确凿证据表明其不符合预付账款性质，或因供货单位破产、撤销等原因已无望再收到所购货物的，应将原预付账款的金额转入其他应收款，并计提相应的坏账准备。

（三）审查坏账损失

对于被审计单位在被审期间发生的坏账损失，审计人员应检查其原因是否清楚，是否符合有关规定，有无授权批准，有无已做坏账处理后又重新收回的应收账款，相应的会计处理是否正确。

如果被审计单位为股份有限公司，公司对于不能收回的应收款项应查明原因，并追究责任。对有确凿证据表明确实无法收回长期挂账应收账款，根据公司的管理权限，应经股东会或董事会批准作为坏账损失，冲销提取的坏账准备。

（四）审查长期挂账的应收款项

审计人员应审查应收款项（包括应收账款和其他应收款等）明细账及相关原始凭证，查找有无资产负债表日后仍未收回的长期挂账应收款项。如有，须提请被审计单位做适当处理。

（五）确定坏账准备的披露是否恰当

被审计企业应在会计报表附注中清晰地说明坏账的确认标准、方法和计提比例，并区分应收账款和其他应收款披露坏账准备的期末余额。

三、实质性测试主营业务收入

（一）取得或编制主营业务收入项目明细表

取得或编制主营业务收入项目明细表，复核正确性，并与报表数、总账数和明细账合计数核对相符。

（二）查明主营业务收入的确认原则、方法

查明主营业务收入的确认原则、方法，注意是否符合会计准则和会计制度规定的收入实现条件，前后期是否一致。

（1）企业已将商品所有权上的主要风险和报酬转移给买方。风险是指商品因为贬值、损坏、报废等造成的损失。报酬是指商品中包含的未来经济效益。

（2）企业既没有保留通常与所有权相互联系的继续管理权，也没有对已售出的商品实施控制权。

（3）与交易相关的经济利益能够流入企业。

（4）相关的收入和成本能够计量。

企业主营业务收入的确认与结算主要有以下几种方式。

（1）交款提货销售。

采用交款提货销售方式，应于货款已收到或取得收取货款的权利，同时已将发票账单和提货单交给购货单位时确认收入的实现。审计人员应着重检查被审计单位是否收到货款或取得收取货款的权利，发票账单和提货单是否已交付购货单位。应特别注意有无扣押结算凭证，将当期收入转入下期入账，或者开假发票、将当期未实现的收入虚转为收入记账，在下期予以冲销的情况。

（2）预收账款销售。

采用预收账款销售方式，应于商品已经发出时，确认收入的实现。审计人员应重点检查被审计单位是否收到了货款，商品是否已经发出。应注意是否存在对已收货款并已将商品发出的交易不入账、转为下期收入，或开具虚假出库凭证、虚增收入等现象。

（3）托收承付结算。

采用托收承付结算方式，应于商品已经发出，劳务已经提供，并已将发票账单提交银行、办妥收款手续时确认收入的实现。审计人员应重点检查被审计单位是否发货，托收手续是否办妥，货物发运凭证是否真实，托收承付结算回单是否正确。

（4）委托其他单位代销商品。

视同买断方式，是指由委托方和受托方签订协议，委托方按协议价收取所代销的货款，实际售价可由受托方自定，实际售价与协议价之间的差额归受托方所有的销售方式。在这种销售方式下，受托方将代销商品加价出售，与委托方按协议价结算，不再另外收取手续费。收取手续费方式，是指受托方根据所代销的商品数量向委托方收取手续费的销售方式。受托方严格按照委托方规定的价格销售商品，只收取手续费。在这种代销方式下，委托方在收到受托方的代销清单当天开具增值税专用发票，以专用发票上注明的税额确认销项税额；受托方以委托方所开具的增值税专用发票上注明的税额确认进

项税额。受托方按委托方规定的价格销售，必然导致同一业务的销项税额与进项税额相等，一般情况下，受托方缴纳的增值税额为零。审计人员应注意查明有无编制虚假代销清单、虚增本期销售收入的情况。

（5）分期收款结算。

采用分期收款结算方式，应按合同约定的收款日期分期确认收入。审计人员应检查本期是否收到价款，查明合同约定的本期应收款日期是否真实，是否存在收入不入账、少入账或缓入账的情况。

（6）长期工程合同收入。

长期工程合同收入应根据完工百分比法合理确认收入。审计人员应检查收入的计算、确认方法是否合乎规定，并核对应计收入与实际收入是否一致，注意查明有无随意确认收入、虚增或虚减本期收入的情况。

（7）委托外贸代理出口实行代理制。

委托外贸代理出口、实行代理制方式的，应在收到外贸企业代办的发运凭证和银行交款凭证时确认收入。审计人员应检查代办发运凭证和银行交款单是否真实，有无出具虚假发运凭证或虚假银行交款凭证的情况。

（8）对外转让土地使用权和销售商品房。

对外转让土地使用权和销售商品房的，通常应在土地使用权和商品房已经移交并将发票结算账单提交对方时确认收入。审计人员应检查已办理的移交手续是否符合规定要求，发票账单是否已交对方。

企业已经实现的销售收入，应借记"应收账款""银行存款"等账户，贷记"主营业务收入""应交税费"账户。

（三）选择运用分析性复核方法，进行比较分析

（1）将本期与上期的主营业务收入进行比较，分析产品销售的结构和价格的变动是否正常，并分析异常变动的原因。

（2）比较本期各月各种主营业务收入的波动情况，分析其变动趋势是否正常，并查明异常现象和重大波动的原因。

（3）计算本期重要产品的毛利率，分析比较本期与上期同类产品毛利率变化情况，注意收入与成本是否配比，并查清重大波动和异常情况的原因。

（4）计算重要客户的销售额及其产品毛利率，分析比较本期与上期有无异常变化。

（四）确定主营业务收入计价的合理性

价格是影响营业收入的一个重要因素。审计人员在审计销售产品计价合理性时，首先应向企业索取产品价格目录及等级品、等外品的计价办法，并抽查一部分销售发票及主营业务收入明细账，检查其售价是否符合价格政策的规定。

（五）实施销售的截止测试

销售截止测试的目的是合理地保证销售和应收账款在货物发运的会计期间入账，以及存货和销售成本计入同一期间。销售截止测试包括以下审计程序：①检查截止日前后

几天的货运文件，以确定发货是否符合规定的日期和条件；②追查货运文件至销售和存货记录，以确定有关分录是否记入正确的会计期间；③检查截止日前一段时间的发票，以确定发货和相应分录的编制是否正确和恰当；④询问管理当局有关由外部供货商直接向顾客供货的情况，以确定发货和有关分录的编制是否正确和恰当。

审计人员应特别注意虚构销售的可能性，如被审计单位在结账日前几天，将没有订单的货物发给一家老顾客，直到下一个会计期间再以销售退回入账。

（六）确定销售折扣、返回与折让的正确性

《企业会计制度》规定，已确认收入的销售商品退回，一般情况下直接冲减退回当月的销售收入、销售成本等。企业发生的销售退回，按应冲减的营业收入，借记"主营业务收入"，按允许扣减当期销项税额的增值税额，借记"应交税费——应交增值税（销项税额）"科目，按已付或应付的金额，贷记"银行存款""应付账款"等科目。按退回商品的成本，借记"库存商品"科目，贷记"主营业务成本"科目。资产负债表日及之前售出的商品在资产负债表日至财务会计报告批准报出日之间发生返回的，应当作为资产负债表日后事项的调整事项处理，调整报告年度的收入、成本等。企业发生销售折让时或给予买方销售折扣时，也应做主营业务收入的抵减项目处理。

测试时，应注意如下几点：①检查销售的折扣、退回与折让的原因和条件是否真实、合规，有无借销售折扣、退回与折让之名，行转移收入或贪污货款之实的舞弊行为；②检查销售折扣、退回与折让的审批手续是否完备和规范，有无内外勾结、越权乱批、擅自折让或折扣而转利于关系单位等情况；③检查销售折扣、退回与折让的数额计算是否正确，会计处理是否恰当；④检查销售返回的产品是否已验收入库并登记入账，有无形成账外物资的情况。销售折让与折扣是否及时足额提交对方，有无虚设中介、转移收入、私设账外"小金库"等情况。

四、实质性测试税金及附加

（1）取得或编制税金及附加明细表，复核加计正确，并与报表数、总账数和明细账合计数核对相符。

（2）确定被审计单位的纳税范围与税种是否符合国家规定。

（3）根据审定的应税消费品销售额（或数量），按规定适用的税率，分项计算、复核本期应纳消费税税额。

（4）根据审定的应税资源税产品的课税数量，按规定适用的单位税额，计算、复核本期应纳资源税税额。

（5）检查城市维护建设税、教育费附加等项目的计算依据是否和本期应纳增值税、营业税、消费税合计数一致，并按规定适用的税率或费率计算。复核本期应纳城建税、教育费附加等。

（6）复核各项税费与应交税费、其他应交款等项目的勾稽关系。

（7）确定被审计单位减免税的项目是否真实，理由是否充分，手续是否完备。

（8）确定税金及附加在利润表上披露的恰当性。

任务四　分析销售与收款循环审计案例

[例1]应收账款审计

审计人员对某企业应收账款进行审计时，有部分客户被考虑作为函证对象，如表8-2所示。如果要从中选择两个客户进行函证，应选取哪两个？请说明理由。

表8-2　应收账款余额及销售额表

单位：元

客户	应收账款年初余额	应收账款年末余额	本年销售总额
A	150 000	140 000	200 000
B	85 000	100 000	360 000
C	220 000	220 000	80 000
D	30 000	40 000	50 000
E	70 000	350 000	400 000
F	—	66 000	178 000

解析：审计人员应选择C、E两家公司作为函证对象。因为函证的主要目的是验证应收账款的真实性，C公司的销售总额虽只有80 000元，但应收账款年末余额与年初余额没有变化，仍为220 000元，有可能是有争议的货款，金额也较大。E公司的应收账款由年初的70 000元增加到年末的350 000元，增幅大且余额也最大。

当函证结果发现差异时，审计人员应查明原因，如果属于错报和漏报就应估计应收账款总额中可能出现的累计差错，并判断是否应扩大函证范围。

[例2]坏账准备审计

甲公司年末应收账款总账余额为20 000万元，其所属明细账中有借方余额的合计数为21 000万元，有贷方余额的合计数为1 000万元，其他应收款总账余额为3 000万元。该公司采用余额百分比法计提坏账准备，计提比例为1%，计提金额为230万元。坏账准备的明细表如表8-3所示。

表8-3　坏账准备明细表

单位：万元

日期	凭证号数	摘要	借方	贷方	余额
1月1日		上年结转			100（贷方）
6月5日	转字37	核销坏账	50		50（贷方）
11月8日	转字87	计提本年度的坏账准备	60		−10（借方）
12月31日	转字98			230	220（贷方）

请提出审计处理意见。

解析：该公司坏账准备的计提金额有误。对于应收账款明细账中有贷方金额的不应计提坏账准备，因其相当于预收账款，应该对其进行重新分类，归入负债方。年末计提坏账准备的基数为：

$$21\,000+3\,000=24\,000\,（万元）$$

应当确保年末坏账准备余额为：

$$24\,000×1\%=240\,（万元）$$

当期应提取的坏账准备＝当期按应收款项总计应提取的坏账准备－坏账准备科目的
贷方余额

$$=24\,000×1\%-（-10）=250\,（万元）$$

该公司少提 20 万元（即 250－230）。被审计单位会计人员补提坏账准备金一般要
做的会计分录为：

借：信用减值损失　　　　　　　　　　　　　　200 000

　　贷：坏账准备　　　　　　　　　　　　　　　　200 000

讨论：次年审计时，如果发现被审计单位少提"坏账准备"20 万元；"信用减值损
失"少计 20 万元，导致"本年利润"多计 20 万元，假定以前年度不存在未弥补的亏
损，企业所得税率为 25%，则"应交税费——应交企业所得税"多计 5 万元，从而"利
润分配"多计 15 万元；"盈余公积——法定盈余公积"（10%）和"盈余公积——任意盈
余公积"（5%）分别多计提 15 000 元、7 500 元；假定公司税后利润分配至"应付股利"
比率为 40%，则"应付股利——应付××"多计 51 000 元；"利润分配——未分配利
润"多计 76 500 元。计算过程如表 8-4 所示。

表 8-4　计算过程

项目	计算过程	计算结果
本年利润	$-200\,000$	$-200\,000$
应交税费——应交企业所得税	$-200\,000×25\%$	$-50\,000$
盈余公积——法定盈余公积	$-（200\,000-200\,000×25\%）×10\%$	$-15\,000$
盈余公积——任意盈余公积	$-（200\,000-200\,000×25\%）×5\%$	$-7\,500$
应付股利——应付××	$-[200\,000-（200\,000-200\,000×25\%）×10\%-（200\,000-200\,000×25\%）×5\%]×40\%$	$-51\,000$
利润分配——未分配利润	$-\{200\,000-200\,000×25\%-（200\,000-200\,000×25\%）×15\%-[200\,000-200\,000×25\%-（200\,000-200\,000×25\%）×10\%-（200\,000-200\,000×25\%）×5\%]×40\%\}$	$-76\,500$

因此，针对上年这个账项错误，建议被审计单位在次年审计结束日的会计账簿中做
出调整总账和明细账的处理：

借：应交税费——应交企业所得税　　　　　　　50 000

　　盈余公积——法定盈余公积　　　　　　　　15 000

　　盈余公积——任意盈余公积　　　　　　　　 7 500

　　应付股利——应付××　　　　　　　　　　 51 000

　　利润分配——未分配利润　　　　　　　　　 76 500

　　贷：坏账准备　　　　　　　　　　　　　　　　 200 000

上年这个账项错误对资产负债表的影响是：报表项目"应交税费"多计 50 000 元，报表项目"盈余公积"多计 22 500 元，报表项目"应付股利"多计 51 000 元，报表项目"未分配利润"多计 76 500 元，报表项目"坏账准备"少计 200 000 元。建议被审计单位对资产负债表相关报表项目做出调整。

借：应交税费	50 000
盈余公积	22 500
应付股利	51 000
未分配利润	76 500
贷：坏账准备	200 000

上年这个账项错误对损益表的影响是："信用减值损失"少计 200 000 元，应调增 200 000 元；"营业利润"多计 200 000 元，应调减 200 000 元；"利润总额"多计 200 000 元，应调减 200 000 元；"所得税费用"多计 50 000 元，应调减 50 000 元。"基本每股收益""稀释每股收益"也应做出相应的调整。

上年这个账项的错误可能未引起现金流量金额的变化，因此这个账项的错误不会对现金流量表的相关报表项目造成影响，暂时不调整现金流量表的报表项目。

[例 3] 主营业务收入审计

审计人员 2025 年 1 月 13 日在审查某企业 2024 年 12 月份的利润表时发现，该企业当年的主营业务收入与以前各项相比明显偏低，而主营业务成本没有明显的变化，决定进一步审查。经审查发现一笔存款收入 452 000 元，对方科目为"应付账款"，其记账凭证的内容为：

借：银行存款	452 000
贷：应付账款	452 000

从原始凭证附件审查情况得知，实际并非如此。事实上，在其销售发票存根中有一张销售金额 400 000 元的销售发票其增值税发票（税率 13%）与该记账凭证所记录的单位名称相同。后经询问了解，该单位将正常的销售收入作为"应付账款"处理，其目的在于少交税、少计利润。请提出审计处理意见。

解析：企业正常的主营业务收入应计入"主营业务收入"，计入"应付账款"是不符合财务制度的，最终导致少交税、少计利润。

当主营业务收入实现时正确的会计处理是：

借：银行存款	452 000
贷：主营业务收入——××产品	400 000
应交税费——应交增值税——销项税额	52 000

讨论：2025 年 1 月审计人员发现此问题时，显然该企业已经结账，已提交 2024 年的会计报表。此时应当冲减"应付账款"452 000 元；还需调增"主营业务收入"，从而调增"本年利润"和"利润分配"等账项。任意盈余公积计提比例为 5%，应付股利为税后利润的 40%，则做出调整总账和明细账的处理：

```
借：应付账款                                    452 000
    贷：应交税费——应交企业所得税               100 000
        盈余公积——法定盈余公积                 30 000
        盈余公积——任意盈余公积                 15 000
        应付股利——应付××                     102 000
        利润分配——未分配利润                  153 000
        应交税费——应交增值税——销项税额        52 000
```

2024年这个账项错误对资产负债表的影响是：报表项目"应交税费"少计152 000元（含企业所得税100 000元，增值税52 000元），报表项目"盈余公积"少计45 000元，报表项目"应付股利"少计102 000元，报表项目"未分配利润"少计153 000元，报表项目"应付账款"多计452 000元。建议被审计单位对资产负债表相关报表项目做出调整。

```
借：应付账款                                    452 000
    贷：应交税费                                152 000
        盈余公积                                 45 000
        应付股利                                102 000
        未分配利润                              153 000
```

上年这个账项错误对损益表的影响是："营业收入"少计400 000元，应调增400 000元；"营业利润"少计400 000元，应调增400 000元；利润总额少计400 000元，应调增400 000元；"所得税费用"少计100 000元，应调增50 000元。"基本每股收益""稀释每股收益"也应做出相应的调整。

上年这个账项的错误可能未引起现金流量金额的变化，因此这个账项的错误不会对现金流量表的相关报表项目造成影响，暂时不调整现金流量表的报表项目。

[例4] 销售业务审计

某会计师事务所2025年1月在对某公司的销售业务进行审计时发现，该公司2024年9月采用分期收款销售方式向A客户销售货物价值40 000元，按合同约定当时收取了一半货款，其余的20 000元应于年末收回，但年末时A客户未如期付款，该批产品的成本为30 000元；同年10月向B客户销售商品并取得商业承兑汇票，票面价值为90 000元，约定6个月后付款，该批产品的成本为60 000元。该公司的增值税税率为13%，企业所得税税率为25%。该公司对这两笔业务所做的处理为：

```
借：银行存款                                     22 600
    贷：主营业务收入                             20 000
        应交税费——应交增值税（销项税额）         2 600
借：分期收款发出商品                              90 000
    贷：库存商品                                 90 000
借：主营业务成本                                 15 000
```

贷：分期收款发出商品　　　　　　　　　　　　　　15 000

该公司在会计年末应将分期收款销售的到期应收款项计入本年收入，该公司账务处理不当，导致公司少计收入 20 000 元；该公司取得商业承兑汇票的销售业务应在取得汇票的同时确认收入，以未取得货款为理由不确认收入是不正确的，该公司因此又少计了收入 90 000 元。该公司应及时调整账项，补计收入，并计算、补交因此而少计的所得税。

讨论：2024 年末审计时，可建议该公司做出相应的调整的分录。

（1）补计收入及成本。

借：应收账款——A 客户　　　　　　　　　　　　22 600

　　应收票据——B 客户　　　　　　　　　　　　101 700

　　贷：主营业务收入　　　　　　　　　　　　　110 000

　　　　应交税费——应交增值税（销项税额）　　　14 300

借：主营业务成本　　　　　　　　　　　　　　　75 000

　　贷：分期收款发出商品　　　　　　　　　　　　75 000

（2）计算应补缴的企业所得税。

$$[（20\,000-15\,000）+（90\,000-60\,000）]×25\%＝8\,750（元）$$

借：所得税费用　　　　　　　　　　　　　　　　8 750

　　贷：应交税费——应交企业所得税　　　　　　　8 750

会计师事务所 2025 年 1 月审计时，显然该公司已经结账，已提交 2024 年的会计报表。此时应当确认"应收账款——A 客户"22 600 元；确认"应收票据——B 客户"101 700 元；还需调增"主营业务收入"110 000 元，从而调增"本年利润"和"利润分配"等账项。任意盈余公积计提比例为 5%，应付股利为税后利润的 40%，则做出调整总账和明细账的处理。

借：应收账款——A 客户　　　　　　　　　　　　22 600

　　应收票据——B 客户　　　　　　　　　　　　101 700

　　贷：应交税费——应交增值税（销项税额）　　　14 300

　　　　应交税费——应交企业所得税　　　　　　　8 750

　　　　盈余公积——法定盈余公积　　　　　　　　2 625

　　　　盈余公积——任意盈余公积　　　　　　　　1 312.5

　　　　应付股利——应付××　　　　　　　　　　8 925

　　　　利润分配——未分配利润　　　　　　　　　13 387.5

　　　　分期收款发出商品　　　　　　　　　　　　75 000

2024 年这两个账项错误对资产负债表的影响是：报表项目"应交税费"少计 23 050 元（含企业所得税 14 300 元，增值税 8 750 元），报表项目"盈余公积"少计 3 937.5 元，报表项目"应付股利"少计 8 925 元，报表项目"未分配利润"少计 13 387.5 元，报表项目"存货"多计 75 000 元；报表项目"应收账款"少计 22 600 元，报表项目"应收票据"少计 101 700 元。

建议被审计单位对资产负债表相关报表项目做出调整。

借：应收账款		22 600
应收票据		101 700
贷：应交税费		23 050
盈余公积		3 937.5
应付股利		8 925
未分配利润		13 387.5
存货		75 000

2024 年这两个账项错误对损益表的影响是，"营业收入"少计 110 000 元，应调增 110 000 元；"营业成本"少计 75 000 元，"营业利润"少计 35 000 元，应调增 35 000 元；"利润总额"少计 35 000 元，应调增 35 000 元；"所得税费用"少计 8 750 元，应调增 8 750 元。"基本每股收益""稀释每股收益"也应做出相应的调整。

2024 年这两个账项的错误可能未引起现金流量金额的变化，因此这两个账项的错误不会对现金流量表的相关报表项目造成影响，暂时不调整现金流量表的相关报表项目。

项目八
微课视频

项目九　审计生产与费用循环

学习目标

知识目标：

掌握生产业务审计的目标、程序、内容、方法、要领；掌握存货业务审计的目标、程序、内容、方法、要领。

素质目标：

培育诚信品格和良好的审计职业道德；培养审计人员的专业素质；养成严谨、认真、细致的工作作风；培养节约成本意识；培养创新精神；适应社会政治、经济、文化的发展，把国家利益、民族利益放在心中，肩负国家使命和社会责任。

能力目标：

能开展生产业务符合性测试；能进行生产业务实质性测试；能开展存货业务符合性测试；能进行存货业务实质性测试。

项目导入

在当下高度竞争的商业版图中，企业生产效率与成本管控的精细化程度，已然成为衡量其市场竞争力的核心标尺。本项目精准锁定生产与费用循环这一关键业务流程，深度剖析从原材料至产成品转化的每一细微环节，揭开其背后错综复杂而又精密高效的运作面纱。我们的关注点超越了产品制造本身，更聚焦于这一转化过程中交易数据的精准记录、合规执行及其对企业财务报告的真实公允呈现。

本项目旨在为学生搭建一座通往生产业务与存货业务审计专业领域的坚实桥梁，通过系统化的学习路径，学生将精准掌握审计目标的设定艺术、程序设计的严谨逻辑、内容覆盖的全面性以及方法运用的灵活性，每一步都力求精准至毫厘。同时，我们高度重视审计职业素养的培育，倡导以诚信为基石的职业道德、秉持严谨细致的工作态度、强化成本控制意识并激发创新思维，致力于培育出既接轨国际先进标准又深刻理解本土实情的审计精英。

本项目将引领学生以全局视野审视生产与费用循环，通过精心设计实战模拟，锤炼学生解决实际问题的综合能力，确保学生在未来的审计实践中能够从容不迫地应对各种复杂多变的挑战。让我们并肩同行，在确保企业运营稳健的同时，也为推动中国经济的蓬勃发展贡献审计领域的专业智慧与力量。

任务一 初步分析生产与费用循环

一、生产与费用循环的主要业务活动

（一）计划和安排生产

生产计划部门的职责是根据顾客订单或者对销售预测和存货需求的分析来决定生产计划。如决定授权生产，即签发预先编号的生产通知单。通常将所有生产通知单编号并加以记录控制，还需要编制一份材料需求报告，列示所需材料和零件及其库存。

（二）发出原材料

仓库部门的职责是根据从生产部门收到领料单发出原材料。领料单上必须列示所需的材料数量和种类，以及领料部门的名称。领料单可以一料一单，也可一单多料，通常需一式三联。仓库发料后，以其中一联连同材料交还领料部门，其余两联经仓库登记材料明细账后送会计部门进行材料收发核算和成本核算。

（三）生产产品

生产部门在收到生产通知单及领取原材料后，将生产任务分解到每一个生产工人，并将所领取的原材料交给生产工人，据以执行生产任务。生产工人在完成生产任务后，将完成的产品交生产部门清点，然后转交检验员验收并办理入库手续，或将所完成的产品移交下一部门，进一步加工。

（四）核算产品成本

为了正确地核算成本，对在产品进行有效控制，必须建立健全成本会计制度，将生产控制和成本核算有机结合。一方面，生产过程中的各种记录、生产通知单、领料单、入库单等文件资料汇集到会计部门，由会计部门对其进行审查和核对，了解和控制生产过程中存在的实物流转；另一方面，会计部门设置相应的会计账户，会同有关部门对生产过程中的成本进行核算和控制。成本会计制度可以非常简单，只是在期末记录存货余额；也可以是完善的标准成本制度，以持续地记录所有材料、处理在产品和产成品，并产生脱离标准成本差异的分析报告。完善的成本会计制度应该提供原材料转化为在产品、在产品转化为产成品，以及按成本中心分批生产任务通知单或生产周期所消耗的材料、人工和间接费用的分配和归集的详细资料。

（五）储存产成品

产成品入库，应由仓库部门先点验和检查，然后签收。收货后，将实际入库数量通知会计部门。据此，仓库部门确立了本身应承担的责任，并对验收部门的工作进行验证。除此之外，仓库部门还应根据产成品的品质特征分类存放，填制标签。

（六）发出产成品

产成品的发出应由独立的发运部门进行。装运产成品时必须持有经有关部门核准的发运通知单，据此编制出库单。出库单至少一式四联，一联交仓库部门；一联交发运部门留存；一联送交顾客；一联作为给顾客开发票的依据。

二、生产与费用循环的审计范围

（一）生产指令

生产指令又称生产任务通知单，是企业下达制造产品等生产任务的书面文件，用以通知生产车间组织产品制造、供应部门组织材料发放、会计部门组织成本计算。广义的生产指令也包括用于指导产品加工的工艺规程，如机械加工企业的路线图等。

（二）领发料凭证

领发料凭证是企业为控制材料发出所采用的各种凭证，如材料发出汇总表、领料单、限额领料单、领料登记簿、退料单等。

（三）产量和工时记录

产量和工时记录是登记工人或生产班组在出勤日内完成的产品数量、质量和生产这些产品所耗费工时数量的原始记录。产量和工时记录的内容与格式是多种多样的，在不同的生产企业中，甚至在同一企业的不同生产车间，由于生产类型不同而采用不同格式的产量和工时记录。常见的产量和工时记录主要有工作通知单、工序进程单、工作班产量报告、产量通知单、产量明细表、废品通知单等。

（四）工资汇总表及人工费用分配表

工资汇总表是为了反映企业全部工资的结算情况，并据以进行工资结算、总分类核算和汇总整个企业工资费用而编制的，是企业进行工资费用分配的依据。人工费用分配表反映了各生产车间各产品应负担的生产工人工资及福利费等。

（五）材料费用分配表

材料费用分配表是用来汇总反映各生产车间各产品所耗费的材料费用的原始记录。

（六）制造费用分配汇总表

制造费用分配汇总表是用来汇总反映生产车间各产品所应负担的制造费用的原始记录。

（七）成本计算单

成本计算单是用来归集某一成本计算对象所应承担的生产费用，计算该成本计算对象的总成本和单位成本的记录。

（八）存货明细账

存货明细账是用来反映各种存货增减变动情况、期末库存数量及相关成本信息的会计记录。

三、生产与费用循环的审计目标

（一）存在性

存在性是指账簿记录中的各项原材料的耗用与费用发生是否确实存在，已经完工的产成品是否全部入库，尚未完工的在产品的成本价值是否与实物大致相符。

（二）完整性

完整性是指生产与费用循环中生产的应属于公司的产品（除代加工以外）均已做出恰当记录。

（三）估价与分摊的合理性、准确性

估价与分摊的合理性、准确性是指成本费用的归集与分配是否合理、在产品与产成品的成本计算是否准确。

（四）分类的合理性与恰当性

分类的合理性与恰当性是指成本计算对象的确定是否合理，是否按主要产品进行了适当的分类。

（五）披露的公允性

披露的公允性是指产品的主要品种和存货计价方法是否已在会计报表中进行了适当的揭示，有关生产过程中的关联交易事项是否已进行必要的揭示。

任务二　符合性测试生产与费用循环

一、生产与费用循环内部控制

（一）存货耗费内部控制

反映存货耗费的内部控制主要是产品生产控制中的生产过程的控制与成本会计控制。

1.生产过程控制

在生产过程中，材料、人员、动力、设备往往缺一不可，都要实施有效的控制。材料的领用要根据生产通知单，收到的材料要做好保管，生产后的未耗用、不需用的材料应及时归还仓库；做好生产人员培训工作，并详细记录工人的工时或工作量；建立机器设备的操作使用规程，定期检查设备情况，做好维护工作；由独立的部门或人员对产品质量进行检验。

2.成本会计控制制度

建立健全成本会计控制制度，将生产控制和成本核算有机结合。一方面，生产过程的各种记录、生产通知单、领料单、计工单、入库单等文件资料汇集到会计部门，由会计部门对其进行检查核对，了解和控制生产过程中的实物流动；另一方面，会计部门应设置相应的会计账户，会同有关部门对生产过程的成本进行核算和控制。归纳起来，会计控制有如下几点：

（1）根据历史情况和同行业水平，编制成本计划或控制目标。

（2）收集、审核有关单证，严格控制生产费用的发生。

（3）设置相应的总分类与明细分类账户，进行会计核算。

（4）选择适当的成本计算方法，归集并分配生产费用，确定产品生产成本。

（5）进行成本分析。

（二）薪金计算与分配内部控制

（1）通过恰当手续，对以下五个关键点进行特别审批或一般审批：①批准上工；②批准工作时间；③工资、薪金或佣金审批；④代扣款项审批；⑤工资结算表和工资汇总表审批。

（2）工时卡由领班核准，要有实际工时统计记录。

（3）工资分配表、工资汇总表完整反映所发生的工薪支出。

（4）采用适当的工资费用分配方法，前后各期一致，采用适当的账务处理流程。

（5）人事、考勤、工薪发放、记录等职务相互分离。

（三）费用内部控制

费用是企业经营活动垫支的现金流出，涉及企业经营管理的各个环节，关系到企业产品成本的高低和企业盈利能力的强弱。一个财务管理较好的企业特别重视费用内部责任控制与监督。费用内部控制包括以下内容。

（1）有明确的费用开支范围和开支标准。

（2）有健全有效的费用预算控制制度。

（3）建立费用核准制，严格费用开支审批，预算外开支必须履行特殊审批手续。

（4）对费用进行合理分类，并分别开设明细账，及时进行核算。

（5）定期检查费用预算执行情况。

二、了解与描述生产与费用循环内部控制

对于生产与费用循环内部控制，审计人员可以通过询问、审阅、观察等方法进行了解，并采用文字说明、调查问卷和流程图等方法，将了解到的情况记录下来，形成审计工作底稿。

审计人员在了解生产与费用循环内部控制之后，应对内部控制进行初步评价，并初步估计控制风险水平，以确定生产与费用循环内部控制是否可以依赖，决定是否进行符合性测试以及符合性测试的时间、性质和范围。

三、测试与评价生产与费用循环内部控制

（一）测试生产与费用循环内部控制

审计人员可以抽查部分产品或成本项目的会计核算，测试各项内部制度的执行情况。抽查时应关注的事项包括以下内容。

（1）有无编制详尽的生产计划，并经审查批准。

（2）生产是否按计划进行。

（3）大额的原材料的领用有无审批制度。

（4）生产过程中的各项耗费、生产工时、材料和在产品的流转是否有详细的记录。

（5）费用的归集和分配以及完工产品与产品的结转是否前后各期一致。

（6）产成品的入库是否严格履行验收手续，对品名、规格、型号、数量、质量和价格等是否逐项核对，是否及时入账。

（7）产成品的入库是否按规定办理，是否及时登记仓库明细账并与会计记录核对。

（8）是否建立定期盘点制度，发生的盘盈、盘亏、毁损、报废等是否及时按规定审批处理。

（二）评价生产与费用循环内部控制

（1）生产与费用循环内部控制是否健全完善。

（2）生产与费用循环内部控制是否有效执行。

（3）生产与费用循环内部控制的整体强弱及各个部分的强弱。

（4）生产与费用循环内部控制可依赖性及内部控制风险的大小。

任务三　实质性测试生产与费用循环

实质性测试生产与费用循环主要是审计存货。存货是指企业在生产经营过程中，为销售或耗用而储存的各种具有一定实物形态的流动资产，主要包括各种原材料、燃料、包装物、低值易耗品、委托加工材料、在产品、半成品、产成品和商品等。

一、实质性测试存货成本

存货成本的实质性测试主要包括直接材料成本的实质性测试、直接人工成本的实质性测试、制造费用的实质性测试等内容。

（一）审计直接材料成本

直接材料成本的实质性测试一般应从审阅材料和生产成本明细账入手，抽查有关的费用凭证，验证企业产品直接耗用材料的数量、计价和材料费用分配是否真实、合理。

（1）抽查产品成本计算单，检查直接材料成本的计算是否正确，材料费用的分配标准与计算方法是否合理和适当，是否与材料费用分配汇总表中产品分摊的直接材料费用相符。

（2）检查直接材料耗用数量的真实性，是否将非生产用材料计入直接材料费用。

（3）分析比较同一产品前后各年度的直接材料成本，如有重大波动应查明原因。

（4）抽查材料发出及领用的原始凭证，检查领料单的签发是否经过授权，材料发出汇总表是否经过适当的人员复核，材料单位成本计价方法是否适当，是否正确及时入账。

（5）对采用定额成本或标准成本的企业，应检查直接材料成本差异的计算、分配与会计处理是否正确，并查明直接材料的定额成本，标准成本在本年度内有无重大变更。

（二）审计直接人工成本

（1）抽查产品成本计算单，检查直接人工成本计算是否正确，人工费用的分配标准与计算方法是否合理适当，是否与人工费用分配汇总表中产品分摊的直接人工费用相符。

（2）将本年度直接人工成本与前期进行比较，查明异常波动的原因。

（3）分析比较本年度各月的人工费用发生额，是否有异常波动。

（4）结合应付职工薪酬的检查，抽查人工费用会计记录及会计处理是否正确。

（5）对采用标准成本法的企业，应抽查直接人工成本差异的计算、分配与会计处理是否正确，并查明直接人工的标准成本在本年度内有无重大变更。

（三）审计制造费用

制造费用是企业为生产产品或提供劳务而发生的间接费用，即生产单位为组织和管理生产而发生的费用，包括分厂和车间管理人员的工资、提取的职工福利费、折旧费、修理费、办公费、水电费、取暖费、租赁费、机物料消耗、低值易耗品摊销、劳动保护费、保险费、设计制图费、实验检验费、季节性和修理期间的停工损失以及其他制造费用。制造费用的实质性测试包括以下内容。

（1）获取或编制制造费用汇总表，并与明细账、总账核对，抽查制造费用中的重大数额项目及例外项目是否合理。

（2）审阅制造费用明细账，检查其核算内容及范围是否正确，注意是否存在异常会计事项。若有，则应追查至记账凭证及原始凭证，重点查明被审计单位是否将不应列入成本费用的支出（如投资支出、被没收的财物、支付的罚款、违约金、技术改造支出等）计入制造费用。

（3）必要时对制造费用实施截止测试，即检查资产负债表日前后制造费用明细账及其凭证，有无跨期入账情况。

（4）检查制造费用的分配是否合理，重点查明制造费用的分配方法是否符合被审计单位自身的生产技术条件，是否体现受益原则，分配方法一经确定，是否在一定期间保持稳定，有无随意变更情况。分配率和分配额计算是否正确，有无以人为估计数代替分配数的情况。对按预定分配率分配费用的被审计单位，还应查明计划与实际差异是否及时调整。

（5）对于采用标准成本法的被审计单位，应抽查标准制造费用的确定是否合理，计入成本计算单的数额是否正确，制造费用的计算、分配与会计处理是否正确，并查明标准制造费用在审计年度内有无重大变动。

二、实质性测试存货余额

（一）分析性复核存货

为确定存货余额的总体合理性，审计人员应实施分析性复核程序，通过对全年存货收发及结存的总体比较分析，发现年度内存货项目的重大波动及异常现象，从而确定审计的重点领域。如按主要存货类别编制存货比较表，与上年相应项目比较，以查找重大增减变动项目的原因。利用财务指标，如存货周转率分析存货周转及结存情况，以发现冷背残次存货和超额库存等不合理现象。

（二）监盘存货

审计人员对存货监盘是存货审计必不可少的审计程序。为了达到比较好的效果，存货监盘应做好盘点前的计划工作、盘点过程中的监督工作以及盘点后的记录工作。

1. 盘点前计划工作

存货监盘不同于货币资金的突击盘点，有效的存货监盘工作必须建立在事先周密的计划基础上。审计人员参与被审计单位存货盘点的事前规划，或向委托人索取存货盘点计划。审计人员应考虑监盘时间、监盘样本量、项目选取等问题。监盘时间以会计期末以前为优。如果企业的盘点在会计期末以后的时间进行，那么必须编制从盘点日到期末的存货余额调节表，尽量使盘点时间靠近会计期末。选取大样本量盘点时，应考虑有关实地盘点、永续记录的可靠性，存货的总金额及种类，不同的重要存货的存放位置及其数量，以及以前年度发现的误差性质及其内部控制等。至于样本选取，则应将重要项目或典型存货项目作为对象，同时对可能过时或损坏的项目要仔细查询，并与管理人员就疑问交换意见。

2. 盘点前准备工作

首先，确定盘点顺序。因为被审计单位的财产物资品种繁多、存放地点分散，同步实施盘点既无可能也无必要，所以分次盘点几乎是必然的，为防止被审计单位弄虚作假，有必要对其实行封存。其次，审计人员应了解有关财产物资的内部控制和管理制度、对各项制度的遵循情况进行评价，以发现存在的薄弱环节，明确盘点的重点。再次，做好盘点的人员准备。盘点是整个企业的大事，各级领导、有关人员都参加，通过召开盘点预备会议，将盘点计划或指令贯彻到每一个参与人员。最后，通知被查部门，并要求其将有关物资盘点日的账面数结出，将已经发现的错误数剔除，并做好盘点的器具和表格的准备，对一些特殊物资的盘点还需要准备特殊的器具，如对贵重金属的盘点需要准备好衡器等。

3. 实施盘点

审计人员进入现场后，应查看被盘点部门和有关人员是否"进入状态"，有关手续是否已办理完毕。监督盘点方式下，审计人员不能离开盘点现场，同时应把握盘点进度，对有关人员所实施的盘点清查实行全过程监控，不能只看其结果而不观察其过程。对一些重要的盘点环节要细看，必要时要求其放慢速度或重复操作，演示其过程或者要求其解释盘点的结果。也可以对有关盘点结果进行复核和清点。盘点过程中，严格记录程序，对盘点出现的结果要如实记录，并执行有关手续，填写有关表格，写明盘点实际数额，并签字。

4. 进行抽点

企业盘点人员盘点后，审计人员应根据观察的情况，在盘点标签尚未取下之前，进行复盘抽点。抽点的样本数量一般不得低于存货总量的10%。在比较抽点结果与盘点单上的记录时，不仅要核对数量，还应该核对存货的编号、品种、规格及品质等。抽点在产品时，应扩大抽点范围。若发现差错过大，应要求企业重新盘点。抽点结束后，应将全部盘点标签或盘点清单按编号顺序汇总并据以登记盘点表。归总时，审计人员应注意盘点标签或盘点清单编号的连续性，以免出现缺号、重号问题。所有的盘点标签、盘点清单均应由被审计单位参与人员和监盘审计人员签名，并复印两份，被审计单位与会计师事务所各留一份。同时，审计人员还应向被审计单位索取存货盘点前的最后一张验收报告单（或入库单）和最后一张货运文件（或出库单），以便审计时做截止测试之用。

观察盘点和抽点过程中，审计人员还应检查有无代人保存和来料加工存货，有无未作账务处理而置于（或寄存）他处存货，这些存货是否正确列示于存货盘点表中。审计人员还应注意观察存货的冷背残次情况，确定其对损益的影响。对于企业存放或寄销在外地的存货，也应纳入盘点的范围。盘点的方法可以选择，如委托当地会计师事务所负责监盘抽点或本所审计人员亲自前往监盘，若存货量不大，也可以向寄存寄销单位函证或采用其他替代程序予以确认。

5.总结盘点结果

盘点的手续完毕之后，应将盘点的结果与有关账簿记录进行核对，确定其是否账实相符。账实不符的原因有多种，有的属于物资材料收发过程中正常的、小额的短少，即为正常的盘盈、盘亏。若超过正常的幅度和范围，审计人员不能轻易下结论，要结合其他审计环节，深入调查研究。最初的调查是询问被审计单位有关人员，让其解释账实不符原因并查找理由，如果能给出令人信服的说明，可消除审计人员疑虑，则可不进一步追查；如果不能自圆其说，则说明问题仍然存在。

（三）复核存货计价的基础和方法

为确定企业期末存货价值的正确性，审计人员应审查企业存货的计价。在审查存货计价时，审计人员必须复核存货计价的基础和方法，还应关注企业存货计价方法是否前后各期一致。如果不一致，应进一步审查存货计价方法变更的性质和原因，分析变更对企业财务状况和经营成果的影响。

1.选择样本

审计样本的计价，应从已经盘点（存货数量、单价和总金额）、已经记入存货汇总表的结存存货中选择。选择样本时应着重选择结存余额较大且价格变化比较频繁的项目。还需考虑所选样本的代表性，抽样方法一般采用分层抽样法，抽样规模应足以推断总体的情况。

2.确认计价方法

存货的计价方法多种多样，企业可结合国家法规要求选择符合自身特点的方法。审计人员除了应掌握存货计价方法外，还应对这种计价方法的合理性等予以关注，如果没有足够理由，计价方法在同一会计年度内不得变动。

3.计价审计

进行计价审计时，审计人员首先应对存货价格的组成内容予以审核，然后按照了解的计价方法对所选择的存货样本进行计价审计。审计时应排除企业已有计算程序和结果的影响，进行独立审计，待审计结果出来后，应与企业账面记录对比，编制对比分析表，分析形成差异的原因。如果差异过大，应扩大范围继续审计，并根据审计结果做相应调整。

（四）测试存货截止

所谓测试存货截止，就是检查截至 12 月 31 日，所购入并已包括在 12 月 31 日存货盘点范围内的存货。存货正确截止的关键在于存货实物纳入盘点范围的时间与存货引起的借贷双方会计科目的入账时间都处于同一会计期间。如果当年 12 月 31 日购入货物，并已包括在当年 12 月 31 日的实物盘点范围内，而购货发票在次年 1 月 2 日才收到，并已记入次年 1 月份账内，当年 12 月份账上并无进货和对应的负债记录，这就少计了存货和应付账款。相反，如果在当年 12 月 31 日收到一张购货发票，并记入当年 12 月份账内，而这张发票所对应的存货实物却在次年 1 月 2 日才收到，未包括在当年底的盘点范围内，这样就有可能虚减当年利润。

按照存货正确截止的要求，若未将年终在途货物列入当年存货盘点范围内，只要相应的负债同时记入次年账内，对会计报表的影响就并不重要。

存货截止审计的主要方法是抽查存货盘点日期前后的购货发票与验收报告（或入库单），档案中的每张发票均附有验收报告（或入库单）。12 月底入账的发票如果附有 12 月 31 日或之前的验收报告（或入库单），则货物肯定已经入库，并包括在本年的实地盘点存货范围内。如果验收报告日期为次年 1 月，货物不会被列入年底实地盘点存货范围内。反之，如果仅有验收报告（或入库单）而并无购货发票，则应认真审核每一份验收报告单上面是否加盖暂估入库印章。

在存货审计过程中审计人员应当结合存货项目的特点，分析在核算中易产生差错的环节、科目及错误类型，常见错弊有：账户运用不合理；存货收入计价不准确；存货发出计价不真实；账务处理不规范；存货盘存方法错误等。

三、实质性测试主营业务成本

对主营业务成本的实质性测试，应审阅主营业务成本明细账、库存商品明细账等记录并核对有关原始凭证和记账凭证。

（1）获取或编制主营业务成本明细表，与明细账和总账核对。

（2）编制生产成本及销售成本倒轧表，与总账核对。

（3）分析比较本年度与上年度主营业务成本总额，以及本年度各月份的主营业务成本金额，如有重大波动和异常情况，应查明原因。

（4）结合生产成本的审计，抽查主营业务成本结转数额的正确性，并检查其是否与销售收入配比。

（5）检查主营业务成本账户中重大调整事项。

（6）确定主营业务成本在利润表中是否已恰当披露。

四、实质性测试应付职工薪酬

工资是企业支付给员工的劳动报酬，其主要形式有计时工资和计件工资等。工资一般采用现金的形式支付，因而相对于其他业务更容易产生错误或舞弊，如虚报冒领、重复支付和贪污等。工资是企业成本费用的重要构成内容，其计算是否正确，影响到成本费用和利润的正确性。

（1）获取或编制应付职工薪酬明细表，复核加计，并与报表数、明细账合计数和总账数核对。

（2）对本期工资费用的发生情况进行分析性复核。主要方法有：检查各月工资费用的发生额是否异常波动，若有异常要求被审计单位予以解释；将本期工资费用总额与上期进行比较，要求被审计单位解释其增减变动原因，或取得公司管理当局关于员工工资水平的决议。

（3）检查工资费用的计提是否正确，分配方法是否与上期一致，并将应付职工薪酬计提数与相关的成本、费用项目核对。

（4）实行工效挂钩的被审计单位，应取得有关主管部门确认的效益工资发放额的认定证明，并符合有关合同文件和实际完成的指标，检查其计提额是否正确。

（5）验明应付职工薪酬在资产负债表中是否已恰当披露。

五、实质性测试期间费用

（一）实质性测试管理费用

审计人员可以通过审阅"生产成本""管理费用"等明细账，调阅有关的会计凭证，对相关账簿、资料等进行有选择地复核、计算，查证企业有无错弊存在。

管理费用的实质性测试程序主要有：

（1）取得或编制管理费用明细表，复核加计，与报表数、总账数及明细账数合计数核对。

（2）检查其明细项目的设置是否符合规定的核算内容与范围。

（3）将本期、上期管理费用各明细项目进行比较分析，必要时比较本期各月份管理费用，对有重大波动和异常情况的项目应查明原因，必要时做适当处理。

（4）选择管理费用中数额较大，以及本期与上期相比较变化异常的项目追查至原始凭证。

（5）审阅下期期初的管理费用明细账，检查管理费用各明细项目有无跨期入账的现象，对于重大跨期项目，应做必要调整。

（6）检查管理费用在利润表中的披露是否恰当。

（二）实质性测试销售费用

（1）获取或编制销售费用明细表，复核加计，与报表数、总账数及明细账合计数核对，检查其明细项目的设置是否符合规定的核算内容与范围。

（2）检查销售费用的项目设置和开支标准是否符合有关规定，查明其项目设置是否划清了销售费用与其他费用的界限。检查企业是否将该记入"制造费用""辅助生产费用"等账户的业务列入了销售费用，是否混淆了销售费用与管理费用、财务费用的界限，有关费用支出是否按规定标准列支。

（3）将本期销售费用与上期销售费用进行比较，并将本期各月的销售费用进行比较，如有重大波动和异常情况应查明原因，并做适当处理。

（4）选择重要或异常的销售费用，检查其原始凭证是否合法，会计处理是否正确，必要时，测试销售费用的截止，检查有无跨期入账现象，重大跨期账项应进行调整。

（5）检查销售费用的结转是否正确合规，查明有无多转、少转或不转销售费用，以及人为调节利润的情况。

（6）检查销售费用在利润表中披露的恰当性。

（三）实质性测试财务费用

（1）获取或编制财务费用明细表，复核加计，与报表数、总账数及明细账合计数核对，检查其明细项目的设置是否符合规定的核算内容与范围。

（2）将本期财务费用与上期财务费用进行比较，并将本期各月的财务费用进行比较，如有重大波动和异常情况应查明原因，并做适当处理。

（3）选择重要或异常的利息费用等项目，检查其原始凭证是否合法，会计处理是否正确。审查企业是否合理划分了为筹集生产经营所需资金发生的费用和为其他目的筹集资金而发生的费用，必要时对财务费用实施截止测试，检查有无跨期入账现象，调整重大跨期项目。

（4）检查财务费用账务处理的准确性、合规性，检查汇兑损益明细账，检查汇兑损益计算方法是否正确，核对选用汇率是否正确。还要特别注意审查企业发生的银行存款利息收入、汇兑收益是否冲减了财务费用，有无不按规定冲减财务费用或收入不入账的情况。

（5）检查财务费用在利润表中披露的恰当性。

六、实质性测试企业所得税

企业所得税是国家以各类企业事业单位的生产经营所得和与生产经营有关的其他所得征收的一种税，其基本审计要点包括以下内容。

（一）确定计税依据的正确性

为确定计税依据的正确性，审计人员应查明企业利润总额和应纳税所得额是否真实正确，税前利润调整额的计算是否合法、正确，重点查明有关扣除项目是否经过税务机关批准，扣除数额是否真实。

（二）确定企业所得税的计算与缴纳的正确性、及时性

审计人员应注意检查企业所得税的税率选用是否正确，所得税数额是否按照税法规定的方法和口径计算，有无漏计、错计的情况；应纳所得税额是否及时、足额上缴，有无拖欠、拒缴等情况。

（三）确定减免所得税的合法性、正确性

审计人员应查明减免税的原因是否正当，批准文件是否合法，审批手续是否完备，企业减免所得税的使用是否合理、正确等。

任务四　分析生产与费用循环审计案例

[例1]发出产品计价审计

某会计师事务所于2025年2月对某公司年度会计报表进行审计，在进行库存商品

审计时取得了企业库存商品明细账的记录（见表9-1）。经与该公司会计人员了解，得知该公司采用先进先出法对发出产品计价。

表9-1 库存商品明细账

产品类别：×× 　　规格：×× 　　　　　　　　数量单位：件 　　　金额单位：元

2024年		凭 证		摘 要	收 入		发 出		结 存	
月	日	字	号		数量	金额	数量	金额	数量	金额
12	1	转	3	上月结存					2 000	110 000
12	12	转	8	收到产成品	3 000	180 000			5 000	290 000
12	26	转	12	收到产成品	2 000				7 000	440 000
12	31			结转本月销售		150 000	4 000	220 000		
12	31			本月合计	5 000	330 000	4 000	220 000		
				期末结存					3 000	220 000

请提出审计处理意见。

解析：从以上明细账可看出，该公司销售产品的成本计算不正确。如果采用先进先出法，本期发出成品的成本正确金额应为230 000元（2 000×55＋2 000×60），但是该公司将本期发出的产品都按每件55元计价，既非先进先出法，也非加权平均法。该公司因此少计发出的商品成本、多计利润、多计期末存货成本10 000元。对此，审计人员应建议被审计单位及时调整账项。

讨论：2025年2月审计人员发现此问题时，显然该公司2024年的账项已经结清，已提交2024年的会计报表。此时应当冲减"库存商品"10 000元；还需调增"主营业务成本"，从而调减"本年利润""利润分配"等账项。任意盈余公积计提比例为5%，应付股利为税后利润的40%，则做出调整总账和明细账的处理。

借：应交税费——应交企业所得税　　　　　　　　2 500

　　盈余公积——法定盈余公积　　　　　　　　　750

　　盈余公积——任意盈余公积　　　　　　　　　375

　　应付股利——应付××　　　　　　　　　　　2 550

　　利润分配——未分配利润　　　　　　　　　　3 825

　　　贷：库存商品　　　　　　　　　　　　　　10 000

计算过程如表9-2所示。

表9-2 计算过程

项目	计算过程	计算结果
本年利润	10 000	10 000
应交税费——应交企业所得税	10 000×25%	2 500
盈余公积——法定盈余公积	（10 000－10 000×25%）×10%	750

续表

项目	计算过程	计算结果
盈余公积——任意盈余公积	（10 000－10 000×25%）×5%	375
应付股利——应付××	[10 000－（10 00－10 000×25%）×10%－（10 000－10000×25%）×5%]×40%	2 550
利润分配——未分配利润	{10 000－10 000×25%－（10 000－10 000×25%）×15%－[10 000－10 000×25%－（10 000－10 000×25%）×10%－（10 000－10 000×25%）×5%]×40%}	3 825

2024 年这个账项错误对资产负债表的影响是：报表项目"应交税费"多计 2 500 元，报表项目"盈余公积"多计 1 125 元，报表项目"应付股利"多计 2 550 元，报表项目"未分配利润"多计 3 825 元，报表项目"存货"多计 10 000 元。

建议被审计单位对资产负债表相关报表项目做出调整。

借：应交税费　　　　　　　　　　　　　2 500
　　盈余公积　　　　　　　　　　　　　1 125
　　应付股利　　　　　　　　　　　　　2 550
　　未分配利润　　　　　　　　　　　　3 825
　　贷：存货　　　　　　　　　　　　　　　　10 000

2024 年这个账项错误对损益表的影响是："营业成本"少计 10 000 元，应调增 10 000 元；"营业利润"多计 10 000 元，应调减 10 000 元；"利润总额"多计 10 000 元，应调减 10 000 元；"所得税费用"多计 2 500 元，应调减 2 500 元。"基本每股收益""稀释每股收益"也应做出相应的调整。

2024 年这个账项的错误可能未引起现金流量金额的变化，因此这个账项的错误不会对现金流量表的相关报表项目造成影响。

[例 2]库存商品盘亏审计

审计人员 2025 年 3 月在查阅某企业 2024 年 12 月"营业外支出"明细账时，发现盘亏报损 52 000 元，因报损数额较大，决定进一步查证。于是审计人员查阅 2024 年 12 月 2 日 15 号记账凭证，凭证的内容如下：

借：营业外支出　　　　　　　　　　　52 000
　　贷：库存商品　　　　　　　　　　　　　52 000

解析： 该凭证所附原始凭证是一张由领导审批后的存货盘亏报损单，但审计人员认为报损理由不充分，经过广泛调查取证，确定被审计单位 2024 年 10 月将商品以展销方式售出，收取现金 79 100 元存入单位"小金库"，但未开销货发票和出库凭证，在年终盘点时将价值 52 000 元的商品成本"挤"在盘亏损失中，被审计单位领导承认是故意所为。

该企业未反映正常的销售收入而是账外存放，一方面抵减了当期利润，未缴纳企业所得税；另一方面未反映增值税销项税额，少缴纳增值税（税率为 13%）。同时，从仓库发出商品时未注销"库存商品"账户并结转成本，而是将其作为盘亏损失处理，造成平时账实不符，虚减收益。审计人员应要求该企业交回账外销售款并调整相应的会计记录。

讨论：2025年3月审计人员发现此问题时，显然该企业2024年已经结账，已提交2024年的会计报表。此时应当调增"主营业务收入"，从而调增"本年利润"和"利润分配"等账项，并计算增值税销项税额。任意盈余公积计提比例为5%，应付股利为税后利润的40%，则做出调整总账和明细账的处理。

借：库存现金　　　　　　　　　　　　　　　　79 100
　　贷：应交税费——应交增值税——销项税额　　　9 100
　　　　应交税费——应交企业所得税　　　　　　17 500
　　　　盈余公积——法定盈余公积　　　　　　　5 250
　　　　盈余公积——任意盈余公积　　　　　　　2 625
　　　　应付股利——应付××　　　　　　　　　17 850
　　　　利润分配——未分配利润　　　　　　　　26 775

2024年这个账项错误对资产负债表的影响是：报表项目"应交税费"少计26 600元，报表项目"盈余公积"少计7 875元，报表项目"应付股利"少计17 850元，报表项目"未分配利润"少计26 775元，报表项目"货币资金"少计79 100元。

建议被审计单位资产负债表相关报表项目做出调整。

借：货币资金　　　　　　　　　　　　　　　　79 100
　　贷：应交税费　　　　　　　　　　　　　　26 600
　　　　盈余公积　　　　　　　　　　　　　　7 875
　　　　应付股利　　　　　　　　　　　　　　17 850
　　　　未分配利润　　　　　　　　　　　　　26 775

2024年这个账项错误对损益表的影响是："营业成本"少计52 000元，应调增52 000元；"营业收入"少计70 000元，应调增70 000元；"营业利润"少计70 000元，应调增70 000元；"营业外支出"多计52 000元，应调减52 000元；"利润总额"少计70 000元，应调增70 000元；"所得税费用"少计17 500元，应调增17 500元。"基本每股收益""稀释每股收益"也应做出相应的调整。

2024年这个账项的错误使经营活动的现金流量流入数少计79 100元，因此这个账项的错误需要调增现金流量表中的"销售商品、提供劳务收到的现金"79 100元。

[例3]应付职工薪酬审计

审计人员在审计某公司2024年度会计报表时，获取该公司2024年12月工资费用分配表，如表9-3所示。

表9-3　工资费用分配表

单位：元

部　门	人员类别	生产成本	制造费用	管理费用	销售费用	应付职工薪酬
生产车间	生产工人	3 470 000				
	管理人员			35 000		
销售部门	门市部人员				86 000	
医务室	医务人员			25 500		
厂部	管理人员			78 000		
其他	固定资产清理人员	450 000				
	基建人员		3 200 000			

审计人员对该公司工资费用分配中存在的问题提出如下建议：

（1）生产车间的管理人员工资应当计入"制造费用"。

（2）医务人员工资应计入"应付职工薪酬——应付福利费"。

（3）固定资产清理人员工资应计入"固定资产清理"。

（4）基建人员工资应计入"在建工程"。

审计人员应提请被审计单位调整会计记录，并在审计工作底稿中详细记录该事项及调整状况。

先思考再讨论：上述4项错误，分别应当如何调整总账、明细账和相应的会计报表项目。

项目九
微课视频

项目十　审计购货与付款循环

◎ 学习目标

知识目标：

掌握采购业务审计的目标、程序、内容、方法、要领；掌握付款业务审计的目标、程序、内容、方法、要领。

素质目标：

培育诚信品格和良好的审计职业道德；培养审计人员的专业素质；养成严谨、认真、细致的工作作风；培养节约成本意识；培养创新精神；适应社会政治、经济、文化的发展，把国家利益、民族利益放在心中，肩负国家使命和社会责任。

能力目标：

能开展采购业务符合性测试；能进行采购业务实质性测试；能开展付款业务符合性测试；能进行付款业务实质性测试。

项目导入

在纷繁复杂的商业交易网络中，购货与付款循环作为企业运营的基石，其顺畅运作直接关系到资源的高效配置与资金流的稳健安全。本项目精心设计，旨在引领学生深入剖析这一核心流程，从商品与劳务的精挑细选，到交易记录的精确无误，再到货款支付的严密监控与支出流向的精确追溯，每一环节均环环相扣，共同编织成企业资金链的牢固纽带。

我们不仅要深入理解并熟练掌握购货与付款循环中涉及的各类关键凭证与详尽会计记录，包括但不限于请购单、订购单、卖方发票、付款凭证等，更要深刻洞察其背后复杂而精细的内部控制体系。这一体系，以职责明确分工为基石，涵盖请购审批的严谨性、订购流程的标准化、验收标准的严格性、账务处理的准确性及支付审核的审慎性，共同构筑起一道坚不可摧的防线，确保交易行为的真实可靠与合规合法。

作为审计领域的专业人士，本项目将指导学生系统地研究并评估这一循环的内部控制机制，从初步的认知与描述，到灵活运用检查、实地观察、深入询问等多种方法开展符合性测试，最终实现对内部控制有效性的全面评估，为后续深入的实质性测试奠定坚实基石。这一过程，不仅是专业技能的深度磨砺，更是审计职业道德与综合素养的全面升华。

本项目旨在精心培育学生成为采购与付款业务审计领域的佼佼者，能够游刃有余地应对各类审计挑战，确保每一笔交易都经得起真实性、准确性与合规性的严格考验。同时激发学生的创新潜能与成本意识，让学生在日新月异的社会经济大潮中，保持敏锐的洞察力与高度的责任感，为国家的经济繁荣与社会进步贡献审计人的专业智慧与力量。

任务一　初步分析购货与付款循环

一、购货与付款循环的主要业务活动

（一）购买商品或劳务

1.请购商品或劳务

企业仓库管理部门和商品或劳务使用部门可提出购买商品或劳务的申请。仓库管理部门负责对需要购买、已列入存货清单的项目填写请购单，其他部门对需要购买的、未列入存货清单的项目编制请购单。请购单由主管人员审批后，及时送交采购部门。

2.编制订购单

采购部门根据审批后的请购单编制订购单，订购单必须经授权审批人员审批之后才能发出。如果企业与某些供应商有合约，则直接发出订货单。否则，采购部门应针对每次订货确定最佳的供应渠道。必要时可以采用竞价的方式来保证采购商品的质量、成本和及时性。

3.验收商品

订购的商品到达后，应由验收部门进行验收。货物的验收是确认资产、负债和费用是否存在或发生的重要依据，是购货与付款循环中的重要环节。验收部门应比较所收商品的品名、规格、数量、质量等是否与订购单相符，并检查商品有无损坏。验收完毕后，验收部门应按规定编制验收单或验收报告，作为会计记录的依据。

4.储存商品

经过验收合格的商品交仓库管理部门储存，是保证资产安全、完整的重要措施。商品验收后入库时，仓库保管人员应编制入库单。商品存放应符合有关规定，并限制保管人员以外的人员接触资产。若商品直接交付使用部门使用，使用部门应对商品进行日常的维护保养，保证商品的性能。

（二）记录购货业务

1.编制付款凭单

货物验收入库或交付使用之后，应付凭单部门应在核对订购单、验收单和购货发票基础上，确认负债，编制付款凭单，并将经审核后的付款凭单，连同每日的凭单汇总表一起，送交会计部门，作为会计部门编制记账凭证和登记有关明细账和总账的依据。

2.记录资产和负债

会计部门在记录购货业务之前，应先检查购货发票的内容与订购单、验收单以及运货单是否一致，并验算购货发票金额的计算是否正确。然后根据已审批的付款凭单及时地编制记账凭证，登记有关资产和负债明细账与总账，并由稽核人员定期进行账证、账

账核对。

（三）支付货款和记录支出

1.支付货款

会计人员应根据审批后的付款凭单、供应商的付款条件以及本企业的资金状况，采用适当的结算方式合理地安排付款。

2.记录现金、银行存款支出

会计部门根据付款原始凭证编制付款记账凭证，据以登记现金或银行存款日记账和应付账款等账，由稽核人员独立检查现金、银行存款明细账和应付账款明细账的金额。

（四）定期对账

供货单位应定期寄送对账单。购货企业收到卖方对账单后，及时与应付账款明细账期末余额进行核对。不考虑时间差异的情况下，卖方对账单的期末余额通常应与购货方企业的应付账款明细账的期末余额一致。若买卖双方在收发货物时间上存在差异，卖方对账单上的期末余额与买方应付账款明细账的期末余额可能不一致，则对于出现的差异应及时查明原因。

二、购货与付款循环的审计范围

（一）请购单

请购单是由资产的使用部门或仓库管理部门填写的，用来申请购买商品、劳务或其他资产的书面凭证。

（二）订购单

订购单是由采购部门填写的，用来记录企业向供应商购买订购单上所指定的商品、劳务或其他资产的名称、数量及有关资料的书面凭证。

（三）验收单

验收单是企业收到商品、资产时所编制的，用来记录收到的商品、资产的名称、种类、收到数量及其他资料的凭证。

（四）卖方发票

卖方发票是供应商开具的，交给买方以载明发运的货物或提供的劳务、应付款金额和付款条件以及开单日期等事项的凭证。

（五）付款凭单

付款凭单是采购方企业的应付凭单部门编制的，载明已收到商品、资产或接受劳务的厂商、应付款金额和付款日期的凭证，是企业内部记录和支付负债的授权证明文件。

（六）付款凭证和转账凭证

付款凭证包括现金付款凭证和银行存款付款凭证，是用来记录现金和银行存款支出业务的记账凭证。转账凭证是记录转账业务的记账凭证。

（七）应付账款明细账和现金、银行存款日记账

企业通常按供货单位设置应付账款明细账，用来记录企业各供货单位的采购金额、货款支付及应付账款余额等内容。货款的支付应及时登记现金日记账和银行日记账。

（八）卖方对账单

卖方对账单是由供货方按月编制的，标明期初余额、本期购买、本期支付给卖方的款项和期末余额的凭证。卖方对账单是供货方对有关业务的陈述，如果不考虑买卖双方在收发货物上可能存在的时间差等因素，其期末余额通常与采购方相应的应付账款的期末余额一致。

三、购货与付款循环的审计目标

（一）完整性

完整性即确定已发生的购货与付款业务记录的完整性。由于少计或漏计应付账款而低估负债是被审计单位常见的舞弊手段。

（二）权利与义务

权利与义务即确定购货与付款业务记录的资产是否归被审计单位所有，记录的负债是否是被审计单位承担的义务。

（三）真实性

真实性即确定购货与付款业务记录的真实性。这主要包括两个方面：一是确定记录的购物与付款业务是否发生在被审计的会计期间；二是确定购物与付款业务是否真实存在。

（四）估价或分摊

估价与分摊即确定购货与付款循环的估价或分摊是否正确。这主要包括两个方面：一是确定购货金额和付款金额是否正确；二是确定购货与付款业务涉及的账户的期末余额是否正确。

（五）表达和披露

表达和披露即确定购货与付款业务所涉及的报表项目分类、表达和披露是否恰当。

任务二　符合性测试购货与付款循环

一、购货与付款循环的内部控制

（一）职责分工控制

在购货与付款循环中，不相容职务应当分离，主要有：①物资的采购人员不能同时负责物资的验收保管；②物资的采购人员、保管人员、使用人员不能同时负责会计记录；③采购人员应与审批付款人员相分离；④审批付款人员应与执行付款人员相分离；⑤记录应付账款的人员应与出纳员相分离。

（二）请购控制

（1）请购商品或劳务应填写请购单，请购单的内容必须完整。请购单主要包括商品或劳务的名称、数量、种类、用途等内容。

（2）请购单应由仓库管理部门或其他部门根据授权填写。企业正常生产经营所需的物资由经一般授权的人员提出请购，并填写请购单。固定资产、无形资产等资本性支出应由经特殊授权的特定人员提出请购，并填写请购单。

（3）请购单必须经有关主管人员审批，审批后的请购单送交采购部门。

（三）订购控制

（1）订购单内容必须正确、完整。订购单的主要内容包括商品或劳务的名称、数量、种类、价格、供货商名称和地址、付款条件等。

（2）订购单应预先连续编号，以确保日后能被完整地保存，会计人员能对所有订货单进行处理。

（3）在订购单发出前，必须由专人检查订购单是否得到授权人的签字，是否有经请购部门主管批准的请购单作为支持凭证，以确保订购单的有效性。

（4）由专人复查订购单的编制过程和内容，包括复查从请购单中摘录的资料、有关供货商的主要文件资料、价格和数量及金额的计算等。

（5）订购单一式多份，正联送交供应商，副联分别送交企业内部的验收部门、请购部门、会计部门、仓库及采购部门自身留存。

（四）验收控制

货物的验收应由独立于请购、采购和会计的部门及人员来承担，验收部门及人员的主要责任是检验收到货物的数量和质量。

（1）验收人员应通过计数、过磅或测量等方法来证明收到的货物与货运单或订购单上所列的数量是否一致。

（2）验收人员应检验有无因运输造成损坏，并在可能的范围内对货物的质量进行检验。在货物质量检验需要有较高专业知识，或者必须经过仪器检验或实验才能进行的情况下，验收部门应该将部分样品送交专家或实验室对其质量进行检验。

（3）验收人员验收完毕之后，必须填制包括供应商名称、收货日期、货物名称、数量、质量以及货运人名称、原订购单编号等内容的验收单或验收报告，验收人员签字。验收单或验收报告应当预先连续编号，要求一式多联，分别报送采购部门和会计部门等。

（五）记录应付账款控制

（1）应付账款的记录必须由独立于请购、采购、验收、付款的人员来进行。

（2）应付账款的入账必须以审核无误的供货商的发票、付款凭单等凭证为依据。

（3）企业必须分别设置应付账款的总账和明细账来记录应付账款，在月末进行总账和明细账余额核对，以防止记账过程中出现差错。

（六）支付货款控制

企业货款结算有许多方式，不同的结算方式，其相应的内部控制不同。

（七）对账控制

每月末，应由独立于应付账款明细账记录的人员将来自供应商的对账单与应付账款明细账核对。企业还应定期取得银行对账单并与银行存款余额核对。

二、了解与描述内部控制

审计人员主要采用询问、观察、检查等方法，了解购货与付款业务循环的主要内部控制，如检查订货单，以确定购货业务是否经有关人员审批；观察被审计单位采购业务处理过程，以确定采购业务过程中有关职责是否进行适当分工；询问办理购货业务的有关人员，了解他们的职责是什么，怎样进行采购、验收、保管和记录等。审计人员可以采用文字描述、调查表或流程图等方法，将了解到的内部控制情况记录下来，形成审计工作底稿。

审计人员在了解购货与付款循环内部控制之后，应对内部控制进行初步评价，并初步估计其控制风险水平，以确定购货与付款循环内部控制是否可以依赖。如果购货与付款循环内部控制可以依赖，而且实施符合性测试的成本低于因此而减少的实质性测试所需的成本，则应当进行符合性测试；如果被审计单位内部控制不可以依赖，或进行符合性测试的工作量可能大于因此所减少的实质性测试的工作量，那么审计人员就应该直接实施实质性测试，不再进行符合性测试。

三、测试与评价付款循环内部控制

（一）测试购货与付款循环内部控制

1.检查购货与付款业务的业务凭证

（1）检查每一笔采购业务是否均有请购单、订购单、购货发票和验收单，核对请购单、订购单、购货发票和验收单是否一致。

（2）检查请购单、订购单和验收单的编制与购货发票的核对及付款是否进行适当的职责分工。

（3）检查每一笔采购业务的请购单、订购单及付款是否经过适当授权审批。

（4）核对请购单与订购单是否一致，请购单和订购单是否连续编号。

（5）核对采购合同上确定的价格、付款日期与财会部门核准的支付条件是否一致。

（6）检查合同是否经过有关部门审查，核对购货发票上所购物品的数量、规格、品种与合同是否一致。

2.检查购货与付款业务的账务处理

从请购单、订购单、购货发票和验收单等原始凭证追查至应付账款明细账与总账、存货明细账与总账、现金日记账、银行存款日记账等，以确定被审计单位编制的记账凭证是否正确，过账是否及时、正确。

3.实地观察或询问物资的保管情况

审计人员视调查仓库管理人员履职情况、实地观察存货的保管情况，确定存货是否存放在安全的地点，是否由专门人员保管，是否限制未经过批准的人员接触。

4.检查账簿的核对

审计人员主要检查被审计单位是否定期核对购货与付款业务相关的明细账和总账，是否定期与供货商核对有关记录。

（二）评价购货与付款循环内部控制

审计人员完成对购货与付款相关内部控制的测试之后，应对购货与付款循环内部控制的健全性、有效性进行评价，确定是否存在重大薄弱环节和失控点，并重新估计控制风险水平，修订实质性测试计划。

四、固定资产的内部控制及测试

（一）固定资产的内部控制

1.预算制度

预算制度是固定资产内部控制中最重要的部分。大企业应编制固定资产的年度预算，以控制固定资产增减和合理运用资金；小企业即使不编制正规的预算，对固定资产的购建也要有计划。

2.授权批准制度

严格的授权批准制度内容包括：①企业的资本性预算只有经过董事会等高层管理机构批准方可生效；②所有固定资产的取得和处置均需经企业管理当局的书面认可。

3.账簿记录制度

完善的账簿记录制度要求：①设置固定资产总账、明细分类账和固定资产登记卡，按固定资产类别、使用部门和每项固定资产进行明细分类核算；②固定资产的增减变化均应有充分的原始凭证。

4.职责分工制度

合理的职责分工制度要求：对固定资产的取得、记录、保管、使用、维修、处置等均应明确划分责任，由专门部门和专门人员负责。

5.资本性支出和收益性支出的区分制度

企业应制定区分资本性支出和收益性支出的书面标准，以严格区分资本性支出和收益性支出。

6.处置制度

企业应建立一套完善的固定资产处置制度，包括投资转出、报废、出售等，要有一定的申请报批程序。

7.定期盘点制度

企业应定期或者至少每年末对固定资产进行清查盘点，以查证所有账面的固定资产是否确实存在，其存放地点和保养状况是否适当，对盘盈、盘亏应查明原因，做出处理。

8.维护保养制度

企业应制定严密的固定资产维护保养制度，防止因自然和人为因素遭受损失，建立日常维护和定期检修制度，以延长使用寿命。

（二）了解与描述固定资产内部控制

审计人员可通过审阅固定资产内部控制的有关文件、询问有关人员及实地观察等方法了解固定资产内部控制情况，并采用文字描述、调查表或流程图等方法记录下来，形成审计工作底稿。在此基础上，对被审计单位固定资产的内部控制进行初步评价，决定是否进行符合性测试。

（三）测试固定资产内部控制

1.测试预算制度

审计人员应检查固定资产的取得和处置是否依据预算，对实际支出与预算之间的差异以及未列入预算的特殊事项，检查是否履行特别审批手续。如果固定资产增减均能处于良好的经批准的预算控制之下，审计人员可以适当减少对固定资产增加和减少审计中的实质性测试样本量。

2.测试授权批准制度

审计人员检查被审计单位固定资产授权批准制度本身是否完善，授权批准制度是否得到有效执行。

3.测试账簿记录制度

审计人员应检查被审计单位的固定资产的各种记录，包括总账、明细账、固定资产登记卡等是否按规定的要求设置和记录；检查固定资产的增减变化记录是否附有真实合法的原始凭证。

4.测试职责分工制度

审计人员通过观察、询问等方法，确定固定资产的各项职责是否按要求划分。

5.测试资本性支出和收益性支出区分制度

（1）检查资本性支出书面文件，以确定该文件的规定是否符合国家的有关规定和被审计单位的实际情况。

（2）抽取部分业务支出，检查其会计处理是否与《企业会计制度》的规定一致，是否遵守一贯性原则，有无资本性支出和收益性支出划分不清的情况。

6.测试处置制度

抽取部分固定资产处置业务的原始凭证，包括报废申请书、技术鉴定书、审批意见及处理过程的原始凭证和处理结果的记录等，以确定固定资产处置制度是否有效执行。

7.测试定期盘点制度

观察盘点过程，以确定盘点制度是否有效执行，特别关注盘盈和盘亏的原因和处理。

8.测试维护保养制度

观察保管和使用情况，检查维修部门的维修记录或固定资产登记卡上的维修记录，以确定固定资产是否得到有效维护和保养。

（四）评价固定资产内部控制

审计人员测试固定资产内部控制后，对被审计单位固定资产内部控制设计和执行情况有了更准确的了解，应对固定资产内部控制的健全性、有效性进行进一步评价，并重新估计控制风险水平，以修订固定资产实质性测试计划。

任务三 实质性测试购货与付款循环

一、实质性测试固定资产和累计折旧

（一）实质性测试固定资产

1.获取或编制固定资产及其累计折旧分类汇总表

固定资产及其累计折旧分类汇总表是固定资产审计的重要审计工作底稿，是分析固定资产账户余额变动情况的重要依据。审计人员应注意复核固定资产及其累计折旧分类汇总表的加计数是否正确，并与明细账合计余额和总账的余额核对相符。

2.分析性复核

审计人员对固定资产进行分析性复核，其目的主要在于确定固定资产账户可能出现的问题。例如，通过计算固定资产原值与本期产品产量的比率，并与以前期间比较，可能发现闲置固定资产或已减少固定资产未在账户上注销的问题；通过计算本期计提折旧额与固定资产总成本的比率，并同上期比较，可能发现本期折旧额计算上的错误；通过计算累计折旧与固定资产总成本的比率，并同上期比较，可能发现累计折旧核算上的错误；通过比较本期各月之间、本期与以前各期之间的修理及维护费用，可能发现资本性支出和收益性支出区分上可能存在的错误；通过比较本期与以前各期的固定资产增加和减少，以判断固定资产增加和减少的合理性；通过分析固定资产的构成及其增减变动情况，与在建工程、现金流量表、生产能力等相关信息交叉复核，以检查固定资产相关金额的合理性和准确性。

3.审查固定资产的增加

固定资产增加的审查主要用于审查固定资产增加的合规性、固定资产计价的正确性及会计处理的适当性。固定资产的增加有购置、自制自建、投资者投入、更新改造增加、债务人抵债等多种增加方式，不同的增加方式，其具体审计方法各有不同。

（1）对于外购固定资产，通过核对购货合同、发票、保险单、发运凭证等文件，抽查测试其计价是否正确，授权批准手续是否齐备，会计处理是否正确。如果是房屋，还应检查契税的会计处理是否正确。

（2）对于在建工程转入的固定资产，应检查竣工决算、验收和移交报告是否正确；与在建工程相关的记录是否核对相符；借款费用资本化金额是否恰当；对已经在用或已经达到预定可使用状态但尚未办理竣工决算的固定资产，检查其是否已经暂估入账，并按规定计提折旧；竣工决算完成后，是否及时调整。

（3）对于投资者投入的固定资产，应检查其入账价值与投资合同中关于固定资产作

价的规定是否一致，须经评估确认的是否有评估报告；固定资产交接手续是否齐全。

（4）对于更新改造增加的固定资产，应查明增加的固定资产原值是否真实，重新确定的剩余折旧年限是否恰当。

（5）对于因债务人抵债而获得的固定资产，应检查产权过户手续是否齐备，固定资产计价及确认的损益是否符合相关会计制度的规定。

（6）对于因其他原因增加的，应检查相关的原始凭证，核对其计价及会计处理是否正确，法律手续是否齐全。

4.验证固定资产的所有权

审计人员应当抽查有关所有权的证明文件，确定固定资产的所有权是否属于被审计单位。固定资产的类型、来源不同，证明其所有权的文件不同。对于外购的机器设备等固定资产，通过审查采购发票、购货合同来确认其所有权；房地产类固定资产，通过查阅有关的合同、产权证明、财产税单等来确认其所有权；汽车等运输设备，通过验证有关运营证件等来确认其所有权；融资租入固定资产，通过验证租赁合同来确认其风险和报酬实质上是否发生转移。

5.审计固定资产的减少

固定资产的减少主要包括出售、向其他单位投资转出、向债权人抵债转出、报废、毁损、盘亏等方式。固定资产减少的审计程序主要有：审查本年度减少的固定资产是否经授权批准；审查已减少的固定资产是否已做适当的会计处理，是否存在账存实亡的现象；审查出售和报废处置固定资产的净损益，验证其真实性与准确性，并与银行存款、营业外收支等有关账户核对。

6.实地观察固定资产

审计人员实地观察固定资产的目的在于确定所记录的固定资产是否存在或有无未入账的固定资产。实地观察固定资产主要有两种程序：审计人员从固定资产明细账或固定资产卡片中抽取一定固定资产，进行实地观察，以证明会计记录中所列固定资产是否确实存在，并了解其目前的使用状况；以实地为起点，选取一定的实物追查至固定资产明细分类账，以获取实际存在的固定资产均已入账的证据。审计人员实地观察的重点是本期新增加的重要固定资产，必要时也可以扩大到以前年度新增加的固定资产。

7.审查固定资产的租赁

审计人员应当获取租入、租出固定资产相关的证明文件，并检查其会计处理是否正确；重点审查经营租赁和融资租赁是否正确划分。

8.调查未使用和不需用固定资产

审计人员应调查被审计单位有无已完工或已购建的尚未交付使用的新增固定资产、因改扩建等原因暂停使用的固定资产，以及被审计单位多余或不适用的需要进行处理的固定资产。若有，则应做彻底调查，以确定其真实性。同时，还应调查未使用、不需用固定资产的启用及停止使用的时间，并做记录。

9.检查固定资产购置情况

审计人员应当检查固定资产的购置是否符合资本性支出标准，有无资本性支出与收益性支出不分的情况。若有，审计人员应当提请被审计单位做必要的调整。

10.检查固定资产的抵押、担保情况

审计人员应结合银行借款等的审计，了解固定资产是否存在重大的抵押、担保情况。若存在，应做记录，并提请被审计单位进行必要的披露。

11.审查固定资产减值准备

审计人员对固定资产减值准备进行审计时，主要检查固定资产减值准备的计提方法是否合规，计提依据是否充分，计提金额是否正确，相关的会计处理是否恰当；检查已计提减值准备的固定资产价值又得以恢复时，是否在原已计提减值准备的范围内转回，相关的会计处理是否正确。

12.检查固定资产是否已在资产负债表上披露的恰当性

在资产负债表上需要分别列示固定资产原价、累计折旧、固定资产净值、固定资产减值准备、固定资产净额等项目。审计人员应当根据实际情况，结合累计折旧的审计，确定资产负债表上有关固定资产各项数据的正确性，并注意固定资产的折旧方法、固定资产的分类情况等是否已在会计报表附注中进行恰当披露。

（二）实质性测试累计折旧

累计折旧的审计主要是为了确定固定资产计提的折旧的计算、分配及会计处理是否正确、合规。

1.获取或编制固定资产及累计折旧分类汇总表

审计人员应获取或编制固定资产及累计折旧分类汇总表，复核加计，并与报表数、总账数和明细账合计数核对。

2.检查被审计单位制定的折旧政策和方法

检查被审计单位制定的折旧政策和方法是否符合《企业会计制度》的规定，确定其所采用的折旧方法能否在固定资产使用年限内合理分摊成本。

3.分析性复核

审计人员应将计提折旧的固定资产乘以本期的折旧率，将计算结果和被审计单位的折旧总额比较，以判断本期计提折旧的总体合理性。如果两者相近，且固定资产及累计折旧的内部控制较健全时，可以减少累计折旧的其他实质性测试工作量。在计算之前，审计人员应对本期增加和减少固定资产、使用年限长短不一和折旧方法不同的固定资产做适当调整。审计人员还可以通过计算本期计提折旧额占固定资产原值的比率，并与上期比较，分析本期折旧计提额的合理性和准确性；通过计算累计折旧占固定资产原值的比率，评估固定资产的老化率，并估计因闲置、报废等原因可能发生的固定资产损失，结合固定资产减值准备，分析其合理性。

4.检查本期折旧的计提

（1）计算复核本期折旧费用的计提是否正确。审计人员应特别注意已计提减值准备的固定资产计提的折旧是否正确，已全额计提减值准备的固定资产是否已停止计提折旧，包含土地使用权的固定资产的计提折旧是否正确，未使用、不需使用的固定资产是否按规定计提折旧，因更新改造而停止使用的固定资产是否已停止计提折旧，因大修理而停止使用的固定资产是否仍计提折旧。

（2）结合固定资产审计，检查其折旧的计提是否正确无误，并追查至固定资产登记卡。审计人员应特别注意有无已提足折旧的固定资产继续计提折旧的情况和在用固定资产不提或少提折旧的情况。

（3）检查本期固定资产增减变动时有关折旧的会计处理是否符合规定，折旧费用的计算是否正确。

5.检查本期折旧的分配

审计人员主要检查本期折旧费用的分配是否合理、合规，与上期分配方法是否一致。

6.检查本期计提折旧摊入成本或费用情况

具体方法是将"累计折旧"账户贷方的本期计提折旧额与相应的成本费用中的折旧费用明细账户的借方相比较，以查明所计提折旧金额是否已全部摊入本期产品成本或费用。一旦发现差异，应及时追查原因，并考虑是否建议做适当调整。

7.检查累计折旧的披露是否恰当

会计报表附注通常应分类别披露累计折旧在本期的增减变动情况。

二、应付及预付款项实质性测试

（一）实质性测试应付账款

1.获取或编制应付账款明细表

审计人员应向被审计单位索取或自行编制应付账款明细表，以确定被审计单位资产负债表上应付账款的金额与其明细表的金额是否相符，并将明细表上的汇总金额和应付账款总账金额、应付账款明细账合计金额核对。

2.执行分析性复核

在应付账款审计中，执行分析性复核程序的主要目的在于发现可能存在的问题和评价应付账款总体的合理性。审计人员常用的方法有：①计算应付账款占进货的比率、应付账款占流动负债的比率，并与以前各期相比较，以评价应付账款总体的合理性；②将本期末应付账款余额与上期末余额比较，分析其波动原因，以发现可能存在的问题；③分析存货、主营业务收入和主营业务成本的增减变动幅度，并与应付账款增减变动幅度相比较，以判断应付账款总体的合理性。

3.审查应付账款明细账

审计人员可以从应付账款明细账中抽取部分账户，与有关的订货单、购货发票、验收单、运输单等原始单据和现金日记账、银行存款日记账等进行核对，以核实企业记录的应付账款是否确实是企业因购货而发生的负债，负债记录的金额是否真实。

4.函证应付账款

由于购货发票本身就是外部凭证，应付账款函证并不能保证查出未入账的应付账款，加之审计人员能够取得购货发票、运输单等外部凭证来证实应付账款的余额，因此审计人员一般不需要对应付账款进行函证。但是，如果被审计单位内部控制风险较高，某些应付账款账户金额较大或被审计单位处于经济困难阶段，则应进行应付账款的函证。

选择函证对象主要包括金额较大的债权人；在资产负债表日金额不大甚至为零，但却是企业重要供货商的债权人，因为这种情况下应付账款更可能被低估；存在关联方交易的债权人。函证方式最好采用肯定式，并具体说明应付账款的余额。

5.查找未入账的应付账款

低估负债是企业常见的舞弊方式，因此查找未入账应付账款是应付账款审计的重点。查找未入账的应付账款主要方法有：①审查被审计单位在报告日尚未处理的、不符合要求的购货发票；②审查有货物验收单、入库单但未收到购货发票的经济业务；③审查购货发票与验收单不符或未列明金额的发票单据；④审查报告日的全部待处理凭单，确定是否有漏记的应付账款；⑤检查企业报告日后收到的购货发票，确定相应负债的记录时间是否正确；⑥抽查未结算货物和劳务采购，检查有无未入账的应付账款；⑦询问被审计单位的会计、采购等相关人员是否存在未入账的应付账款；⑧查阅资本预算、工作通告单和基建合同，以发现未入账的应付账款。

如果审计人员通过上述程序发现某些未入账的应付账款，应将有关情况详细记入审计工作底稿，然后视其重要性程度决定是否建议被审计单位进行相应的调整。

6.审查长期挂账的应付账款

审计人员应检查被审计单位有无长期挂账的应付账款。若有，应查明原因，做出记录，必要时建议被审计单位予以调整。审计时重点关注被审计单位是否有确实无法支付的应付账款。若有，应审查是否按《企业会计制度》规定转入资本公积，相关依据及审批手续是否完备。

7.审查应付账款是否存在借方余额

应付账款一般应为贷方余额，审计人员审计时应付账款明细账户出现借方余额，应查明原因，必要时建议被审计单位做调整。若被审计单位因重复付款、付款后退货、预付货款等导致明细账户出现借方余额，审计人员应根据其产生的原因进行相应的处理。

8.审查同时挂账的应付账款

审计人员应结合预付账款的审计，查明被审计单位是否存在应付账款和预付账款同时挂账的情况。若有，应做记录，必要时提请被审计单位做重分类调整或会计误差调整。

9.审查外币应付账款折算

如果被审计单位有外币应付账款，审计人员应检查非记账本位币所采用的折算汇率是否正确，折算差额是否按规定进行会计处理。

10.验明应付账款在资产负债表上披露的恰当性

"应付账款"项目应根据"应付账款"和"预付账款"科目所属明细科目的期末贷方余额的合计数填列。审计人员应检查资产负债表中"应付账款"项目的金额是否与审定数一致。

（二）实质性测试应付票据

1.获取或编制应付票据明细表

审计人员对应付票据进行审计，应取得或编制应付票据明细表，复核加计，与应付票据登记簿、报表数、总账数和明细账合计数核对。检查应付票据明细表内容，包括票据类别及编号、出票日期、面额、到期日、收款人名称、利息率、付息条件以及抵押品的名称、数量和金额等。审计人员审核时，注意被审计单位有无漏报或错报票据，有无漏列抵押品，有无多计或少计利息等情况。

2.实施分析性复核

对应付票据实施分析性复核的目的在于证实应付票据的完整性和合理性。

3.函证应付票据

审计人员应选择重要项目（包括零账户）应付票据，函证其余额是否正确，并根据回函情况，编制与分析函证结果汇总表。对未回函的，再次函证或采取其他替代审计程序以确定应付票据的真实性。函证的内容主要包括出票日、到期日、票面金额、未付金额、已付息期间和利率等。

4.抽查原始凭证

审计人员应检查应付票据备查簿，抽查若干重要原始凭证，确定其是否真实，会计处理是否正确。其具体程序为：①检查应付票据产生的相关合同、发票、货物验收单等资料，核实交易事项的真实性；②抽查报告日后应付票据明细账及现金、银行存款日记账，核实其是否已付款并转销；③审查截止日已偿付的应付票据，注意其凭证入账日期的合理性。

5.审查应付票据利息

对于带息的应付票据，审计人员应复核其利息计提是否正确，会计处理是否正确。

6.审查逾期未兑付应付票据

对于逾期未兑付应付票据，审计人员应查明原因，确定是否存在抵押票据的情形，并提请被审计单位披露。

7.审查外币应付票据

对于用非记账本位币结算的应付票据，检查其采用的折算汇率是否正确，折算差额是否按规定进行处理。

8.确定应付票据在资产负债表中披露的恰当性

"应付票据"项目应根据"应付票据"科目所属明细科目的期末贷方余额的合计数填列。审计人员应检查资产负债表中"应付票据"项目的金额是否与审定数一致。

（三）实质性测试预付账款

1.获取或编制预付账款明细表

审计人员获取或编制预付账款明细表，复核加计，并与报表数、总账数和明细账合计数核对。

2.函证预付账款

审计人员在分析预付账款账龄及余额构成基础上，根据审计策略选择大额或异常的预付账款重要项目（包括零账户），函证其余额是否正确，并根据回函情况编制函证结果汇总表；回函金额不符的，要查明原因做记录或建议做适当调整；未回函的，可再次函证，也可采用替代程序进行检查，如检查该笔债权的相关凭证资料，或抽查资产负债表日后预付账款明细账及存货明细账，核实是否已收到货物并转销，并根据替代检查结果判断其债权的真实性或出现坏账的可能性。

3.检查同时挂账的预付账款

审计人员应结合应付账款明细账抽查入库记录，查核有无重复付款或将同一笔已付清的账款在预付账款和应付账款这两个项目同时挂账的情况。

4.检查预付账款的贷方余额

审计人员通过检查预付账款明细账，查明被审计单位是否存在贷方余额的项目。若存在，应查明原因，必要时建议重做分类调整。

5.检查预付账款长期挂账

审计人员检查被审计单位是否存在长期挂账的预付账款。若有，应分析其产生的原因并记录，必要时提请被审计单位调整。

6.审查外币结算的预付账款

对于用非记账本位币结算的预付账款，审计人员应检查其采用的折算汇率是否正确，汇兑损益的会计处理是否合规。

7.检查预付账款在资产负债表上披露的恰当性

资产负债表中预付账款的金额应根据预付账款明细账的借方余额和应付账款明细账的借方余额合计填列。

三、实质性测试在建工程与工程物资

（一）实质性测试在建工程

审计人员应核对被审计单位在建工程核算进行基建工程、安装工程、技术改造工程、大修理工程等发生的实际支出，包括建筑工程、安装工程、在安装设备、技术改造工程、大修理工程和其他支出。

1.获取或编制在建工程明细表

审计人员应获取或编制在建工程明细表，复核加计，并与报表数、总账数和明细账合计数核对。

2.审查本期在建工程的增加数

在建工程增加的原因很多，主要有工程款的支付、工程物资的领用、借款费用和工程管理费用的资本化以及相关税费的缴纳等。对在建工程增加的审计，主要审查本期增加在建工程的合规性、计价的正确性及会计处理的适当性。

3.审查本期在建工程的减少数

在建工程完工转为固定资产引起在建工程的减少，审计人员应结合固定资产审计，检查在建工程转销数是否正确、及时，是否存在已交付使用的固定资产未转销而少提折旧的情况；检查已完工的工程项目的竣工决算报告、验收交接单等相关凭证及其他转出

数的原始凭证,检查其会计处理是否正确。

4.审查在建工程期末余额的构成

审查在建工程期末余额的构成内容,实地观察工程现场,确定在建工程是否存在;了解工程项目的实际完工进度;检查是否存在实际已使用,但未办理竣工决算手续、未及时进行会计处理的项目。

5.审查在建工程减值准备的计提

查明在建工程减值准备的计提方法是否符合制度规定,计提的依据是否充分,计提的数额是否恰当,相关会计处理是否正确,前后期是否一致;已计提减值准备的在建工程价值又得以恢复时,是否在原已计提减值准备的范围内转回。

6.审查在建工程在资产负债表上披露的恰当性

被审计单位的在建工程若存在抵押、担保等情况,应在会计报表附注中进行必要的披露。

(二)实质性测试工程物资

工程物资是企业为核算基建工程、更新改造工程和大修理工程准备的各种物资。

(1)获取或编制工程物资明细表。对有关数字进行复核,并与报表数、总账数和明细账合计数进行核对。若不相符,应查明原因并进行调整。

(2)监督盘点工程物资,确定其是否存在,账实是否相符,并观察有无呆滞、积压工程物资。

(3)抽查工程物资采购合同发票、货物验收单等原始凭证,检查其内容是否齐全,有无得到授权批准,会计处理是否正确。

(4)检查工程物资领用手续是否齐全,使用是否合理,会计处理是否正确。

(5)检查被审计单位对工程物资有无定期盘点制度,对盘盈、盘亏、报废、毁损的,是否减掉了保险公司和过失人的赔偿部分,是否正确地冲减了在建工程成本或计入了营业外支出。

(6)检查工程完工后剩余工程物资转入存货时,是否将其所含增值税进项税额进行了正确的分离。

(7)检查工程物资在资产负债表上披露的恰当性。

任务四 分析购货与付款循环审计案例

[例1]固定资产审计

审计人员在2025年3月审查某公司固定资产时,发现某公司2024年不合规的转账凭证一张,其会计分录为:

借:营业外支出——非常损失 600 000

累计折旧 100 000

固定资产减值准备 100 000

贷:固定资产 800 000

根据《企业会计制度》,固定资产报废应通过固定资产清理科目核算,因此该转账凭证上反映的会计处理不合规。同时，审计人员注意到，该固定资产报废时净额占固定资产比例高达 75%，其中可能有问题，决定进一步进行审查。于是调阅了该固定资产卡片，发现该固定资产实际使用年限只有一年。经多次询问该公司有关人员，得知该固定资产不久前因企业转产而被闲置，该公司于 2024 年 10 月 5 日将其变卖，变卖收入 5 万元归入企业"小金库"。审计人员因此提请该公司将该固定资产变卖款存入银行，并调整会计处理，其调账分录为：

借：银行存款　　　　　　　　　　　　　　500 000
　　贷：营业外支出——非常损失　　　　　　　500 000

讨论：2025 年 3 月审计人员发现此问题时，显然该公司 2024 年已经结账，已提交 2024 年的会计报表。此时应当调增"营业外支出——非常损失"，从而调增"本年利润"和"利润分配"等账项，并调增银行存款。任意盈余公积计提比例为 5%，应付股利为税后利润的 40%，则做出调整总账和明细账的处理。

借：银行存款　　　　　　　　　　　　　　50 000
　　贷：应交税费——应交企业所得税　　　　　12 500
　　　　盈余公积——法定盈余公积　　　　　　3 750
　　　　盈余公积——任意盈余公积　　　　　　1 875
　　　　应付股利——应付××　　　　　　　　12 750
　　　　利润分配——未分配利润　　　　　　　19 125

计算过程如表 10-1 所示。

表 10-1　计算过程

项目	计算过程	计算结果
本年利润	50 000	10 000
应交税费——应交企业所得税	50 000×25%	12 500
盈余公积——法定盈余公积	（50 000−50 000×25%）×10%	3 750
盈余公积——任意盈余公积	（50 000−50 000×25%）×5%	1 875
应付股利——应付 ××	[50 000−（50 000−50 000×25%）×10%−（50 000−50 000×25%）×5%]×40%	12 750
利润分配——未分配利润	50 000−50 000×25%−（50 000−50 000×25%）×15%−[50 000−50 000×25%−（50 000−50 000×25%）×10%−（50 000−50 000×25%）×5%]×40%	19 125

2024 年这个账项错误对资产负债表的影响是：报表项目"货币资金"少计 50 000 元，报表项目"盈余公积"少计 5 625 元，"应交税费"少计 12 500 元，报表项目"应付股利"少计 12750 元，报表项目"未分配利润"少计 19 125 元。

建议被审计单位对资产负债表相关报表项目做出调整。

借：货币资金　　　　　　　　　　　　　　50 000
　　贷：应交税费　　　　　　　　　　　　　12 500

盈余公积	5 625
应付股利	12 750
未分配利润	19 125

2024 年这个账项错误对损益表的影响是："营业外支出"多计 50 000 元，应调减 50 000 元；"利润总额"少计 50 000 元，应调增 50 000 元；"所得税费用"少计 12 500 元，应调增 12500 元。"基本每股收益""稀释每股收益"也应做出相应的调整。

2024 年这个账项的错误使投资活动产生的现金流量少计 50 000 元，这个账项的错误需要调增现金流量表中的"处置固定资产、无形资产和其他长期资产收回"的现金净额 50 000 元。

[例 2] 累计折旧审计

某公司所得税税率为 25%，法定盈余公积计提比例为 10%，任意盈余公积计提比例为 5%，固定资产大修理费用实行预提制度。审计人员在 2025 年 2 月 15 日审计该公司 2024 年度会计报表时，发现管理用一台设备大修理费用已提足。2024 年 10 月该设备发生大修理费用 50 000 元时，其会计分录为：

| 借：管理费用 | 50 000 |
| 　贷：银行存款 | 50 000 |

根据该企业的规定，固定资产大修理费用实行预提制度。而该公司将实际发生的大修理费用，又再次计入管理费用，造成当期管理费用虚增 50 000 元，当期利润少计 50 000 元，偷漏企业所得税 12 500 元。审计人员应提请该公司做调账处理，并及时补缴税款。

讨论：2025 年 2 月审计人员发现此问题时，显然该公司 2024 年已经结账，已提交 2024 年的会计报表。2024 年 10 月该设备发生大修理费用 50 000 元时，其会计分录应当是：

| 借：应付账款——预提固定资产修理费用 | 50 000 |
| 　贷：银行存款 | 50 000 |

此时应当调减"应付账款——预提固定资产修理费用"50 000 元；还需调减"管理费用"，从而调增"本年利润"和"利润分配"等账项。任意盈余公积计提比例为 5%，应付股利为税后利润的 40%，则做出调整总账和明细账的处理。

借：应付账款——预提固定资产修理费用	50 000
贷：应交税费——应交企业所得税	12 500
盈余公积——法定盈余公积	3 750
盈余公积——任意盈余公积	1 875
应付股利——应付××	12 750
利润分配——未分配利润	19 125

计算过程如表 10-2 所示。

表 10-2　计算过程

项目	计算过程	计算结果
本年利润	50 000	50 000
应交税费——应交企业所得税	50 000×25%	12 500
盈余公积——法定盈余公积	（50 000－50 000×25%）×10%	3 750
盈余公积——任意盈余公积	（50 000－50 000×25%）×5%	1 875
应付股利——应付 ××	[50 000－（50 000－50 000×25%）×10%－（50 000－50 000×25%）×5%]×40%	12 750
利润分配——未分配利润	50 000－50 000×25%－（50 000－50 000×25%）×15%－[50 000－50 000×25%－（50 000－50 000×25%）×10%－（50 000－50 000×25%）×5%]×40%	19 125

2024 年这个账项错误对资产负债表的影响是：报表项目"应交税费"少计 12 500 元，报表项目"盈余公积"少计 5 625 元，报表项目"应付股利"多计 12 750 元，报表项目"未分配利润"多计 19 125 元，报表项目"应付账款"多计 50 000 元。

建议被审计单位资产负债表相关报表项目做出调整。

借：应付账款　　　　　　　　　　　　　　50 000
　　贷：应交税费　　　　　　　　　　　　　12 500
　　　　盈余公积　　　　　　　　　　　　　 5 625
　　　　应付股利　　　　　　　　　　　　　12 750
　　　　未分配利润　　　　　　　　　　　　19 125

2024 年这个账项错误对损益表的影响是："管理费用"多计 50 000 元，应调减 50 000 元；"营业利润"少计 50 000 元，应调增 50 000 元；"利润总额"少计 50 000 元，应调增 50 000 元；"所得税费用"少计 12 500 元，应调增 12 500 元。"基本每股收益""稀释每股收益"也应做出相应的调整。

2024 年这个账项的错误可能未引起现金流量金额的变化，因此这个账项的错误不需要对现金流量表的相关报表项目进行调整。

[例 3]应付账款审计

审计人员 2025 年 3 月在审查 A 公司"应付账款"明细账时，发现 2024 年 10 月 13 日 134 号凭证记录应付账款增加 100 000 元，而 2024 年 10 月 14 日 136 号凭证又记录偿还该笔应付账款 1 000 000 元，支付借款如此迅速，审查人员怀疑其中有问题，决定进一步对其进行审查。

审计人员首先调阅了 10 月 13 日 134 号记账凭证，其反映的业务内容为：

借：材料采购　　　　　　　　　　　　　1 000 000
　　应交税费——应交增值税（进项税额）　 130 000
　　贷：应付账款——B 公司　　　　　　　1 130 000

该记账凭证所附单据为供货单位发票一张，合同一份，规定付款期一个月，如果在 10 天内付款，给予 2% 的现金折扣。

审计人员又调阅了 10 月 14 日 136 号记账凭证，其反映的内容是：

借：应付账款——B公司   1 130 000

  贷：银行存款   1 107 400

    库存现金   22 600

该记账凭证所附原始凭证为转账支票存根和现金收据两张。一笔货款为什么采用两种结算方式？而且根据合同规定，A公司应享受 22 600 元的现金折扣，但在其账务处理中却没有关于享受现金折扣的记录，反而把折扣金额用现金支付。为了进一步查清问题，审计人员走访、调查了 B 公司，发现其仅收入 1 107 400 元转账支票一张。审计人员又询问了 A 公司的出纳员，了解到由会计杨某从保险柜中取出现金并签发支票用于货款结算。审计人员在审查借条时，发现字迹与收款收据完全一样，现金收据纯属伪造。在事实和证据面前，杨某终于承认其利用财务制度不严和职务方便，贪污现金折扣 22 600 元。审计人员提请该企业会计杨某退回赃款，并做相应的账项调整处理。

讨论：如果 2024 年被审计单位还未结账时审计人员发现此问题，可以建议被审计单位做出调账处理。

借：其他应收款——杨某（或库存现金）   22 600

  贷：财务费用   22 600

但事实上审计人员 2025 年 3 月发现此问题时，显然被审计单位 2024 年已经结账，已提交 2024 年的会计报表。若任意盈余公积计提比例为 5%，应付股利为税后利润的 40%，则做出调整总账和明细账的处理：

借：其他应收款——杨某（或库存现金）   22 600

  贷：应交税费——应交企业所得税   5 650

    盈余公积——法定盈余公积   1 695

    盈余公积——任意盈余公积   847.5

    应付股利——应付××   5 763

    利润分配——未分配利润   8 644.5

2024 年这个账项错误对资产负债表的影响是：报表项目"应交税费"少计 5 650 元，报表项目"盈余公积"少计 2 542.5 元，报表项目"应付股利"少计 5 763 元，报表项目"未分配利润"少计 8 644.5 元，报表项目"其他应收款"或"货币资金"少计 22 600 元。

建议被审计对单位资产负债表相关报表项目做出调整。

借：其他应收款（或货币资金）   22 600

  贷：应交税费   5 650

    盈余公积   2 542.5

    应付股利   5 763

    未分配利润   8 644.5

2024 年这个账项错误对损益表的影响是："财务费用"多计 22 600 元，应调减 22 600 元；"营业利润"少计 22 600 元，应调增 22 600 元；"利润总额"少计 22 600 元，应调增 22 600 元；"所得税费用"少计 5 650 元，应调增 5 650 元。"基本每股收益""稀释每股收益"也应做出相应的调整。

2024 年这个账项的错误可能会引起现金流量金额的变化，因此这个账项的错误可能需要对现金流量表的相关报表项目"分配股利、利润或偿付利息支付的现金"进行调整。

[例 4] 应付票据审计

审计人员 2025 年 2 月在审查 A 公司"应付票据"明细账时，发现 2024 年 12 月 2 日 316 号记账凭证记录的业务摘要为"购货款"，但没有产品销售合同的记录。审计人员调阅了 316 号记账凭证，发现会计分录为：

借：银行存款　　　　　　　　　　　　100 000
　　贷：应付票据——B 公司　　　　　　　　100 000

该记账凭证所附原始凭证包括进账单一张，借 B 公司周转款的收据一张，企业签发并承兑的商业汇票一张，汇票利率为 6%。经向 B 公司了解，并对 A 公司有关当事人进行询问，证实该笔款是向 B 公司的借款。

A 公司签发、承兑商业汇票不合规范，以签发商业汇票的形式掩饰从 B 公司拆借资金。

讨论：如果 2024 年被审计单位还未结账时审计人员发现此问题，可以建议被审计单位做出调账处理。

借：应付票据——B 公司　　　　　　　　100 000
　　贷：其他应付款——B 公司　　　　　　　100 000

但事实上审计人员 2025 年 2 月发现此问题时，显然被审计单位 2024 年已经结账，已提交 2024 年的会计报表。首先调整总账和明细账：

借：应付票据——B 公司　　　　　　　　100 000
　　贷：其他应付款——B 公司　　　　　　　100 000

2024 年这个账项错误对资产负债表的影响是：报表项目"其他应付款"少计 100 000 元，报表项目"应付票据"多计 100 000 元。

建议被审计单位对资产负债表相关报表项目做出调整。

借：应付票据——B 公司　　　　　　　　100 000
　　贷：其他应付款——B 公司　　　　　　　100 000

2024 年这个账项错误对损益表可能没有影响，无须做出相应的调整。

2024 年这个账项的错误可能未引起现金流量金额的变化，因此对现金流量表的相关报表项目无须进行调整。

项目十
微课视频

审计筹资与投资循环

◎ 学习目标

知识目标：

掌握筹资业务审计的目标、程序、内容、方法和要领；掌握投资业务审计的目标、程序、内容、方法和要领。

素质目标：

培育诚信品格和良好的审计职业道德；培养审计人员的专业素质；养成严谨、认真、细致的工作作风；培养节约成本意识；培养创新精神；适应社会政治、经济、文化的发展，把国家利益、民族利益放在心中，肩负国家使命和社会责任。

能力目标：

能开展筹资业务符合性测试；能进行筹资业务实质性测试；能开展投资业务符合性测试；能进行投资业务实质性测试。

📋 项目导入

在错综复杂且日新月异的商业生态中，企业筹资与投资活动犹如驱动其持续远航的双引擎，其内部控制体系的完善与高效运行成为保障企业稳健前行的基石。本项目旨在引领学生深入剖析筹资与投资循环的核心枢纽，不仅聚焦于资金来源的多元化策略，如灵活高效的短期融资安排、稳健长远的长期借贷规划及严谨规范的债券发行流程，还广泛涉猎投资领域的资产优化配置与价值提升策略。

从内部控制的精细维度切入，深入探讨审批流程的缜密性、职责分工的明确性、资产保管的严密性以及会计核算的精准性，这些要素共同构筑了保障企业资金安全与增值的坚固防线。通过系统学习，学生将深刻领悟筹资与投资业务审计的精髓所在，从精准设定审计目标到高效执行审计程序，从全面覆盖审计内容到灵活运用审计方法，每一环节都紧密贴合实际需求，力求精准高效。

本项目还特别强调职业素养与综合能力的全面提升，致力于强化学生的诚信观念与职业道德，磨砺出严谨求实、细致入微的工作风格，并激发学生的创新思维与成本效益意识。最终，学生将能够自如运用精湛的审计技艺，对筹资与投资循环的内部控制体系实施深度剖析与精准评估，为企业的稳健发展筑起一道坚实的防护网。同时，鼓励学生将个人成长融入国家与社会发展的宏伟蓝图之中，以高度的责任感与使命感，为经济社会的繁荣昌盛贡献自己的力量。

任务一　初步分析筹资与投资循环

一、筹资循环主要业务活动

（一）股东权益筹资业务

下面以股份有限公司为例，介绍股票融资的主要业务活动。

1.授权或批准

根据《公司法》规定，股份有限公司发行新股，必须由股东会做出决议，决议内容包括新股种类及数额、新股发行价格、新股发行的起止日期、向原有股东发行新股的种类及数额等事项。

2.提出发行股票申请并经核准

股东会做出决议后，董事会必须向国务院授权的部门或省级人民政府申请批准，属于向社会公开募集的新股，需经国务院证券管理部门批准。

3.公告招股说明书，制作认股书，签订承销协议

公司经批准向社会公开发行新股时，必须公告新股招股说明书和财务会计报表及附属明细表，并制作认股书。公司向社会公开发行新股，应当由依法设立的证券经营机构承销，签订承销协议。

4.招认股份，缴纳股款，召开创立大会

发行股份的股款缴足后，必须经法定的验资机构验资并出具证明。发起人应当在三十日内主持召开公司创立大会，选举董事会、监事会。董事会应于创立大会结束后三十日内，向公司登记机关报送有关文件，申请设立登记。股份有限公司登记成立后，即向股东正式交付股票。

5.股票的记录

股份有限公司发行股票后，应设立"股本"账户，核算企业按公司章程和投资协议的规定，股东投入的资本，并在"股本"科目下设股东明细账，按股东姓名登记某一时间发行在外的股票。企业还应将核定的股本总额、股份总数、每股面值，在"股本"账户中做备查记录。

6.股票的上市

符合股票上市条件的股份有限公司申请股票上市交易，应当报经国务院或者国务院授权证券管理部门批准。股票上市交易申请经批准后，被批准的上市公司必须公告其股票上市报告，并将其申请文件存放在指定的地点供公众查阅。

7.股利分配

股份有限公司从当年的税后利润中扣除弥补以前年度的亏损，提取盈余公积金和公益金等之后所剩余的利润，经股东会决议，按照股东持有的股份比例分配。企业应合理制定股利分配政策，根据可供分配利润额，按股东会决议进行股利分配。

（二）负债筹资业务

1.银行借款

银行借款是指企业向银行或其他金融机构借入的各种借款，包括长期借款和短期借

款。长期借款和短期借款业务活动基本相同，下面以长期借款为例介绍其相关的业务活动。

（1）长期借款的授权或批准。企业通过长期借款融通资金，数额大且一般需要担保与抵押。因此，企业进行长期借款需非常谨慎，举借方式、数额、用途等必须经过股东会或董事会的授权或批准。

（2）借款合同的签订。企业申请贷款必须符合贷款原则和条件，经过授权与批准后，应提出借款申请，陈述借款的原因、借款金额、用款时间与计划、还款期限与计划，经银行审查批准后，应立即按照金融部门的规定签订借款合同，明确规定贷款的数额、利率、期限和一些限制性条款，明确借款双方的权利和义务。

（3）长期借款的取得。借款合同签订后，在核定的贷款指标范围内，企业可以根据用款计划和实际需要，一次或多次将贷款资金转入企业的存款账户，以备支用。

（4）长期借款的记录。企业取得长期借款后，会计部门应设置"长期借款"科目，按实际发生额及时登记入账，反映企业长期负债的增加，并按规定的计息方法和时间计提并登记利息。

（5）长期借款的偿还。企业应按借款合同的规定按期付息还本。如果企业因暂时财务困难到期不能付息还本，需延期偿还贷款，应向银行提交延期还贷计划，银行审查核实，续签合同，通常需要加收利息。

2.发行债券

企业发行债券融资与借款融资既有相同之处（都必须还本付息），又有不同之处（发行债券必须严格遵守国家有关债券管理的规定，债券能在市场上流通、转让等）。

（1）债券发行的授权或批准。公司在发行债券之前，必须做出发行债券的决议，具体决定公司债券发行总额、票面金额、发行价格、募集办法、债券利率、偿还日期及方式等内容。股份有限公司、有限责任公司发行公司债券，应由董事会制定方案，股东会做出决议；国有独资公司发行公司债券，应由国家授权的机构或者国家授权的部门做出决定。

（2）债券发行的申请和审批。公司发行债券，应提出发行债券申请，提交公司登记证明、公司章程、公司债券募集办法、资产评估报告和验资报告，由国务院证券管理部门批准。

（3）公告公司债券募集办法。发行公司债券的申请经批准后，应当公告公司债券募集办法。公司债券募集办法中应当载明下列主要事项：公司名称、债券总额和债券的票面金额、债券的利率、还本付息的期限和方式、债券发行的起止日期、公司净资产额、已发行的尚未到期的公司债券总额、公司债券的承销机构。

（4）债券的签发。发行公司债券，必须在债券上载明公司名称、债券票面金额、利率、偿还期限等事项，并由董事长签名，公司盖章。

（5）债券的承销或包销。根据有关法规规定，公司发行债券应与证券公司签订承销或包销合同。

（6）债券的保管。公司为保证债券的安全、完整，通常指定专人保管库存债券，或者委托银行或信托公司等独立机构代为保管。

（7）债券利息的支付。债券利息的支付形式主要有分期付息和到期一次性还本付息两种。公司应在债券付息日按债券票面利率计算利息，并向投资者支付利息。

（8）债券的偿还或购回。公司应根据发行债券时规定的还款方法偿还本金，债券的偿还一般有一次偿还、分期偿还、提前偿还等形式。如为上市交易的债券，企业可以通过证券市场购回发行在外的债券。

（9）债券的转换。上市公司经股东会决议可以发行可转换为股票的公司债券，并在公司债券募集办法中规定具体的转换办法。发行可转换股票的公司债券，应当报请国务院证券管理部门批准。公司债券可转换为股票的，除具备发行公司债券的条件外，还应当符合股票发行的条件。

二、投资循环主要业务活动

（一）投资决策

投资决策是投资活动的首要活动，进行投资活动之前，首先应对投资方式、时间等进行决策，然后制订投资计划。

（二）审批授权

审批授权是指投资业务由企业的高层管理机构进行审批。

（三）取得证券或其他投资

企业可以通过购买股票和债券进行投资，也可以通过与其他单位联合进行投资。

（四）取得投资收益

企业可以取得股权投资的股利收入、债券投资的利息收入和其他投资收益。

（五）转让证券或收回其他投资

对于股票投资，可以通过转让实现投资的收回；对于债券投资，既可以通过转让债券实现投资的收回，也可以到期收回投资；而其他投资一经投出，除联营合同期满或由于其他特殊原因联营企业解散外，一般不得抽回投资。

三、筹资与投资循环的审计范围

筹资与投资循环包括筹资和投资两项基本业务活动，筹资与投资循环中所涉及的报表项目主要有持有至到期投资、应收利息、应收股利、长期股权投资、长期债券投资、短期借款、长期借款、应付债券、长期应付款、实收资本、资本公积、盈余公积、未分配利润、管理费用、财务费用、投资收益、营业外收入、营业外支出和所得税费用等。

（一）筹资活动的凭证和会计记录

筹资活动的凭证和会计记录包括债券和股票，债券契约，股东名册，公司债券存根簿，承销或包销协议、合同，借款合同或协议，相关的记录凭证、明细账和总账，以下仅对重点内容做一介绍。

1.债券和股票

债券作为一份承载着法律效力的契约文书，它清晰地界定了债券持有人（债权人）与债券发行企业（债务人）之间各自享有的权利与必须履行的义务。这份契约详尽地包括了债券发行的具体标准，对债券本身的明确描述，包括其面值、期限等关键信息；规定了债券持有人应享有的利息及其利率，确保收益透明可预期；明确了债券的管理机制，包括受托管理人的任命、债券的登记与转让背书流程；对于抵押债券而言，还特别指出了所担保的财产详情，为债券持有人提供了额外的安全保障；同时，还预设了债券违约时的处理机制，以保障债券持有人的合法权益；对偿债基金的设立与管理、利息的按期支付以及本金的最终返还等关键环节均做了详尽规定，确保了债券市场的稳定与健康发展。

股票作为界定股东与公司之间权益关系的法律凭证，详尽阐述了股东所享有的权利与应承担的义务。其构成要素通常涵盖：股票的发行基础与条件；股票的明确标识与分类；股东的投票权、分红权及其他股东权益；股票的注册登记与转让流程；若涉及优先股，则需明确其优先分配权、优先认购权等特权条款；对于公司盈利分配、股本变动及股东权益保护的具体规定；在公司解散、清算时，股东权益的保障措施与分配原则。这份法律性文件不仅构建了股东与公司之间的信任桥梁，也确保了资本市场的公平、透明与有序运行。

2.债券契约

债券契约是明确债券持有人与发行企业双方所拥有的权利与义务的法律性文件。其内容一般包括：债券发行的标准；债券的明确表述；利息或利息率；受托管理人证明书、登记和背书；如果是抵押债券，要标明所担保的财产；债券发生拖欠情况的处理方式；对偿债基金、利息支付、本金返还等的处理。

3.股东名册

发行记名股票的公司应记载的内容包括股东的姓名或者名称及住所、各股东所持股份、各股东所持股票的编号、各股东取得股份日期等。发行无记名股票的公司应当记载股票数量、编号及发行日期等。

4.公司债券存根簿

发行记名债券的公司应记载的内容包括债券持有人的姓名或者名称及住所、债券持有人取得债券的日期及债券的编号、债券总额、债券的票面金额、债券的利率、债券还本付息的期限和方式、债券的发行日期等。发行无记名债券的公司，应当在其债权存根簿上记载债券总额、利率、偿还期限和方式、发行日期和债券编号等内容。

（二）投资活动主要凭证和会计记录

投资活动涉及的凭证和会计记录主要包括股票、债券和基金、经纪人通知书、债券契约、被投资企业的章程及有关投资协议、相关的记录凭证和明细账及总账等。

任务二　审计所有者权益

一、所有者权益的审计目标

（1）验证投资者对企业投入资本的形成和增减变动的真实性、合法性。

（2）确定资本公积的形成和增减变动的真实性、合法性。

（3）确定盈余公积、未分配利润的形成和增减变动的真实性、合法性。

（4）确定所有者权益会计记录的完整性、正确性。

（5）验证所有者权益在会计报表上披露的恰当性。

二、测试所有者权益相关的内部控制

（一）所有者权益相关的内部控制

所有者权益增减变动业务较少、金额较大，因此所有者权益审计一般采用详查法。尽管如此，审计人员审计时仍需了解被审计单位所有者权益的内部控制情况，以便发现其中的薄弱环节和可能存在的问题，从而提高实质性测试的工作效率。

1.股票发行内部控制

（1）职责分工制度。明确职责分工，是加强企业股票发行内部控制的重要手段之一。适当的职责分工应包括以下内容：一是通过公司章程等书面文件，明确划分股东会、董事会等授权机构以及企业日常管理部门的责任；二是应由不同的人员分别负责股票交易中现金收支、会计记录和股票的保管等工作。

（2）授权审批制度。由于股利的分配、股东对企业重大事务的决策权以及企业剩余清算财产的分配等，与股本数量和结构密切相关，股东为了保护其合法权益，必然对企业的股本发行事项极为关注。股票发行，必须经过股东会批准与授权。

（3）委托代办制度。企业应委托证券交易所、证券公司或金融机构负责股票发行和股份转让过户交易，登记股份证书、股东名册，核定股权转移，收回旧股份证书，发行新股份证书等。股票的发行和股份转让过户委托外部独立机构进行，一方面便于与企业有关记录相互核对，互相牵制；另一方面也可以减少或避免股票交易中的欺诈或意外差错发生的可能性。为了有效地控制发行在外的股票，企业必须对持有人加以适当的记录。这种控制要求设置股东明细账和股票簿。

2.股利分配内部控制

有效的股利分配内部控制应做到以下几点：第一，每次股利分配由董事会决定，报经股东会批准，并对外宣布；第二，股利发放应由不负责股票记录的人员或机构根据股东明细账或股票簿进行，通常可委托证券公司等股票经纪机构办理；第三，企业应在银行设专户、定额存储已宣布发放的股利；第四，企业应设立完整的股利分配会计记录制度。

3.留存收益内部控制

盈余公积应分别设法定盈余公积、任意盈余公积和公益金，按照有关法律规定或董事会决议提取，并正确入账，限制使用，不得随意分配股利，尤其是盈余公积指定用途后，必须严格按照规定使用该笔资金。对未分配利润，也应按董事会决议及有关规定进行账务处理和合理使用。

（二）测试所有者权益相关内部控制

1.了解所有者权益相关内部控制

审计人员可以采用询问、观察和检查等方法对所有者权益相关内部控制进行了解，并通过文字叙述、调查表、流程图等方式将了解到的内部控制记录下来，形成审计工作底稿，具体应了解以下几个方面。

（1）股本的投入是否经过注册会计师的验证并做会计处理。

（2）股本交易是否经过股东会或董事会的授权与核准。

（3）股票的发行与转让过户是否委托独立经纪机构办理。

（4）股本交易是否经过适当的责任划分。

（5）是否设置了股东明细账和股票簿。

（6）是否定期审查有关股东权益的会计记录。

（7）资本公积、盈余公积、未分配利润和股利分配是否正确。

2.符合性测试所有者权益相关内部控制

（1）取得股票发行文件，检查股票发行是否经股东会授权，是否按法律规定报批。

（2）取得股利分配文件，检查股利分配是否有董事会的决议，是否经股东会批准。

（3）索取股票簿，抽取若干股票的存根，检查是否恰当地记录发行在外股票的有关资料，核对股票簿存根总额与股东明细账总额和股本总账数是否一致。

（4）通过实地观察或询问有关人员或检查有关凭证，确定所有者权益筹资业务的处理过程中是否进行恰当的职责分工。

（5）根据股东明细账，选择若干股利支票存根，向股东核实股利的支付情况。

（6）检查盈余公积的计提比例是否符合相关法律法规的规定，是否通过董事会的决议。

3.评价所有者权益相关内部控制

审计人员对所有者权益相关内部控制进行了解、测试后，对企业所有者权益相关内部控制的测试结果进行合理评价，以确定对其实质性测试工作的影响。

三、实质性测试所有者权益

（一）实质性测试股本

1.审阅公司章程、实施细则和股东会、董事会会议记录

审计人员应向被审计单位索取公司章程、实施细则和股东会、董事会会议记录的副本，认真研究其中有关股本的决定，检查股票发行、股票赎回、股票分割、股利宣告与发放等是否按有关法规的规定及股东会和董事会的决议办理。

2.检查出资方式和出资比例

有关法规规定，股份制企业设立可以采取发起方式和募集方式设立。以发起方式设立公司，公司股份由发起人全部认购，不向发起人之外任何人募集股份。设立股份有限

公司，应有五人以上的发起人。股份有限公司的出资可以采取货币资金、实物资产、无形资产等方式，但以无形资产出资的金额不得超过股份有限公司注册资本的30%。审计人员审计时，应检查股东是否按照公司章程、合同、协议规定的出资方式出资，各种出资方式的比例是否符合规定。

3.索取或编制股本明细表

审计人员应当向被审计单位索取或自行编制股本明细表，作为永久性档案存档，供本年度和以后年度审查股本时使用。股本明细表的内容应包括各类股本变动的详细记载及有关的分析评价，编制时应将每次变动情况逐一记载并与有关原始凭证和会计账目进行核对。

4.审查股票发行、收回

审计人员应审查与股票发行、收回有关的原始凭证和会计记录，验证股票发行、收回是否确实存在。应审查的原始凭证包括已发行股票的登记簿、向外界收回的股票、募股清单、银行对账单等。会计记录则主要包括银行存款日记账与总账、股本明细账与总账等。

5.函证发行在外的股票

目前股票发行和转让大多由企业委托证券交易所或金融机构进行，由证券交易所或金融机构对发行在外的股票份数进行登记和控制。审计人员在审计时，可采用向证券交易所或金融机构函证和查询方法来验证发行股份的数量，并与股本账面数进行核对。

6.审查股票发行费用的会计处理

《企业会计制度》规定，溢价发行股票时，各种发行费用从溢价中抵销；无溢价的或溢价不足以支付的部分，作为长期待摊费用，在不超过两年的期限内平均摊销。审计人员应审查相关会计记录和原始凭证，确定被审查单位对股票发行费用的会计处理是否准确。

7.确定股本在资产负债表上的披露是否恰当

股本应在资产负债表上单项列示。审计人员应核对被审计单位资产负债表中股本项目的数字是否与审定数相符，并检查是否在会计报表附注中披露与股本有关的重要事项，如股本的种类、各类股本金额及股票发行的数额、每股股票的面值、本会计期间发行的股票等。

（二）实质性测试实收资本

除股份有限公司之外的企业投入资本统一在"实收资本"科目中核算。实收资本一般也不发生变化。

1.审阅被审计单位合同、章程、营业执照及有关董事会会议记录

审计人员应向被审计单位索取合同、章程、营业执照及有关董事会会议记录，并认真审阅其中的有关规定。企业合同、章程，对投资者各方的出资方式、出资期限及其他要求做了详细规定，一经国家审批部门批准，就具有法律效力，投资各方均不得随意更改，应严格履行合同、章程所规定的出资义务。

2.获取或编制实收资本明细表

审计人员应当向被审计单位索取或自行编制实收资本明细表，作为永久性档案存档，以供本年度和以后年度审计使用。实收资本明细表应当包括实收资本变动的详细记载及有关分析评价，编制时应将每次变动情况逐一记载并与有关的原始凭证和会计账目进行核对。

3.审查出资期限和出资方式、出资数额和出资比例

审计人员应根据国家法律、行政法规、投资合同及协议、企业章程的规定对企业出资期限、出资方式、出资数额和出资比例进行审查，以判断其合规性。

4.审查投入资本的真实性及计价的正确性

审计人员应通过对有关原始凭证、会计记录的审阅和核对，向投资者函证实缴资本额，对有关财产和实物的价值进行鉴定，确定投入资本是否真实存在，计价是否正确。

5.审查实收资本的增减变动

审计人员应查明实收资本的增减变动原因，并审查其是否与董事会纪要、补充合同或协议以及有关法律文件的规定一致。

6.审查实收资本在资产负债表中披露的恰当性

企业的实收资本应在资产负债表上单独列示，同时还应在会计报表附注中说明实收资本期初至期末间的重要变化，如投资人的变更、注册资本的增加或减少、各所有者出资额的变动等。审计人员应在实施上述审计程序的基础上，确定被审计单位资产负债表上的实收资本的反映是否正确，确定有关投入资本是否在会计报表附注中充分分类表达。

（三）实质性测试资本公积

资本公积是指企业由于投入资本业务等非经营因素形成的应由全体所有者共同所有的资本的增值。一类是可以直接用于转增资本的资本公积金，包括资本（或股本）溢价、接受现金捐赠、拨款转入、外币资本折算差额和其他资本公积金等；另一类是不可以直接用于转增资本的资本公积，包括接受捐赠非现金资产准备和股权投资准备等。

1.取得或编制资本公积明细表

资本公积明细表包括资本公积的种类、金额、形成日期及原因等事项。审计人员取得或编制资本公积明细表后，应将该表反映的内容与有关的原始凭证、会计账目、资产负债表中有关资本公积项目进行核对，检查其一致性；将资本公积明细账余额与资本公积明细表核对，检查其是否一致，如果不一致应查明原因；将资本公积明细账借贷方发生额与记账凭证、原始凭证核对，查明其是否相符，确定资本公积实有额是否真实、准确。

2.审查资本公积形成的合法性

审计人员应首先审查资本公积形成的具体内容及其相关依据，并查阅相关原始凭证和会计记录，以确定资本公积形成的合法性和正确性。

3.审查资本公积使用的合法性

审计人员应当审查资本公积明细账的借方发生额及有关凭证、账户的对应关系，查明资本公积转增资本（或股本）时有无企业最高决策层的正式批文，有无有关政府部门的批准文件，经办手续是否完备，实际转增的资本额与批准额是否一致，有无多增或少增的问题。

4.审查资本公积披露的恰当性

资本公积应根据"资本公积"账户的期末余额在资产负债表上单独列示，审计人员应当核对被审计单位资产负债表中资本公积项目的数额是否与审定数额相符，并检查是否在会计报表附注中充分说明。

（四）实质性测试盈余公积

盈余公积是企业按照国家有关规定，从税后利润中提取的积累资金。盈余公积属于指定用途的资金，主要用于弥补亏损和转增资本，也可以按规定用于分配股利。

1.获取或编制盈余公积明细表

审计人员应获取或自行编制盈余公积明细表，分别列示法定盈余公积、任意盈余公积和公益金，将明细表总额进行验算，并与明细账和总账的余额核对。在此基础上对盈余公积各明细项目的发生额，逐项审查原始凭证，查明被审计单位盈余公积是否真实、完整，有无弄虚作假、虚列盈余公积情况。

2.审查盈余公积的提取

审计人员主要审查盈余公积的提取是否符合有关规定并经过批准，提取的手续是否完备，提取的依据是否真实，提取的比例是否合规，提取的金额是否正确，提取的顺序是否符合国家的有关规定，提取的账务处理是否及时、正确。

3.审查盈余公积的使用

盈余公积的使用应符合国家及企业章程、股东会议决议的规定，合理使用。审计人员在审计时，应逐项审查列入法定盈余公积、任意盈余公积、公益金的每笔开支，确定是否符合规定的开支范围。

4.审查盈余公积披露的恰当性

企业的法定盈余公积、任意盈余公积和公益金应统一在"盈余公积"账户反映，并根据其期末余额在资产负债表中列示，在会计报表附注中说明各项盈余公积的期末余额以及期初至期末期间的重要变化。审计人员通过对此审查，确认盈余公积在会计报表中是否予以充分的揭示。

（五）实质性测试未分配利润

未分配利润是未分配给投资者、未指定用途的利润。它是企业历年积存的利润分配后的余额。企业的未分配利润通过"利润分配——未分配利润"明细科目进行核算。

（1）检查利润分配比例是否符合合同、协议、章程及董事会纪要的规定，利润分配数额及年末未分配利润数额是否正确。

（2）根据审计结果调整本年损益数，直接增加或减少未分配利润，确定调整后的未分配利润数。

（3）检查未分配利润在资产负债表、利润表及有关附表中披露是否恰当，口径是否一致。

任务三　审计负债筹资

一、负债筹资审计目标

（1）确定负债筹资业务记录是否完整。

（2）确定负债筹资业务是否真实存在，所产生的负债是否为被审计单位所承担。

（3）确定负债筹资的利息和借款费用资本化金额的计算是否正确。

（4）确定被审计单位所有负债筹资业务的会计处理是否正确。

（5）确定被审计单位负债筹资业务涉及的报表项目在会计报表上的披露是否恰当。

二、测试负债筹资相关的内部控制

（一）负债筹资相关内部控制

由于企业的债务性筹资涉及的短期借款、长期借款、应付债券等内部控制政策和程序基本类似，因此其控制测试的程序也类似。下面以应付债券为例，说明负债筹资业务相关的内部控制。健全、有效的应付债券内部控制应当包括以下内容。

1.授权审批制度

债券发行应由董事会制定方案，股东会做出决议，并向国家有关管理部门报批；债券的购回要有正式的授权程序。

2.受托管理制度

企业发行债券应委托银行或信托投资机构办理，受托人行使保护债券发行人和持有人合法权益的职责，并监督企业按照债券约定数额按时、足额履行债券本金和利息偿付义务，同时负责设置登记簿，专门登记债券持有人姓名、住所、购买数量、金额等详细资料，以及代理还本付息等工作。

3.合同或契约制度

合同或契约制度包括企业发行每种债券都必须签订债券契约；债券的承销或包销必须签订有关协议。

4.职责分工制度

应付债券业务的记录人员与债券发行人员应当分离；保管未发行的债券人员与记录人员应当分离。

5.定期核对制度

企业保存债券持有人明细账，应同总分类账核对相符；企业债券持有人明细账由外部机构保存，必须定期和外部机构核对是否相符。

6.保管制度

企业发行债券相关文件，各种凭证和账簿，以及未发行的债券等都必须指定专人保管或委托独立机构代为保管，以防丢失、被盗或毁损，给企业造成不必要的损失。

（二）测试负债筹资相关内部控制

下面仍以应付债券为例，说明负债筹资业务相关内部控制的测试。

1.了解应付债券内部控制

审计人员一般可以通过编制流程图、撰写内部控制说明、设计问答式调查表等方式来了解被审计单位应付债券的内部控制情况。在了解时要特别注意以下问题：①债券的发行是否根据董事会授权和有关法律法规进行，是否履行了严格的审批手续；②债券的发行收入是否立即存入开户银行；③企业是否能够按照债券契约的规定及时、足额支付债券利息、偿还本金；④企业是否将应付债券记入恰当的账户；⑤是否定期将债券持有人明细账和总账核对；⑥债券持有人明细账是否指定专人妥善保管；⑦债券的偿还和购回是否根据董事会授权处理。

2.符合性测试应付债券内部控制

审计人员在了解企业应付债券的内部控制后，如准备信赖其内部控制，则应当实施一定程序进一步测试其合理性、有效性，其测试程序为：①取得债券发行、偿还和购回有关文件，检查债券发行是否经董事会授权，是否履行了适当的审批手续，是否符合法律的规定；检查债券的偿还和购回是否遵循董事会的授权；②索取债券契约，查明企业是否根据契约的规定支付债券利息；③检查债券入账、债券折价或溢价的会计处理是否正确，核对应付债券的明细账和总账是否相符，核对应付明细账和有关凭证是否相符；④通过实地观察或询问有关人员或检查有关凭证，了解债券筹资业务的处理情况，确定是否进行恰当的职责分工；⑤检查未发行债券的保管情况，查明存取手续是否健全。

3.评价应付债券内部控制

审计人员在完成上述程序后，应对企业应付债券内部控制设计的合理性及执行的有效性进行科学的分析和评价，以确定对其实质性测试工作的影响，并针对内部控制薄弱环节提出改进建议。

三、实质性测试负债筹资

（一）实质性测试应付债券

1.获取或编制应付债券明细表

应付债券明细表主要包括债券名称、承销机构、发行日、到期日、债券面值总额、实收金额、折价或溢价及其摊销、应付利息、担保等内容。获取或编制应付债券明细表后，应复核加计数是否正确，与明细账和总账核对是否相符。

2.检查债券交易有关原始凭证

检查债券交易有关原始凭证，确定应付债券金额及其合法性，审计人员应进行如下检查：①检查企业债券副本，确定其发行是否合法，各项内容是否与相关会计记录一致；②检查企业发行债券所收入现金的收据、汇款通知单、送款登记簿及相关的银行对账单；③检查用以偿还债券的支票存根，并检查利息的计算是否正确；④检查债券偿还的原始凭证，并检查已偿还债券数额与应付债券借方发生额是否相符合；⑤如果企业发行债券时做了抵押或担保，审计人员还应检查相关契约的履行情况。

审计人员对这些问题应追查至发行契约及有关原始凭证，对发行折价或溢价的计算与摊销必须加以验证，应对任何异常会计分录做进一步追查。

3.验算债券溢价或折价的摊销、应计利息和利息费用

审计人员主要进行以下三个方面的验算：①通过复核应付债券溢价或折价摊销表，来确定溢价或折价摊销是否正确；②重新计算利息费用和应付利息，以确定被审计单位利息费用和应付利息计算的正确性；③验算利息费用资本化金额的正确性。

4.函证应付债券期末余额

审计人员如果认为有必要，可以直接向债权人及债券的承销人或包销人进行函证，以发现有无漏列的负债项目。函证内容一般包括债券的种类或名称、发行日、到期日、利率、付息日、发行日的金额、本年度已偿付的债券、结账日尚未偿还的债券余额及其他审计人员认为应包括的其他重要手段等。

5.检查应付债券的会计处理

检查应付债券的发行、利息计提、溢折价的摊销、债券的偿还、利息费用资本化等会计处理是否正确。

6.审查应付债券在资产负债表中披露的恰当性

应付债券在资产负债表中列示于长期负债类下，该项目根据"应付债券"科目的期末余额扣除将于一年内到期的应付债券后的数额填列，该扣除数应当填列在流动负债类下的"一年内到期的长期负债"项目单独反映，审计人员应根据审计结果，确定被审计单位应付债券在会计报表上的反映是否充分，并注意有关应付债券的类别是否已在会计报表附注中做了充分的说明。

（二）实质性测试短期借款

短期借款是指企业向银行或其他金融机构借入的期限在1年以下（含1年）的各种借款。企业取得短期借款的目的，主要是维持企业正常生产经营所需要的流动资金，或抵偿其他债务。短期借款的实质性测试程序主要有以下内容。

1.获取或编制短期借款明细表

审计人员首先应编制或获取短期借款明细表，复核其加计数是否正确，并与报表数、明细账合计数和总账数核对是否相符。

2.函证短期借款

为了核实短期借款的实有数，审计人员应在期末短期借款余额较大或认为必要时向银行或其他债权人函证短期借款。

3.审查短期借款的增减

对年度内增加的短期借款，审计人员应检查借款合同和授权批准文件，了解借款数额、借款条件、借款日期、借款利率、还款日期，并与相关会计记录相核对。对年度减少的短期借款，审计人员应重点检查相关原始凭证和会计记录，核实还款数额。

4.审查到期未偿还的短期借款

对已到期未偿还的短期借款，审计人员应查明其真正的原因和支付罚息的情况，同

时应查明是否按规定向银行提出申请并办理有关的延期还款手续，其账务处理是否正确合规。

5.复核借款利息

审计人员应根据短期借款的利率和期限，复核被审计单位短期借款的利息计算是否准确，有无多算或少算利息的情况，其会计处理是否正确。如有未计利息或多计利息的情况，应做记录，必要时进行适当调整。

6.审查外币借款的折算是否准确

如果被审计单位有外币短期借款，审计人员应审查外币短期借款的增减变动是否按业务发生时的市场汇率或期初市场汇率折合为记账本位币金额，期末是否按期末市场汇率将外币短期借款余额折合为记账本位币金额，折算差额（汇兑损益）是否按规定进行账务处理，折算方法、账务处理方法是否前后各期保持一致。

7.确定短期借款在资产负债表中披露的恰当性

企业的短期借款应根据"短期借款"账户的期末贷方余额单独列示在资产负债表上的"短期借款"项目内，对因抵押而取得的短期借款，应当在会计报表附注中予以披露，审计人员应注意被审计单位对短期借款项目的反映是否充分，账表是否相符。

（三）实质性测试长期借款

1.获取或编制长期借款明细表

审计人员应获取或编制长期借款明细表，复核其加计数是否正确，并与其明细账和总账核对是否相符。

2.审查长期借款的增减

对于年度内增加的长期借款，审计人员主要检查借款合同是否经过审批，了解借款的金额、借款条件、借款利率和还款条件等，并与相关会计记录核对。对于年度减少的长期借款，审计人员应重点检查相关原始凭证和会计记录，核实还款数额。

3.函证长期借款

对于重大或异常的长期借款，审计人员应向银行或其他金融机构函证，以确定长期借款的真实性。

4.审查长期借款的使用

对长期借款的使用，审计人员应审查长期借款使用是否符合借款合同的规定，重点检查企业有无将借款高息转贷给其他企业、获取非法收益等情况。

5.审查长期借款费用

审计人员在审计时应特别关注长期借款费用资本化的条件是否具备，利息资本化金额的计算是否正确，资本化的暂停时间和停止时间是否合规，其会计处理是否正确。

6.审查外币长期借款

审计人员应审查外币长期借款折算汇率是否正确，折算差额的处理是否合规，折算方法是否与前后期保持一致。

7.审查到期未偿还的长期借款

对已到期未偿还的长期借款，审计人员应查明其真正的原因和支付罚息的情况，同时应查明是否按规定向银行提出申请并办理有关的延期还款手续，其账务处理是否正确合规。

8.审查长期借款的会计处理

审计人员应审查被审计单位长期借款取得、计息、偿还、支付利息的凭证是否齐全、是否合规，入账是否及时，账务处理有无错弊。

9.审查长期借款在资产负债表中披露的恰当性

企业的长期借款在资产负债表上列示于长期负债类下，该项目应根据"长期借款"科目的期末贷方余额扣除将于一年内到期的长期借款后的数额填列。该项扣除数应当列示在流动资产负债表下的"一年内到期的长期负债"项目内。审计人员应根据审计结果，确定被审计单位长期借款在资产负债表上的列示是否充分，注意长期借款的抵押和担保是否已经在会计报表附注中予以充分的说明。

任务四　审计投资循环

一、投资循环审计目标

投资是指企业通过分配来增加财富，或为谋求其他利益，而将资产让渡给其他单位所获得的另一项资产。按照投资的目的不同，投资分为短期投资和长期投资。短期投资主要表现于金融资产，可划分为以公允价值计量且其变动计入当期损益的金融资产、持有至到期投资、贷款和应收款项、可供出售金融资产。其中，以公允价值计量且其变动计入当期损益的金融资产包括交易性金融资产、指定为公允价值计量且其变动计入当期损益的金融资产。按照投资的性质不同，投资可以分为权益性投资、债权性投资和混合性投资等。

虽然不同形式投资的目的、性质不同，但它们的审计目标是基本相同的，主要包括以下几个方面。

（1）确定投资是否存在，是否归被投资单位所有。

（2）确定投资的增减变动及其收益或损失记录的完整性。

（3）确定投资的核算方法是否正确。

（4）确定投资期末余额的正确性。

（5）确定投资业务会计处理的正确性、合规性，在会计报表上披露的恰当性。

二、测试投资循环相关内部控制

（一）投资循环相关内部控制

1.职责分工制度

企业合理的对外投资业务，应该在业务的计划、预测、授权、业务的执行、会计记录、投资资产的保管等方面有合理、严格的职责分工，相互牵制，共同负责，以便尽可能地避免和减少投资发生错弊的可能性。企业投资业务的全过程或某几个重要环节，不得由一个人或一个部门同时负责。

2.资产保管制度

企业对投出的资产（股票和债券资产）一般有两种保管方式：一种是由独立的专门机构保管，如在企业拥有数额较大的投资资产的情况下，可以委托银行、证券公司、信托投资公司等专门机构进行保管；另一种是由企业自行保管，在这种情况下，必须建立严格的联合控制制度，即股票和债券资产必须指定专人保管，保险柜的开启至少要有两人共同控制，不得允许由一人单独接触证券，对于证券的存入与取出，都要将证券名称、数量、价值以及存取日期等详细记录于证券登记簿内，由所有在场的经手人员签名。

3.会计核算制度

企业的投资资产无论是自行保管的还是委托他人代为保管的，都要进行完整的会计记录，并对其增减变动及收到的投资收益进行会计核算。对每一种股票和债券分别设立明细分类账，并详细记录其名称、面值、证书编号、数量、取得投资日期、经纪人（证券商）名称、购入成本、收取的股利或利息等。对于联营投资类的其他投资，应设置明细账，核算其他投资的投出及投资收益和投资收回等业务，对投资的形式（货币资产、固定资产、无形资产等）、投向（接受投资单位）、投资的计价以及投资收益等做及时详细的记录。

4.记名登记制度

除无记名证券外，企业在购入股票和债券时应在购入的当日及时登记于企业名下，切忌登记于经办人员名下，防止冒名转移或借其名义谋取私利。

5.定期盘点制度

企业对所拥有的投资资产，应由内部审计人员和不参与投资业务的其他人员进行定期盘点，检查是否为企业所拥有，并将盘点记录与账面记录相互核对，以查明账实是否相符。若有价证券发生丢失、被盗、记账不及时、账实不相符等情况，应立即报告并及时查明原因，明确责任，以便采取可行的补救措施。

（二）测试投资循环内部控制

1.了解投资内部控制

审计人员可以采用问卷调查形式，了解企业投资活动内部控制情况，并做适当的记录，以便下一步进行正常测试。一般而言，在了解时应特别关注以下问题：投资项目是否经过授权批准，投资资金是否及时入账；是否与被投资单位签订投资合同、协议，是否获得被投资单位出具的投资证明；投资的核算方法是否符合会计准则、会计制度的规定，相关的投资收益会计处理是否正确，手续是否齐全；股票债券的买卖是否经过恰当授权，是否妥善保管并定期盘点核对。

2.符合性测试投资内部控制

（1）进行简易抽查。审计人员可以从各类投资业务的明细账中抽取部分会计记录，按从原始凭证到记账凭证再到明细账、总账的顺序核对有关数据和情况，判断其会计处理过程是否合规、完整，并据以核实上述了解到的有关内部控制是否得到了有效的执行。

（2）检查盘核报告。审计人员可以通过审阅被审计单位提交的对外投资资产的定期盘核报告，来判断投资资产的盘点方法是否恰当，账实是否相符，出现差异的处理是否合规，据以评价企业投资活动的内部控制执行的有效性。

（3）观察职责分工情况。审计人员实地观察投资业务的处理情况，确定不相容的职务是否进行了恰当的分离。

（4）检查有价证券的保管制度。审计人员可以通过审阅被审计单位自行保管有价证券时产生的有关记录，查明有价证券是否由专人保管，存取手续是否完善。

（5）分析企业投资业务管理报告。审计人员应对照有关投资方面的文件和凭证，认真分析企业的投资业务管理报告，从而判断企业长期投资业务的管理情况。

3.评价投资内部控制

审计人员进行符合性测试后，取得了有关投资内部控制是否健全、有效的证据，并且在审计工作底稿中标明了内部控制的强弱点，据此就可以对内部控制进行评价，确定对企业投资内部控制的可信赖程度，以确定实质性测试的时间、性质和范围。

三、实质性测试投资循环

（一）实质性测试金融资产

1.获取或编制金融资产明细表

审计人员首先应获取或编制金融资产明细表，复核加计数是否正确，并与明细账和总账的余额核对是否相符。

2.分析性复核

对金融资产进行分析性复核目的主要在于：确定金融资产的安全性和对利润的影响程度，并确定金融资产的异常变动。

（1）计算金融资产所占投资的比例，分析金融资产的安全性，估计潜在的损失。

（2）计算金融资产所产生的投资收益占利润总额的比例，分析被审计单位在多大程度上依赖金融资产收益，判断被审计单位盈利能力的稳定性。

（3）将当期确认的金融资产收益与从被投资单位实际获得的现金流量进行比较分析；将重大投资项目与以前年度进行比较，分析是否存在异常变动。

3.实地盘点金融资产

审计人员应会同被审计单位会计主管人员盘点库存有价证券，编制库存有价证券盘点表，列明有价证券名称、数量、票面价值和取得成本并与相关账户余额核对。如有差异，应查明原因，做好记录，并适当调整账项。

4.函证金融资产

如果企业有价证券委托某些专门机构代为保管，审计人员应向这些机构发函询证，以证实有价证券的存在性。

5.审查金融资产的入账价值

审计人员通过审查购入有价证券的原始凭证，并与相关会计记录核对，确定金融资产的入账时间和入账价值是否恰当，会计处理是否正确。根据《企业会计制度》规定，金融资产应于实际取得时，按取得时的投资成本入账，投资成本包括企业取得各种股票、债券、基金时实际支付的价款，以及放弃非现金资产的账面价值。如果购入有价证券所支付的价款中包含已宣告而未领取的现金股利或已到付息期而尚未领取的债券利息，应注意审查投资成本的确认是否正确，应收股利、应收利息的会计处理是否符合有关规定。

6.审查金融资产收益

短期有价证券投资收益包括股利收入、利息收入和转让出售收益（或损失）。审计人员应复核与短期投资有关的损益计算是否准确，并与投资收益有关项目核对，检查投资收益的会计处理是否正确。

7.审查金融资产减值准备

审计人员应向被审计单位索取金融资产的市价资料，计算被审计单位应计提的金融资产的减值准备，如计算结果与账面差异较大，应提请被审计单位予以调整；如已计提减值准备的金融资产的市价回升，应检查其会计处理是否正确。

8.审查金融资产在资产负债表中披露的恰当性

金融资产应根据会计准则的要求在资产负债表上单独列示，审计人员应当核对被审计单位资产负债表中金融资产各项目的数额是否与审定数额相符。

（二）实质性测试长期投资

1.获取或编制长期投资明细表

审计人员首先应获取或编制长期投资明细表，复核加计数是否正确，并与明细账和总账的余额核对是否相符。明细账中应按股票投资、债券投资、其他投资分别列示不同投资类型的年初余额、本年增减数、年末余额、投资收益等。

2.分析性复核

对长期投资进行分析性复核的目的在于：确定长期投资的安全性和对利润的影响程度，并确定长期投资的异常变动。

（1）计算长期股权投资等高风险投资所占长期投资的比例，分析长期投资的安全性，估计潜在的长期投资损失。

（2）计算长期投资所产生的投资收益占利润总额的比例，分析被审计单位在多大程度上依赖长期投资收益，判断被审计单位盈利能力的稳定性。

（3）将当期确认的长期投资收益与从被投资单位实际获得的现金流量进行比较分析；将重大投资项目与以前年度进行比较，分析是否存在异常变动。

3.实地盘点投资资产

盘点投资资产包括两个步骤：一是盘点库存证券，盘点时要有被审计单位相关管理人员在场，盘点结果要填制盘点清单；二是将盘点清单与投资明细账中有关账户核对，并经被审计单位管理人员签章后列入审计工作底稿。

4.函证长期投资

如果被审计单位的长期投资证券是委托某些专门机构代为保管的，审计人员应向这些保管机构发出肯定式询证函，以证实股票、债券和其他长期投资的数量、金额的真实存在性。

5.审查长期投资的入账价值

审计人员应检查投资入账价值是否符合投资合同、协议的规定，计价内容是否真实，计价金额是否正确，会计处理是否正确。

（1）检查长期股权投资的入账价值。如果以货币资金购买股票，则应按所支付的价款作为长期股权投资入账价值。如果被审计单位实际支付的价款中含有已宣告尚未发放的股利，则应按认购股票实际支付的价款扣除已宣告尚未发放的股利作为长期股权投资的入账价值，对于已宣告尚未发放的股利，在"应收股利"科目核算。因此，对于这类长期股权投资，应将"长期股权投资"账户与有关货币资金及"应收股利"等账户互相核对，来判别入账的价值是否合规。

（2）检查长期债权投资的入账价值。被审计单位以认购债券的形式进行长期投资：一种是按面值认购债券；另一种是按溢价或折价（指高于或低于债券面值）认购债券。无论哪种情况，作为长期债权投资的入账价值，均应以实际支付的价款入账。

6.检查投资收益

审计人员应重点审查长期债权投资利息收入和长期股权投资收益。

（1）长期债权投资利息收入的审查。审计人员应审查被审计单位长期债权投资是否按期计提利息，计提的利息是否按债权面值以及适用的利率计算，并计入当期投资收益（若不考虑溢价或折价）。如溢价或折价购入债券，审计人员应特别注意，各期的投资收益不仅包括按利率计算的应计利息数，还包括溢价或折价摊销额对应计利息的扣减或追加额。

（2）长期股权投资收益的审查。对长期股权投资收益审查，应重点进行以下三个方面的审查：第一，根据不同种类的股票，分别从公开印发的股利手册或证券公司及付款单位查证各种股票的股利收入；第二，通过核对被审计单位有关货币资金账户和投资收益账户，检查企业所获得的股利收入是否得到适当、正确的记录；第三，采用权益法核算长期股权投资时，应注意检查企业投资收益是否按其在被投资单位投资比例来分享投资收益，是否在实际收到被投资单位分配的股利和利润时，再次重复计入投资收益账户。

7.审查长期投资业务是否符合国家的限制性规定

《公司法》规定，除国务院规定的投资公司和控股公司外，公司的累计投资额不得超过本公司净资产的50%。因此，对于长期投资业务的检查，注册会计师应首先在计算被审计单位长期投资占企业净资产比例的基础上，查明被审计单位长期投资业务是否符合国家在此方面的限制性规定；其次，注册会计师应查阅被审计单位最高管理层或董事会有关开展长期投资业务的会议记录或决议，以确认被审计单位长期投资业务是否经过批准；最后，将有关证券买卖凭证或有关投资协议、合同、章程等资料与批准的文件和有关货币资金（或固定资产、无形资产等）的收支（或增减）相互核对，并核对各类长期投资总账与明细分类账，根据长期投资账实、账账相符情况，来判断其投资和收回金额计算的正确性。

8.检查长期投资的核算方法

检查被审计单位有哪些投资项目适合权益法核算，并通过询问管理当局或函证接受投资企业等方式，确认被审计单位是否确实对接受投资企业具有控制、共同控制或重大影响，检查被审计单位是否对这些项目采用了权益法。如果被审计单位未按有关规定选择权益法核算，注册会计师应该取得该被审计单位不能对接受投资企业拥有控制、共同控制或重大影响的证据。

9.检查长期投资减值准备的计提

审计人员应审查被审计单位是否定期或者在每年年度终了，对长期投资逐项进行检查，如果由于市价持续下跌或被投资单位经营状况恶化等原因导致其可回收金额低于其账面价值，则应检查是否计提长期投资减值准备。如果已计提减值准备的长期投资的价值又回升，则应检查其会计处理是否正确，会计处理的依据是否充分。

10.审查长期投资在资产负债表中披露的适当性

审计人员应检查资产负债表中"长期债券投资"和"长期股权投资"项目的数字是否与审定数相符。如长期投资超过净资产的50%，审计人员应检查是否已在会计报表附注中有充分的披露。如果长期股票投资、长期债券投资的账面价值在报告日明显脱离期末市价，审计人员应检查被审计单位是否已在会计报表附注中充分披露。

任务五　分析筹资与投资循环审计案例

[例1]实收资本审计

审计人员2025年1月13日在审计某公司2024年12月31日所有者权益时，发现该公司2024年5月16日收到外方投入资本会计分录为：

借：银行存款　　　　　　　　　　　　　　630 000
　　贷：实收资本　　　　　　　　　　　　　630 000

为了防止错弊，审计人员决定进行进一步审查。首先调阅企业的投资合同、章程和相关的账簿，发现该合资公司外方投资者于5月1日投资100 000美元，投资合同约定的折合汇率为1美元折合6.20元，收到投资当日市场汇率为1美元折合6.30元。

根据《企业会计制度》，投资者投入的外币，合同没有约定汇率的，按收到出资额当日的汇率折合，以折合的金额作为实收资本的入账价值；合同有约定汇率的，按合同约定的汇率折合，以折合的金额作为实收资本的入账价值，因汇率不同产生的折合差额，作为资本公积处理。而该公司在投资合同约定了汇率情况下，外方投资者投入的外币按收到当日市场汇率折合，并以此确定实收资本的入账价值，违背了《企业会计制度》的规定，造成实收资本多计10 000元，资本公积漏计10 000元。为此审计人员应提请该公司做调账处理，其调账分录为：

借：实收资本   10 000

 贷：资本公积   10 000

讨论：该业务错误的处理仅引起"资本公积"少计 10 000 元，"实收资本"多计 10 000 元，对资产负债表其他项目无影响。

该业务错误的处理对 2024 年损益表中"本年利润""利润总额"等项目不产生影响。

该业务错误的处理对现金流量表也不产生影响。

[例 2]应付债券审计

甲股份有限公司所得税税率为 25%，法定盈余公积计提比例为 10%，任意盈余公积计提比例为 5%，审计人员 2025 年 1 月 9 日在审查该公司应付债券时，了解到该企业 2024 年 12 月 1 日为了建造厂房以 1 060 万元的价格发行面值为 1 000 万元的两年期债券，票面利率为 6%，该公司 2024 年 12 月未因建造厂房发生支出。12 月计提利息费用，其会计分录如下：

借：财务费用   50 000

 贷：应付债券——应计利息   50 000

根据《企业会计制度》，该公司发行债券的溢价 600 000 元，应在两年内平均摊销，溢价摊销时冲减财务费用。该公司 2024 年 12 月份计提利息时未摊销债券溢价，由此造成负债虚增 25 000 元，利润虚减 25 000 元，偷漏所得税 6 250 元。审计人员应提请该公司做出调账处理。

讨论：如果 2024 年被审计单位还未结账时审计人员发现此问题，可以建议被审计单位做出调账处理。

借：应付债券——债券溢价   25 000

 贷：财务费用   25 000

但事实上审计人员 2025 年 1 月发现此问题时，显然该公司 2024 年已经结账，已提交 2024 年的会计报表。若任意盈余公积计提比例为 5%，应付股利为税后利润的 40%，则做出调整总账和明细账的处理。

借：应付债券——债券溢价   25 000

 贷：应交税费——应交企业所得税   6 250

  盈余公积——法定盈余公积   1 875

  盈余公积——任意盈余公积   937.5

  应付股利——应付××   6 375

  利润分配——未分配利润   9 562.5

计算过程如表 11-1 所示。

表 11-1 计算过程

项目	计算过程	计算结果
本年利润	25 000	25 000
应交税费——应交企业所得税	25 000×25%	6 250
盈余公积——法定盈余公积	（25 000－25 000×25%）×10%	1 875
盈余公积——任意盈余公积	（25 000－25 000×25%）×5%	937.5
应付股利——应付××	[25 000－（25 000－25 000×25%）×10%－（25 000－25 000×25%）×5%]×40%	6 375
利润分配——未分配利润	25 000－25 000×25%－（25 000－25 000×25%）×15%－[25 000－25 000×25%－（25 000－25 000×25%）×10%－（25 000－25 000×25%）×5%]×40%	9 562.5

2024 年这个账项错误对资产负债表的影响是：报表项目"应交税费"少计 6 250 元，报表项目"盈余公积"少计 2 812.5 元，报表项目"应付股利"少计 6 375 元，报表项目"未分配利润"少计 9 562.5 元，报表项目"应付债券"多计 25 000 元。

建议被审计单位对资产负债表相关报表项目做出调整。

借：应付债券　　　　　　　　　　　　25 000
　贷：应交税费　　　　　　　　　　　　6 250
　　　盈余公积　　　　　　　　　　　　2 812.5
　　　应付股利　　　　　　　　　　　　6 375
　　　未分配利润　　　　　　　　　　　9 562.5

2024 年这个账项错误对损益表的影响是："财务费用"多计 25 000 元，应调减 25 000 元；"营业利润"少计 25 000 元，应调增 25 000 元；"利润总额"少计 25 000 元，应调增 25 000 元；"所得税费用"少计 6 250 元，应调增 6 250 元。"基本每股收益""稀释每股收益"也应做出相应的调整。

2024 年这个账项的错误可能未引起现金流量金额的变化，因此这个账项的错误可能不需要对现金流量表的相关报表项目进行调整。

[例 3]长期借款审计

某股份有限公司所得税税率为 25%，法定盈余公积计提比例为 10%，法定公益金计提比例为 5%。审计人员 2025 年 1 月 16 日对该公司 2022 年度长期借款明细账和借款合同审阅时，发现该公司 2024 年 10 月 1 日因购买设备向银行借入资金 1 000 万元，借款期限为 5 年，年利率 6%，到期一次还本付息，该公司 11 月 1 日用银行借款和自筹资金一次性向供货单位支付 1 200 万元的设备价款、运输、安装费等，该设备 12 月 31 日达到预定可使用状态。审计人员审查该笔借款 2024 年应计利息费用有记账凭证，发现其会计分录为：

借：财务费用　　　　　　　　　　　　150 000
　贷：长期借款　　　　　　　　　　　　150 000

《企业会计制度》规定，该笔借款是购建固定资产而专门借入的款项，其11、12月的利息费用符合资本化条件应予资本化，计入固定资产成本。而该公司将10、11、12月该笔借款的利息费用全部计入财务费用，违反了规定，虚减了资产，增加了费用，虚减了当期利润，属于偷漏所得税的行为。审计人员提请该公司做调账处理，补缴所得税。

讨论：如果2024年被审计单位还未结账时审计人员发现此问题，可以建议被审计单位做出调账处理。

借：固定资产　　　　　　　　　　　　　　　　100 000
　　贷：财务费用　　　　　　　　　　　　　　　100 000

但事实上审计人员2025年1月发现此问题时，显然该公司2022年的账项已经结账，已提交2024年的会计报表。若任意盈余公积计提比例为5%，应付股利为税后利润的40%，则做出调整总账和明细账的处理。

借：固定资产　　　　　　　　　　　　　　　　100 000
　　贷：应交税费——应交企业所得税　　　　　　25 000
　　　　盈余公积——法定盈余公积　　　　　　　 7 500
　　　　盈余公积——任意盈余公积　　　　　　　 3 750
　　　　应付股利——应付××　　　　　　　　　25 500
　　　　利润分配——未分配利润　　　　　　　　38 250

2024年这个账项错误对资产负债表的影响是：报表项目"应交税费"少计25 000元，报表项目"盈余公积"少计11 250元，报表项目"应付股利"少计25 500元，报表项目"未分配利润"少计38 250元，报表项目"固定资产"少计100 000元。

建议被审计单位对资产负债表相关报表项目做出调整。

借：固定资产　　　　　　　　　　　　　　　　100 000
　　贷：应交税费　　　　　　　　　　　　　　　25 000
　　　　盈余公积　　　　　　　　　　　　　　　11 250
　　　　应付股利　　　　　　　　　　　　　　　25 500
　　　　未分配利润　　　　　　　　　　　　　　38 250

2024年这个账项错误对损益表的影响是："财务费用"多计100 000元，应调减100 000元；"营业利润"少计100 000元，应调增100 000元；"利润总额"少计100 000元，应调增100 000元；"所得税费用"少计25 000元，应调增25 000元。"基本每股收益""稀释每股收益"也应做出相应的调整。

2024年这个账项的错误可能未引起现金流量金额的变化，因此这个账项的错误可能不需要对现金流量表的相关报表项目进行调整。

[例4]长期股权投资审计

审计人员在2024年11月30日对甲公司的"长期股权投资——A公司"明细账进行审计时，发现一笔可疑记录：时间为2024年11月2日，摘要栏内容为"购买A公司股票 1 000 000 股",借方金额为 10 041 450 元。注册会计师怀疑该笔"长期股权投资——A公司"的入账价值可能有问题。于是调阅了该笔购进业务相应的 212 号记账凭证和相关原始凭证及有关的资料。212 号记账凭证上的会计分录为:

借:长期股权投资——A公司　　　　　　　　　　10 041 450
　　贷:银行存款　　　　　　　　　　　　　　　　10 041 150

其原始凭证和有关的资料反映:甲公司购买A公司股票 1 000 000 股,实际支付 10 041 450 元,其中包括已宣告尚未领取的现金股利 10 000 元,另外支付手续费、佣金、税金等 31 450 元。

审计人员认为,甲公司在购买股票入账时,将应计入"应收股利"的已宣告尚不领取的现金股利 10 000 元计入了"长期股权投资——A公司",使"长期股权投资——A公司"多计 10 000 元,出于职业谨慎,审计人员又调阅了与该股票购进业务有关的"银行记账日记账""现金日记账",发现甲公司 11 月 20 日收到现金股利 10 000 元后,在 250 号记账凭证上做了如下会计分录;

借:银行存款　　　　　　　　　　　　　　　　10 000
　　贷:其他应收款——A公司　　　　　　　　　　10 000

该笔会计分录表明,甲公司将收到的现金股利记入"其他应收款",这也不符合《企业会计制度》的规定。为了查明问题具体所在,审计人员调阅了"其他应收款——A公司"明细账,发现在 11 月 25 日该笔业务已注销,相应的 11 月 25 日的 264 号记账凭证上的会计分录为:

借:其他应收款——A公司　　　　　　　　　　　10 000
　　贷:银行存款　　　　　　　　　　　　　　　　10 000

对此审计人员又通过检查、函证、询问等审计方法,终于查清该笔款项被甲公司会计人员转移私分。

甲公司会计人员人为多计"长期股权投资"的价值,造成"长期股权投资"虚增,并利用已宣告尚未领取的现金股利会计处理的特点,制造假账,转移、私分现金股利,给甲公司带来经济损失。这种错误在性质上属于贪污行为。审计人员,应提请甲公司及时追回私分款项,并建议公司对有关人员进行处理或移交司法机关处理。由于是本月发现本月的错误,故审计人员应提请甲公司进行如下调账处理。

借:银行存款(或库存现金、其他应收款——应收会计员××)　10 000
　　贷:长期股权投资　　　　　　　　　　　　　　　　　　10 000

项目十一
微课视频

项目十二　审计货币资金与特殊项目

◎ 学习目标

知识目标：

掌握货币资金业务审计的目标、程序、内容；掌握货币资金业务审计的方法、要领；了解特殊项目审计的目标、程序、内容。

素质目标：

培育诚信品格和良好的审计职业道德；培养审计人员的专业素质；养成严谨、认真、细致的工作作风；培养节约成本意识；培养创新精神；适应社会政治、经济、文化的发展，把国家利益、民族利益放在心中，肩负国家使命和社会责任。

能力目标：

能开展货币资金业务符合性测试；能进行货币资金业务实质性测试。

📋 项目导入

在当今错综复杂的经济环境中，企业资产的安全性与透明度构筑了市场信任的坚固基石。本项目精准锁定企业资产管理的两大核心板块：首要关注的是企业运营的"生命线"——货币资金审计，它直接关系到企业资金流的纯净与顺畅，是企业持续稳健运营的基石；另一重要领域则是对特殊项目的深入剖析，涵盖期初财务稳健性的验证、关联交易公平性的审视、潜在风险的深度挖掘以及财务报告时效性的精准把握。

货币资金，作为企业经济活动的核心驱动力，其管理的精细程度直接关系到企业财务状况的稳健与财务报表的公信力。因此，我们需细致入微地探索其内部控制机制的有效性，确保每一笔资金的流转都遵循法律法规，为企业稳健发展奠定不可动摇的基础。

与此同时，特殊项目审计犹如财务领域的精密仪器，能够穿透财务报表的表象，揭示那些潜藏的风险与机遇。从期初余额的稳健性评估，到关联交易公正性的严格把关，再到或有事项的谨慎确认与全面披露，直至期后事项的精准追踪，每一步都彰显着审计人员的专业素养与敏锐直觉。

通过本项目的系统学习，学生不仅能够精通货币资金审计的精髓与实操技巧，能深刻理解特殊项目审计的复杂性与价值所在，更能培养学生的诚信品质、严谨工作作风与创新思维能力，使学生在变幻莫测的商业浪潮中，成为捍卫企业资产安全、推动市场公平透明的重要力量，同时不忘肩负的国家发展的历史使命。

任务一　审计货币资金

一、货币资金审计的范围与目标

（1）了解并确定有关货币资金内部控制制度是否健全、有效。

（2）确定被审计单位在特定期间内发生的货币资金收支业务是否及时记录，有无遗漏。

（3）确定被审计单位所记录的货币在特定期间内是否确实存在，是否为被审计单位所拥有，有无被贪污挪用的情况发生。

（4）确定所有货币资金的会计记录是否正确无误，有无过失错误和舞弊行为的发生。

（5）确定被审计单位有关货币资金的计算和计价是否正确，有无错记汇兑损益和虚增货币资金的情况。

（6）确定被审计单位货币资金收支业务的发生是否符合有关法律、法规。

（7）确定货币资金在会计报表上的列示是否恰当。

二、测试货币资金的内部控制

（一）货币资金内部控制

货币资金是企业流动性最强的资产，所以企业必须加强对货币资金的管理，建立良好的货币资金内部控制，以确保全部应收进的货币资金均能收进，并及时、正确地予以记录；确保全部货币资金支出按照批准的用途进行，并及时正确记录；保证库存现金银行存款报告正确，并得以恰当保管；正确预测企业正常经营所需的货币资金收支金额，确保企业有充足而又不过剩的货币资金余额。

一般而言，一个良好的货币资金内部控制应该做到以下几点：

（1）货币资金收支与记账的岗位分离。

（2）货币资金收入、支出要有合理、合法的凭据。

（3）全部收支及时、准确入账，并且支出要有核准手续。

（4）控制现金坐支，当日收入库存现金应及时送存银行。

（5）按月盘点库存现金，编制银行存款余额调节表，以做到账实相符。

（6）货币资金收支业务存在内部审计。

货币资金的内部控制可以分为收款内部控制、付款内部控制和零用现金内部控制三种。

1.收款内部控制

企业收款的来源主要是为现销、赊销收回和其他应收款项结算。不同的收款来源有不同的内部控制。下面以现销收入为例，介绍货币资金收款的内部控制和交易测试。

在销售与收款循环中，已经讨论了销售业务的内部控制和交易测试，现销收入业务的测试原理与销售业务的测试原理相同，即先针对每一项具体的内部控制目标确定相应的关键控制，然后设计关键控制的测试程序，最后确定针对每一项控制目标测试金额正确与否。

2.付款内部控制

国务院颁发的《现金管理暂行条例》明确规定了现金的使用范围，超过规定限额以上的现金支出一律使用支票。因此，企业应建立相应的支票申领制度，明确申领范围、严格申领批准及完备支票签发和报销手续等。

对于支票报销和现金报销，企业应建立报销制度。报销人员报销时应当有正常的报批手续，财会部门应审核报销单据，现金出纳见到加盖核准戳记的支出凭证后方可付款。付款记录应及时登记入账，一切凭证应按顺序或内容作为会计记录的附件。现金收入业务的控制目标、关键控制和测试如表 12-1 所示。

表 12-1　现金收入业务的控制目标、关键控制和测试

内部控制目标	关键内部控制	常用控制测试	常用实质性测试
登记入账的现金收入确实为企业已经实际收到的现金(存在或发生)	现金出纳与现金记账的职能分离；现金折扣必须经过恰当的审批	观察；检查现金折扣是否经过恰当的审批	检查现金收入的明细账、总账和应收账款明细账中的大金额项目与异常项目
收到的现金收入已经全部登记入账(完整性)	现金出纳与现金记账的职务分离；每日及时记录现金收入；定期向顾客寄送对账单；现金收入记录的内部复核	观察；检查是否存在未入账的现金收入；检查是否向顾客寄送对账单，了解是否定期进行检查复核标记	现金收入的截止测试；抽查顾客对账单并与账面金额核对
已经收到的现金确实为企业所有（权利与义务）	定期盘点现金并与账面余额核对	检查是否定期盘点，检查盘点记录	盘点库存现金，如与账面应有数存在差异，分析差异原因
登记入账的现金已经如数存入银行并登记入账	定期取得银行对账单；编制银行存款余额调节表	检查银行对账单和银行存款余额调节表	检查调节表中未达账项的真实性以及资产负债表日后的进账情况
现金收入在资产负债表上的披露正确（表达与披露）	现金日记账与总账的登记职责分开	观察	—

3.零用现金内部控制

对零用现金的控制，应采用定额备用金制度并重点加强对报销凭证的检查，从而达到控制零用现金的目的。

（二）测试货币资金内部控制

1.了解货币资金内部控制

注册会计师可以采用编制流程图的方法，编制货币资金内部控制流程图是货币资金符合性测试的重要步骤。注册会计师在编制之前应通过询问、观察等手段调查、收集必要的资料，然后根据所了解的情况编制流程图。对中小企业，也可采用编写货币资金内

部控制说明的方法。若年度审计工作底稿中已有以前年度的流程图，注册会计师可根据调查结果加以修正，以供本年度审计之用。了解货币资金内部控制时，注册会计师应当注意检查货币资金内部控制是否建立并严格执行。

2.抽取并检查收款凭证

如果货币资金收款内部控制不够强，很可能会发生贪污舞弊或挪用款项等情况。例如，在一个小企业中，出纳员同时记应收账款明细账，很有可能会发生循环挪用款项的情况。为测试货币资金收款的内部控制，注册会计师选取适当的样本量（收款凭证），进行如下检查：

（1）核对收款凭证与存入银行账户的日期和金额是否相符。

（2）核对货币资金、银行存款日记账的收入金额是否正确。

（3）核对收款凭证与银行对账单是否相符。

（4）核对收款凭证与应收账款等相关明细账的有关记录是否相符。

（5）核对实收金额与销货发票等相关凭据是否一致。

3.抽取并检查付款凭证

为测试货币资金付款内部控制，注册会计师应选取适当的样本量（货币资金付款凭证）进行如下检查：

（1）检查付款的授权批准手续是否符合规定。

（2）核对货币资金、银行存款日记账的支出金额是否正确。

（3）核对付款凭证与银行对账单是否相符。

（4）核对付款凭证与应付账款等相关明细账的记录是否一致。

（5）核对实付金额与购货发票等相关凭据是否相符。

4.抽取一定期间的库存现金、银行存款日记账与总账核对

注册会计师应抽取一定期间的库存现金、银行存款日记账，检查其有无计算错误，加总是否正确。如果检查中发现问题较多，说明被审计单位货币资金的会计记录不可靠。注册会计师应根据日记账提供的线索，核对总账中库存现金、银行存款、应收账款、应付账款等有关账户的记录。

5.抽取一定期间银行存款余额调节表，查验其是否按月正确编制并复核

为证实银行存款记录的正确性，注册会计师必须抽取一定期间的银行存款余额调节表，将其与银行对账单、银行存款日记账及总账进行核对，确定被审计单位是否按月正确编制并复核银行存款余额调节表。

6.检查外币资金的折算方法是否符合有关规定，是否与上年度一致

对于有外币货币资金、外币银行存款的被审计单位，注册会计师应检查外币货币资金日记账、外币银行存款日记账及"财务费用""在建工程"等账户的记录，确定企业有关外币货币资金、外币银行存款的增减变动是否按业务发生时的市场汇率或业务发生当期期初的市场汇率折合为记账本位币，选用方法是否前后期保持一致；检查企业的外币货币资金、银行存款账户的余额是否按期末市场汇率折合为记账本位币金额，有关汇兑损益的计算和记录是否正确。

7.评价货币资金内部控制

注册会计师在完成上述程序之后，即可对货币资金的内部控制进行评价。评价时，注册会计师应首先确定货币资金内部控制的可信赖程度以及存在的薄弱环节和缺点，然后据以确定在货币资金实质性测试中对哪些环节可以适当减少审计程序，哪些环节应增加审计程序，做重点检查，以减小审计风险。

三、实质性测试货币资金

（一）实质性测试库存现金

1.核对库存现金日记账与总账的余额是否相符

注册会计师测试库存现金余额的起点，是核对库存现金日记账与总账的余额是否相符。如果不相符，应查明原因，并适当调整。

2.盘点库存现金

盘点库存现金是证实资产负债表所列现金是否存在的一项重要程序。盘点库存现金，通常包括对已收到但未存入银行的现金、零用金、找换金等的盘点。盘点库存现金的时间和人员应视被审计单位的具体情况而定，但必须有出纳员和被审计单位会计主管人员参加，并由注册会计师进行盘点。

审计人员盘点的基本流程为：

（1）制定库存现金盘点的程序，实施突击性检查。时间最好选择在上午上班前或者下午下班时进行。盘点范围一般包括企业各部门经管的库存现金。在现金盘点前，应由出纳员将现金集中起来存入保险柜。必要时封存库存现金，然后由出纳员把已办妥现金收付手续的收付款凭证记入库存现金日记账后，着手盘点。

（2）审阅库存现金日记账要同时与库存现金收付凭证相核对。一方面检查日记账的记录与凭证的内容和金额是否相符；另一方面了解凭证日期与记账日期是否相符或接近。

（3）由出纳员根据库存现金日记账累计数额结出库存现金余额。

（4）盘点保险柜现金的实存数，编制库存现金盘点表，分币种、面值列示金额。

（5）资产负债表日后进行盘点时，应调整至资产负债表日的金额。

（6）核对盘点金额与库存现金日记账余额，如有差异查明原因，并做记录或适当调整。

（7）若有冲抵库存现金的借条、未提现支票、未做报销的原始凭证，应在库存现金盘点表中注明或做调整。

3.抽查大额库存现金收支

检查大额库存现金收支的原始凭证内容是否完整，有无授权批准，并核对相关账户的进账情况。如有，与被审计单位生产经营业务无关的收支事项，应查明原因，并做相应的记录。

4.检查库存现金收支是否正确截止

被审计单位资产负债表上的库存现金数额，应以结账日实有数额为准。因此，注册会计师必须验证库存现金收支的截止日期。注册会计师可以对结账日前后一段时期内库存现金收支凭证进行审计，以确定是否存在跨期事项。

5.检查外币现金、银行存款的折算是否正确

对于有外币现金的被审计单位，注册会计师应检查被审计单位对外币现金的收支是否按所规定的汇率折合为记账本位币金额，外币现金期末余额是否按期末市场汇率折合为记账本位币金额，外币折合差额是否按规定记入相关账户。

6.检查库存现金在资产负债表中披露的恰当性

根据有关会计制度的规定，库存现金在资产负债表"货币资金"项目上反映，注册会计师应在实施上述审计程序后，确定账户的期末金额是否恰当，据以确定货币资金是否在资产负债表上恰当披露。

（二）实质性测试银行存款

银行存款就是企业存放在银行或其他金融机构的货币资金。按照国家有关规定，凡是独立核算的企业都必须在当地银行开设账户。企业在银行开设账户以后，除按核定的限额保留库存现金外，超过限额的库存现金必须存入银行；除了在规定的范围内可以用库存现金直接支付款项外，在经营过程中所发生的一切货币收支业务，必须通过银行存款账户进行结算。

1.银行存款日记账与总账的余额是否相符

注册会计师在审查银行存款时，要核对银行存款日记账与总账的余额是否相符。如果不相符，应查明原因，并做适当调整。

2.采用分析性复核程序

计算定期存款占银行存款的比例。了解被审计单位是否存在高息资金拆借行为。如存在高息资金拆借的情况，应进一步分析拆出资金的安全性，检查高额利差的入账情况；计算存放于非银行金融机构的存款占银行存款的比例，分析这些资金的安全性。

3.取得并检查银行存款余额调节表

检查银行存款余额调节表是证实资产负债表所列银行存款是否存在的重要程序。银行存款余额调节表通常应当由被审计单位根据不同的银行账户及货币种类分别编制。如果经调节后的银行存款余额存在差异，注册会计师应查明原因，并做记录或适当调整。

取得银行存款余额调节表后，应检查调节表中未达账项的真实性，以及资产负债表日后的进账情况，如果存在应于资产负债表日之前进账的应做相应的调整。

审计人员需要进行如下检查：

（1）银行存款余额调节表的数字计算。

（2）对于金额较大的未提现支票、可提现的未提现支票以及注册会计师认为重要的未提现支票清单，注明开票日期和收票人姓名或单位。

（3）追查截止日期银行对账单上的在途存款，并在银行账户调节表上注明存款日期。

（4）检查截止日仍未提现的大额支票和其他已签发一个月以上的未提现支票。

（5）追查截止日期银行对账单已收、企业未收的款项性质及款项来源。

（6）核对银行存款总账余额、银行对账单金额。

4.函证银行存款余额

函证银行存款余额是证实资产负债表所列银行存款是否存在的重要程序。通过向往来银行的函证，注册会计师不仅可了解企业资产的存在，同时还可了解企业欠银行的债务。函证还可用于发现企业未登记的银行借款。

函证时，注册会计师应向被审计单位在本年存过款（含外部存款、银行汇票存款、银行本票存款、信用证存款）的所有银行发函，其中包括企业存款账户已结清的银行，因为有可能存款账户已结清，但仍有银行借款或其他负债存在。虽然注册会计师已直接从某一银行取得了银行对账单和所有已付支票，但仍应向这一银行进行函证。

5.检查一年以上定期存款或限定用途存款

一年以上的定期存款或限定用途的银行存款，不属于企业的流动资产，应列于其他资产类。对此，注册会计师应查明情况，做相应的记录。

6.抽查大额银行存款的收支

注册会计师应抽查大额银行存款（含外埠存款、银行汇票存款、银行本票存款、信用证存款）收支的原始凭证内容是否完整，有无授权批准，并核对相关账户的进账情况。如有，检查被审计单位与生产经营业务无关收支事项，查明原因，并做相应的记录。

7.检查银行存款收支是否正确截止

被审计单位资产负债表上的银行存款数额，应以结账日实有数额为准。因此，注册会计师必须验证银行存款收支的截止日期。通常，注册会计师可以对结账日前后一段时期内银行存款收支凭证进行审计，以确定是否存在跨期事项。

企业资产负债表上银行存款数字应当包括当年最后一天收到的所有存放于银行的款项，而不得包括其后收到的款项；同样，企业年终前开出的支票，不得在年后入账。为了确保银行存款收付的正确截止，注册会计师应当在清点支票及支票存根时，确定各银行账户最后一张支票的号码，同时查实该号码之前的所有支票均已开出。在结账日未开出的支票及其后开出的支票，均不得作为结账日的存款收付入账。

8.检查外币银行存款的折算是否正确

对于有外币银行存款的被审计单位，注册会计师应检查被审计单位对外币银行存款的收支是否按所规定的汇率折合为记账本位币金额；外币银行存款期末余额是否按期末市场汇率折合为记账本位币金额；外币折合差额是否按规定记入相关账户。

9.检查银行存款在资产负债表中披露的恰当性

根据有关会计制度的规定，企业的银行存款在资产负债表"货币资金"项目上反映。因此，注册会计师应在实施上述审计程序后，确定银行存款账户的期末余额是否恰当，从而确定资产负债表"货币资金"项目中的数字是否在资产负债表上恰当披露。

（三）实质性测试其他货币资金

其他货币资金是指企业除库存现金、银行存款以外的其他各种货币资金，包括企业到外地进行临时或零星采购而汇往采购地银行开立采购专户的款项所形成的外埠存款、企业为取得银行汇票按照规定存入银行的款项所形成的银行汇票存款、企业为取得银行本票按照规定存入银行的款项而形成的银行本票存款、在途货币资金和信用证存款等。

审计人员需要进行如下检查。

（1）核对外埠存款、银行汇票存款、银行本票存款、在途货币资金等各明细账期末合计数与总账数是否相符。

（2）函证外埠存款户、银行汇票存款户、银行本票存款户期末余额。

（3）对于非记账本位币的其他货币资金，检查其折算汇率是否正确。

（4）抽查一定样本量的原始凭证，检查其经济内容是否完整，有无适当的审批授权，并核对相关账户的进账情况。

（5）抽取资产负债表日后的大额收支凭证进行截止测试，如有跨期收支事项，应做适当调整。

（6）检查其他货币资金在资产负债表中披露的恰当性。

任务二　审计期初余额

一、期初余额的含义

期初余额，是指首次接受委托时，所审计会计期间期初已存在的余额。它以上期期末余额为基础，反映了前期交易、事项及其会计处理的结果。

二、期初余额的审计目标

（1）上期期末余额是否正确结转至本期，或者是否已按要求恰当地重新表述。

（2）会计报表期初余额是否存在对本期会计报表有重大影响的错报和漏报。

（3）上期适用的会计政策是否恰当，是否一贯遵循，变更是否合理。

（4）上期期末存在的或有事项是否已做恰当处理。

三、期初余额的审计程序

第一，分析被审计单位所选用的会计政策是否恰当，是否一贯运用。如有变更，是否已适当处理和充分披露。这里的会计政策，是指企业进行会计核算和编制会计报表时所采用的具体原则、方法和程序。如果被审计单位上期适用的会计政策不恰当或与本期不一致，注册会计师在执行期初余额审计时应提请被审计单位进行适当调整或予以披露。

第二，了解上期会计报表是否经过其他会计师事务所审计。如上期会计报表已经被其他会计师事务所审计，注册会计师可通过查阅前任注册会计师的审计工作底稿，获取有关期初余额的审计证据，但应当考虑前任注册会计师的专业胜任能力和独立性，以判断获取证据的充分性和适当性。

第三，关注前任注册会计师是否出具了带说明段的审计报告。若是，则后任注册会计师应特别注意其中与本期会计报表有关的部分。

第四，如实施上述审计程序仍不能获取充分、适当的审计证据，或前期会计报表未经审计，应对期初余额实施以下审计程序：

（1）询问被审计单位管理当局。询问内容包括对本期经营有重要影响事项、政府新颁布的影响行业发展的法规以及其他重要事项。

（2）审阅上期会计记录及相关资料。在审阅时，注册会计师应当特别关注其合法性、公允性和一贯性。

（3）对本期会计报表实施的审计程序进行证实。在对流动资产或流动负债的期初余额审计时，一般应结合当期审计程序进行。例如，应收账款或应付账款的期初余额，通常在本期内即可收回或支付，此后收回或支付的事实可视为应收账款或应付账款期初余额存在的适当证据。

（4）补充实施适当的实质性测试审计程序。有些期初余额项目尚需补充实施其他适当的实质性测试程序。

第五，初次接受国有企业委托，如前期会计报表未经审计，应尽可能获取其管辖机关对该会计报表的批复。

第六，结合上述审计结果，形成对期初余额的审计结论，并确定其对本期审计意见类型的影响。

任务三　审计关联方及其交易

一、关联方的含义

在企业财务和经营决策中，如果一方有能力直接或间接控制、共同控制另一方或对另一方施加重大影响，则视其为关联方；如果两方或多方同受一方控制，也视其为关联方。

二、关联方及其交易的审计目标

注册会计师审计关联方及其交易是为了确定关联方及其交易是否真实存在，关联方交易的记录是否适当，以及关联方及其交易的披露是否恰当。

三、关联方及其交易的审计程序

第一，获取、复核被审计单位提供的关联方清单，并实施以下审计程序，以识别关联方，确定关联方关系的性质。

（1）了解被审计单位各组成部分及其相互关系、管理当局的职责分工，评价其识别和处理关联方及其交易的程序。

（2）查阅以前期间的审计工作底稿。

（3）查阅主要股东、关键管理人员名单。

（4）询问主要投资者个人、关键管理人员和与其相关的其他单位的关系。

（5）了解与主要投资者个人、关键管理人员关系密切的家庭成员和与其相关的其他单位的关系。

（6）查阅股东会、董事会会议及其他重要会议记录。企业的重大交易事项一般都要经过股东会、董事会等重要会议讨论通过。因此，对这些会议记录的查阅，有助于注册会计师识别那些对企业有重大影响的关联方交易。

（7）询问其他注册会计师及前任注册会计师。

（8）审核所审计会计期间被审计单位的投资业务及资产重组方案。

（9）检查企业所得税申报资料及报送政府机构、证券交易所等的其他相关资料。

第二，获取、复核被审计单位提供的关联方交易清单，并实施以下专门审计程序，以识别关联方交易。

（1）查阅股东会、董事会会议及其他重要会议记录，询问管理当局或与其讨论有关重大交易的授权情况。该程序主要用于测试被审计单位关于关联方及其交易的授权、批准等内部控制是否存在、健全并有效执行，同时识别部分重要的关联方交易存在与否。

（2）了解被审计单位与其主要客户、供应商和债权人、债务人的交易性质与范围。注册会计师对这些事项的了解是为了发现未予披露的关联方交易的线索。该程序有助于注册会计师识别在商品购销及资金借贷中形成的关联方交易。

（3）了解是否存在已经发生但未进行会计处理的交易。因为对接收或提供产品与劳务业务若未做会计处理，其中可能忽略、遗漏或隐藏此类交易的实质是关联方交易这一事实。

（4）查阅会计记录中数额较大的、异常的及不经常发生的交易或余额，尤其是资产负债表日前后确认的交易。被审计单位往往为了粉饰经营业绩和会计报表而进行这类关联方交易，注册会计师应予以细致的检查。

（5）审阅有关存款、借款的询证函和贷款凭证，检查是否存在担保关系。注册会计师应通过对有关存款、借款询证函的审阅，证实被审计单位对这些款项记录的真实性。在审阅时还应关注被审计单位和有担保关系的其他单位之间进行的交易是否为关联方交易。

第三，向负责审计被审计单位的有关注册会计师提供已知关联方清单。

在实施识别关联方的上述审计程序后，注册会计师应将已确认的关联方清单提供给审查被审计单位的注册会计师，使他们能够注意识别被审计单位与这些关联方之间的交易。有助于其他注册会计师在审计过程中发现存在其他关联方时，能及时将与该关联方有关的资料反馈给主审注册会计师。

第四，实施以下必要审计程序，以确定关联方交易是否已做适当记录。

（1）询问管理当局，以了解关联方交易的目的及定价政策。注册会计师对关联方交易的了解程度，通常应达到使注册会计师能够充分理解该交易对被审计单位生产经营的影响程度为止。

（2）检查有关发票、协议、合同以及其他有关文件。这有助于证实关联方交易的实质与形式是否相符，协议数量与实际数量是否相符。

（3）确定有关交易是否已获股东会、董事会或相关机构及管理人员批准。若未获批准，一方面说明该交易的合法性、合规性有问题；另一方面也反映出被审计单位相关内部控制薄弱，注册会计师不仅要审核该笔交易的披露情况，而且要重新评价相关内部控制，扩大审查范围。

（4）检查会计报表中关联方交易金额及相关信息披露的合理性。

（5）核对关联方之间同一时点的账户余额，必要时与其他注册会计师沟通，核实关联方之间某些特殊的、重要的、有代表性的关联方交易。这有助于发现那些存在虚假记录的关联方交易。

（6）检查有关抵押、质押品的价值及可流通性。若发现有抵押、质押品的价值与实际价值不符或不易变现等情况，注册会计师应对这类交易的对象进行重点检查，以确定交易对象是否为关联方，相互之间的交易是否为关联方交易。

第五，必要时，追加以下审计程序，检查重大关联方交易。

（1）函证关联方交易的条件及金额，并检查关联方拥有的相关证据。这主要是为了核对被审计单位提供的有关资料的真实性。

（2）向有关中介机构函证或与其讨论关联方交易的相关重要信息。这既有助于注册会计师对已识别的关联方及其交易进行复核，还可能有助于注册会计师发现未知的关联方及其交易。

（3）就重大应收款项及担保，获取关联方偿债能力的信息。若该关联方偿债能力较弱，而被审计单位却仍与其进行数额较大的购销活动或为其担保，通常意味着被审计单位可能另有目的，这就要求注册会计师对被审计单位与这类关联方所进行的交易进行重点审核，以查明这类关联方交易在会计报表中的披露是否真实、完整。

第六，向被审计单位管理当局索取关联方及其交易的声明书，要求管理当局书面确认其所提供的识别关联方的资料是否真实、完整，会计报表对关联方及其交易的披露是否充分，以明确界定注册会计师与被审计单位管理当局各自应负的责任。

第七，检查关联方及其交易的披露是否恰当。在存在控制关系的情况下，关联方如为企业时，不论它们之间有无交易，均应当在会计报表附注中披露企业经济性质或类型、名称、法定代表人、注册地、注册资本及其变化，以及企业的主营业务、所持股份或权益及其变化；在企业与关联方发生交易的情况下，企业应当在会计报表附注中披露关联方关系的性质、交易类型及其交易要素。就注册会计师而言，应当在考虑关联方及其交易审计范围是否受到限制、关联方及其交易的披露是否符合《企业会计准则》的要求的基础上，确定对审计报告的影响。当审计范围受到限制，未能就会计报表具有重大影响的关联方及其交易获取充分、适当的审计证据时，注册会计师应当考虑发表保留意见或无法表示意见；如果被审计单位对会计报表具有重大影响的关联方及其交易的披露不符合《企业会计准则》的要求，注册会计师应当发表保留意见或否定意见。

任务四　审计或有事项

一、或有事项的概念和种类

（一）或有事项的概念

或有事项是由过去的交易或事项形成的具有较大不确定性的经济事项。例如，未决诉讼、债务担保、产品质量保证、票据贴现和背书转让等。随着中国市场经济的发展，或有事项这一特定的经济现象已越来越多地存在于企业的经营活动中，并对企业的财务状况和经营成果产生较大的影响。或有事项对企业潜在的财务影响究竟有多大，企业因此而承担的风险又究竟有多大，都有必要通过企业的会计报表或会计报表附注予以反映，使会计报表使用者能够获得真实、充分、详细的信息，帮助其进行正确的分析、判断。

（二）或有事项的种类

或有事项根据其性质和内容，可以分为两大类：直接或有事项和间接或有事项。

1.直接或有事项

直接或有事项主要包括被审计单位的未决诉讼或未决仲裁、未决索赔、税务纠纷、产品质量保证等。

（1）未决诉讼或未决仲裁。

未决诉讼或未决仲裁案件是法庭或仲裁机构尚未做最后判决或仲裁的案件，被审计单位有可能由于败诉而承担赔偿的责任，因而构成了被审计单位的一项或有事项。注册会计师审计时采用的获取此类或有事项审计证据的主要方法，是向被审计单位的法律顾问或律师发函。注册会计师若从被审计单位的法律顾问处无法获取有关未决诉讼或未决仲裁案件的充分证据，表明审计的范围受到了限制，就不能出具无保留意见的审计报告。有时，即使得到了充分证据，并且未决诉讼或未决仲裁案件在被审计单位的会计报表中也已做了适当披露，但如果未决案件的结果对会计报表的影响较大且不确定性程度较大，注册会计师仍应考虑是否在审计报告中进行反映。

（2）未决索赔。

在被审计单位的未决索赔中，凡被审计单位提出起诉、需经法庭裁决的，其检查和处理方法与未决诉讼相同；若未被审计单位提出起诉，注册会计师应直接向被审计单位了解有关情况。

（3）税务纠纷。

因税务纠纷而产生的或有事项主要有：被审计单位与税务部门对于应税额和纳税额等方面存在分歧意见，尚未最后处理完毕；税务部门决定追加税款但尚未最后定案，或被审计单位不同意追加而未缴纳税款。注册会计师对此类或有事项的审计，主要检查被审计单位的纳税申报单等是否经税务部门审核批准。若尚未经批准，说明可能存在有待解决的税务纠纷，则注册会计师应通过进一步的调查，确定被审计单位对此类或有事项的处理以及在会计报表上的披露是否恰当。

（4）产品质量保证。

产品质量保证是企业对已售出商品或已提供劳务的保证。被审计单位有可能由于产品质量问题而承担维修、调换甚至赔偿的责任，因而构成了被审计单位的一项或有事项。

2.间接或有事项

间接或有事项主要包括商业票据贴现、应收账款抵借、通融票据背书和其他债务担保等。

（1）商业票据贴现。

被审计单位以未到期商业票据向银行贴现，如果贴现的票据将来到期时债务人因故不能付款，被审计单位作为票据的背书人往往负有代为偿付的责任。因而，被审计单位向银行贴现商业票据，就构成了一项或有事项。注册会计师检查此类或有事项时，可采用函证方法，直接向银行调查，并将调查结果与被审计单位的会计记录进行核对，以确定其是否正确。

（2）应收账款抵借。

被审计单位以应收账款作为抵押，向银行取得借款，将来债务人因故无法还款时，被审计单位对银行借款仍负有偿还的责任。注册会计师检查此类或有事项时，可直接向银行函证，以取得有关的证据。

（3）通融票据背书和其他债务的担保。

通融票据，是指因开具票据的人信用较差，而由他人背书作为担保人的票据。被审计单位一旦在通融票据上背书，即负有连带偿还责任。因此，如果被审计单位在通融票据上背书，就构成了被审计单位的一项或有事项。被审计单位对其他债务的担保，因同样负有连带偿还的责任，也属于或有事项。由于通融票据的背书和其他债务的担保很少被记入被审计单位账簿，所以较难发现。注册会计师在审计时应向被审计单位有关负责人查询，以证实被审计单位是否存在这类或有事项。

二、或有事项的审计目标

或有事项的审计目标包括以下三点。

（1）确定或有事项是否存在。

（2）确定或有事项的确认和计量是否符合规定。

（3）确定或有事项的披露是否恰当。

三、或有事项的审计程序

第一，向被审计单位管理当局询问其确定、评定与控制或有事项方面的有关方针政策和工作程序。在询问中，注册会计师应具体询问被审计单位应反映的或有事项的种类。显然，这种询问是不能发现有意不反映或有事项的行为的。但如果被审计单位管理当局忽略了某一或有项目，或者未完全理解有做会计反映的必要，这种询问就显得很有用。

第二，向被审计单位管理当局索取下列资料，进行必要的审核和评价。

（1）被审计单位管理当局的书面声明，保证其已按照《企业会计准则》和有关财会制度等的规定，对其全部或有事项做出反映。

（2）被审计单位现存的有关或有事项的全部文件和凭证，判断是否应确认为或有负债，损失金额是否可以合理估计；是否存在预期可获得的补偿，相关的会计处理是否正确。

（3）被审计单位与银行之间的往来函件，以查找有关应收账款抵借、通融票据背书和对其他债务的担保。

（4）被审计单位的债务说明书，其中，除其他债务说明外还应包括对或有事项的说明，即说明已知的或有事项均已在会计报表中做了适当披露。

第三，向被审计单位的法律顾问或律师进行函证，以获取法律顾问或律师对被审计单位资产负债表日已存在的，以及资产负债日至复函日期间存在的或有事项的确认证据，分析被审计单位在审计期间所发生的法律费用，从法律顾问或律师处复核发票和说明，视其是否足以说明存在或有事项，特别是未决诉讼和未决税款估价等方面的问题。

第四，复核上期和被审计期间税务局的税收结算报告。从报告中或许能发现被审计期间有关纳税方面可能存在的争执之处。如果税款拖延时间较久，发生税务纠纷的可能性就较大。

第五，向与被审计单位有业务往来的银行寄发含有要求银行提供被审计单位或有事项的函证书。银行函证可以反映商业票据贴现情况和为其他单位的银行借款进行担保的情况（包括担保事项的性质、金额、担保期间等）。

第六，审阅截至审计外勤工作完成日止，被审计单位历次董事会纪要和股东会会议记录，确定是否存在未决诉讼或未决仲裁、未决索赔、税务纠纷、产品质量保证等方面的记录。

第七，复核现存的审计工作底稿，寻找任何可以说明潜在或有事项的资料。

第八，询查被审计单位对未来事项和协议的财务承诺，并向被审计单位管理当局询问。

第九，确定或有事项在会计报表上的披露是否恰当。

对于通过或有事项所确认的负债，应在资产负债表中单列项目反映，与所确认负债有关的费用或支出应在扣除确认的补偿金额后，在利润表中反映。同时，企业还应在会计报表中披露如下或有负债：

（1）已贴现商业承兑汇票的或有负债。

（2）未决诉讼、未决仲裁形成的或有负债。

（3）为其他单位提供债务担保形成的或有负债。

（4）其他或有负债（不包括极小可能导致经济利益流出企业的或有负债）。

对上述或有负债，企业应在会计报表附注中分类披露或有负债形成的原因、预计产生的财务影响（如无法预计，应说明理由）以及获得补偿的可能性等内容。

对于或有资产，企业既不应在会计报表上予以确认，一般也不应在会计报表附注中披露。但当或有资产很可能会给企业带来经济利益时，则应在会计报表附注中披露其形成的原因；如果能够预计其产生的财务影响，还应对此进行相应披露。

任务五　审计期后事项

一、期后事项的概念和种类

（一）期后事项的概念

期后事项是指资产负债表日至审计报告日发生的，以及审计报告日至会计报表公布日发生的对会计报表产生影响的事项。会计报表公布日，是指被审计单位对外披露已审计会计报表的日期。

（二）期后事项的种类

为了确定期后事项对被审计单位会计报表公允性的影响，有以下两类期后事项需要被审计单位管理当局考虑。

1.为资产负债表日已存在情况提供补充证据的事项

这类事项既为被审计管理当局确定资产负债表日账户余额提供信息，也为注册会计师核实这些余额提供补充证据。如果这类期后事项的金额巨大，应提请被审计单位对年度会计报表及相关的账户余额进行调整。

（1）资产负债表日被审计单位认为可以收回的大额应收款项，因资产负债表日后债务人突然破产而无法收回。这种情况下，债务人财务状况显然早已恶化，所以注册会计师应考虑提请被审计单位增加备抵坏账数额，调整会计报表有关项目的数额。

（2）在资产负债表日以前或资产负债表日，被审计单位根据合同规定所销售的物资已经发出，当时认为与该项物资所有权相关的风险和报酬已经转移，货款能够收回，根据收入确认原则确认了相关成本。在资产负债表日后至财务报告批准报出日之间所取得的证据证明，该批已确认为销售的物资确实已经退回。如果金额较大，注册会计师应考虑提请被审计单位调整会计报表有关项目的数额。

（3）被审计单位由于某种原因被提起诉讼，法院于资产负债表日后判决被审计单位应赔偿对方损失。因这一负债实际上在资产负债表日之前就已存在，如果赔偿数额很大，注册会计师应考虑提请被审计单位增加资产负债表有关负债项目的数额，并予以说明。

（4）被审计单位资产负债表日后不久有大批产成品经验收不合格。这种情况表示被审计单位资产负债表日在产品存货中有相当数量的不合格品，应予以扣除。

2.不影响会计报表金额，但可能影响对会计报表正确理解的事项

这类事项因不影响资产负债表日财务状况，不需要调整被审计单位的本期会计报表。但如果被审计单位的会计报表因此可能受到误解，就应在会计报表中以附注的形式予以披露。

被审计单位在资产负债表日后发生的，需要在会计报表上披露而非调整的事项主要有：被审计单位合并；应付债券的提前兑付；所持有用于短期投资和转卖的证券市价严重

下跌；发行债券或权益性证券；由于政府禁止继续销售某种产品所造成的存货市价下跌；需要为新的养老保险金计划在近期支付大笔现金；偶然性的大笔损失等。这些事项如不加以反映，往往会导致对被审计单位会计报表的误解，所以应在会计报表附注中加以披露。

凡主要情况出现在被审计单位资产负债表日之前的事项，应提请被审计单位调整会计报表；凡主要情况出现在被审计单位资产负债表日之后的事项，只需建议被审计单位在会计报表附注中加以披露即可。

二、期后事项的审计目标

期后事项的审计目标包括以下三点。

（1）确定期后事项是否存在。

（2）确定期后事项的类型和重要性。

（3）确定期后事项的处理是否恰当。

三、期后事项的审计程序

注册会计师对被审计单位期后事项的审计，可以归结为两类：一是结合对会计报表项目实施的实质性测试程序进行的审计；二是专为发现所审会计期间需要弄清楚的事项另行实施的审计。

第一类审计是会计报表项目审计的一部分。如审计期后的销售和采购业务，以确定本期主营业务收入发生额及期末存货等账户的余额是否正确等。

第二类审计是专门为获取那些必须并入所审会计期间账户余额、发生额或会计报表附注说明的事项的相关资料进行的审计。

具体审计程序包括以下几部分内容。

（1）向被审计单位管理当局询问。

除了要考虑询问内容的恰当性以外，注册会计师根据所需资料的要求，也要考虑询问对象的恰当性。只有向恰当的管理人员询问，才能获得可靠的结果。如向存货管理员询问应收账款的可收回性、货币资金的使用情况就不恰当。对被审计单位管理当局的询问，大多数应是指向业务经理、副经理和总经理进行的询问。

针对期后事项，通常应当询问以下内容：①已依据初步数据进行会计处理的项目的现状。②是否已进行或将进行异常的会计调整。③是否已发生或可能发生影响会计政策适当性的事项。④资产是否被政府征用或因不可抗力而遭受损失。⑤资产是否已出售或计划出售。⑥是否发生新的担保、贷款或财务承诺。⑦是否已发行或计划发行新的股票或债券。若有，则应获取并检查有关的申请和审批文件。⑧是否已签订合并或清算协议。若有，则应获取并检查企业合并或清算的有关文件，如协议、合同、审计报告、资产评估报告及确认文件、政府批文等。

（2）审阅被审计单位资产负债表日后编制的内部报表及其他相关管理报告。

注册会计师应把审阅的重点放在所审计期间生产经营业务中与同期结果有关的变

化，特别是被审计单位生产经营环境的主要变化上。应与被审计单位管理当局研讨内部报表及其他相关管理报告，以确定其编制基础与所审计期间会计报表是否一致，并调查生产经营结果的重大变化。

（3）审阅被审计单位资产负债表日后编制的会计记录。

注册会计师应重点检查被审计单位资产负债表日后的日记账和明细账，从而确定所有与所审会计期间相关业务的存在及其内容。如果日记账、明细账尚未记载到目前为止的记录，则还应追查那些尚未入账的原始凭证和记账凭证。

（4）取得并审阅被审计单位在资产负债表日后的有关会议记录。

对被审计单位在资产负债表日后的股东会、董事会和管理当局的会议记录，注册会计师应重点检查其中影响审计期间会计报表的重大期后事项。例如，资产负债表日后董事会批准的利润分配方案、已证实重大资产发生了减损、大额的销售返回、已确定获得或支付的大额赔偿等应予调整的事项，以及股票和债券的发行、巨额对外投资、自然灾害导致资产重大损失、外汇汇率发生较大变动等应予以披露的非调整事项。

（5）了解管理当局确认期后事项的过程。

（6）查明非调整期后事项的内容。

查明非调整期后事项的内容并合理估计其对财务状况、经营成果的影响，或查询、了解无法合理估计其影响的原因。

（7）取得被审计单位管理当局声明书和律师声明书。

由被审计单位向注册会计师送交的管理当局的声明书和律师的声明书，是其对审计中各种不同事项的说明，包括说明审计外勤工作结束日前的有关期后事项的陈述。

四、期后事项对审计报告的影响

对已发现的对会计报表产生重大影响的期后事项，注册会计师应当根据其类型分别做以下处理：

（1）对能为资产负债表日已存在情况提供补充证据的事项，提请被审计单位调整会计报表。

（2）对虽不影响会计报表金额，但可能影响对会计报表正确理解的事项，提请被审计单位在会计报表有关附注中做适当披露。

如果被审计单位不接受调整或披露建议，注册会计师应当发表保留意见或否定意见。

注册会计师若在审计报告日至会计报表公布日之间获知可能影响会计报表的期后事项，应当及时与被审计单位管理当局讨论。必要时，还应追加实施适当的审计程序，以确定期后事项的类型及其对会计报表和审计报告的影响程度。

若对审计报告日至会计报表公布日获知的期后事项实施了追加审计程序，并已做适当处理，注册会计师可确定审计报告日期；或者签署双重报告日期，保留原审计报告日，并就该期后事项注明新的审计报告日；或者更改审计报告日期，将原审计报告日推迟至完成追加审计程序时的审计报告日。

注册会计师对期后事项审计时，其应负责任的日期应以审计外勤工作结束日为限。注册会计师没有责任实施审计程序或进行专门询问，以发现审计报告日至会计报表公布日发生的期后事项，但应对其知悉的期后事项予以关注，并实施相应的审计程序。被审计单位管理当局有责任及时向注册会计师告知可能影响会计报表的期后事项。

延长外勤审计工作结束日的做法，在会计报表审计范围内全面地扩大了注册会计师的责任范围；注明双重日期的做法，仅在反映有关的特定项目方面扩大了注册会计师的责任范围。

若在会计报表公布日后获知审计报告日已经存在但尚未发现的期后事项，注册会计师应当与被审计单位讨论如何处理，并考虑是否需要修改已审计会计报表。如果被审计单位拒绝采取适当措施，注册会计师应当考虑修改审计报告。

任务六　分析货币资金审计案例

[例 1] 银行存款审计

审计人员在审查某公司"银行存款日记账"时发现，2024 年 7 月 10 日 6 号凭证摘要注明"罚款支出"，金额为 32 000 元。审计人员认为其摘要模糊，怀疑其中可能有舞弊的行为，调查了 6 号付款凭证，其会计分录为：

借：营业外支出　　　　　　　　　　　　　32 000
　贷：银行存款　　　　　　　　　　　　　　　32 000

所附原始凭证一张，该原始凭证为税务机关经银行转来的罚款通知，其中税款为 30 000 元，罚金为 2 000 元。审计人员进而审查该公司"应交税费"明细账时，发现该账户余额为 0，纳税时间为 7 月 2 日，符合税务机关的规定。公司为什么被罚款呢？于是审计人员进一步审查 7 月 2 日的付款凭证（2 号凭证），其分录为：

借：应交税费　　　　　　　　　　　　　　30 000
　贷：银行存款　　　　　　　　　　　　　　　30 000

所附单据有转账支票一张、纳税申报表一张，审计人员仔细审查纳税申报表时发现，并未收到银行缴纳税款的账单。支票转到何处了呢？审计人员通过银行查明，该支票的收款人为市百货公司。市百货公司证实这张支票是百货组交来的货款。审计人员到百货组调查，百货组承认收到这张支票，但说记不清是由谁交来的。审计人员基本上明白了事实的真相。

该公司内控不严，会计人员利用不熟悉业务的出纳员，编制了假的传票，贪污公款 30 000 元。在事实面前，会计人员供认，他以出纳员不懂业务为契机，要求出纳员开具一张空白支票，然后通过市百货公司王某，以支票换取了现金，贪污全部税款 30 000 元，再以未交税款的税单作为假的传票，通知税务机关主动划走了税款和罚金。

最终，审计人员督促会计人员退回全部赃款。

讨论：如果当年被审计单位还未结账时审计人员发现此问题，可以建议被审计单位做出调账处理。

借：库存现金　　　　　　　　　　　　　　30 000

```
  贷：营业外支出                                    30 000
```

但如果是次年审计人员发现此问题，显然该公司账项已结，已提交年度会计报表。若任意盈余公积计提比例为5%，应付股利为税后利润的40%，则做出调整总账和明细账的处理：

```
  借：库存现金                                      30 000
    贷：应交税费——应交企业所得税                     7 500
      盈余公积——法定盈余公积                        2 250
      盈余公积——任意盈余公积                        1 125
      应付股利——应付××                            7 650
      利润分配——未分配利润                         11 475
```

这个账项的错误对2024年资产负债表的影响是：报表项目"应交税费"少计7 500元，报表项目"盈余公积"少计33 750元，报表项目"应付股利"少计7 650元，报表项目"未分配利润"少计11 475元，报表项目"货币资金"少计30 000元。

建议被审计单位对资产负债表相关报表项目做出调整。

```
  借：货币资金                                      30 000
    贷：应交税费                                     7 500
      盈余公积                                      3 375
      应付股利                                      7 650
      未分配利润                                    11 475
```

2024年这个账项错误对损益表的影响是："营业外支出"多计30 000元，应调减30 000元；"营业利润"少计30 000元，应调增30 000元；"利润总额"少计30 000元，应调增30 000元；"所得税费用"少计7 500元，应调增7 500元。"基本每股收益""稀释每股收益"也应做出相应的调整。

当年这个账项的错误引起了现金流量金额的变化，因此这个账项的错误需要对现金流量表的报表项目"收到其他与经营活动有关的现金"进行调增30 000元。

[例2]期后事项审计

某会计师事务所注册会计师于2025年1月在对A公司进行审计时发现：

（1）2024年11月30日，公司清查盘点产品仓库，发现甲产品短缺35万元，做了借记"待处理财产损溢"350 000元、贷记"产成品"350 000元的会计处理。2025年1月10日，查清了短缺的原因。其中属于合理损失为250 000元，属于非正常损失为100 000元，由于结账时间在前，公司未在2024年度会计报表中披露这项经济业务。

（2）2025年1月，材料仓库因火灾造成材料毁损100万元，当月按规定进行了相应会计处理。

（3）甲公司为乙公司向银行借款100万元提供担保。2024年10月，乙公司因经营严重亏损，进行破产清算，无力偿还已到期的该笔银行借款。贷款银行因此向法院起诉，要求甲公司承担连带偿还责任，支付借款本息120万元。2025年2月10日，法院终审判决贷款银行胜诉，由甲公司支付借款本息 120 万元，并于 2025 年 2 月 28 日执行完毕。甲公司在 2024 年未对该诉讼案件做相应的会计处理。

解析：如果在 2024 年发现上述问题，应做如下处理。

对事项（1），根据《企业会计准则第 29 号——资产负债表日后事项》的规定，这类"已证实资产发生了减损"的事项属于调整事项。该事项影响利润 35 万元，应建议公司调整，调整分录如下：

借：管理费用	250 000
营业外支出——非常损失	100 000
贷：待处理财产损溢	350 000

对事项（3），注册会计师应提请甲公司做如下调整分录：

借：营业外支出——赔款损失	1 200 000
贷：其他应付款——贷款银行	1 200 000

对事项（2），根据《企业会计准则第 29 号——资产负债表日后事项》的规定，这类"自然灾害导致的损失"事项属于非调整事项，应建议公司在会计报表附注中披露。

2025 年 1 月，审计人员发现此问题时，显然该公司 2024 年的账项已结清，已提交 2024 年的会计报表。若任意盈余公积计提比例为 5%，应付股利为税后利润的 40%，则做出调整总账和明细账的处理。

借：应交税费——应交企业所得税	387 500
盈余公积——法定盈余公积	116 250
应付股利——应付××	395 250
盈余公积——任意盈余公积	58 125
利润分配——未分配利润	592 875
贷：待处理财产损溢	350 000
其他应付款——贷款银行	1 200 000

2024 年这个账项错误对资产负债表的影响是：报表项目"应交税费"少计 387 500 元，报表项目"盈余公积"少计 174 375 元，报表项目"应付股利"少计 395 250 元，报表项目"未分配利润"少计 592 875 元，报表项目"存货"多计 350 000 元，报表项目"其他应付款"少计 1 200 000 元。

建议被审计单位对资产负债表相关报表项目做出调整。

借：应交税费	387 500
盈余公积	174 375
应付股利	395 250
未分配利润	592 875
贷：存货	350 000
其他应付款	1 200 000

2024 年这个账项错误对损益表的影响是："管理费用"少计 250 000 元，应调增 250 000 元；"营业外支出"少计 1 300 000 元，应调增 1 300 000 元；"营业利润"多计

1 550 000 元，应调减 1 550 000 元；"利润总额"多计 1 550 000 元，应调减 1 550 000 元；"所得税费用"多计 387 500 元，应调减 387 500 元。"基本每股收益""稀释每股收益"也应做出相应的调整。

2024 年这个账项的错误可能未引起现金流量金额的变化，因此这个账项的错误可能不需要对现金流量表的相关报表项目进行调整。

项目十二
微课视频

项目十三 拟定审计终结性文档

◎ 学习目标

知识目标：

掌握审计报告的含义和作用、类型、特点、基本要素、主要内容和撰写要求；熟悉审计决定书的运用以及审计处理、处罚的种类；了解国家审计报告和审计决定书的编审程序。

素质目标：

培育诚信品格和良好的审计职业道德；培养审计人员的专业素质；养成严谨、认真、细致的工作作风；培养节约成本意识；培养创新精神；适应社会政治、经济、文化的发展，把国家利益、民族利益放在心中，肩负国家使命和社会责任。

能力目标：

能撰写审计报告；能撰写审计决定书等。

📑 项目导入

在审计的广阔领域中，无论是国家层面的宏观调控与监督、社会层面的公正鉴证，还是企业内部的严格自查与反思，其成果展现均独具匠心，各自承载着不可小觑的使命与深远价值。本项目旨在引领学生踏上一段深入探索审计终结性文件多样性与重要性的学习之旅，虽不直接枚举审计报告、审计意见书、审计决定等，却将通过实战导向的教学设计，让学生深刻领悟审计成果表达的精髓所在。

学生将系统学习如何精心打造一份高质量的审计成果报告，这份报告不仅是审计工作流程的全面总结与客观反馈，更是推动问题整改落实、促进管理体系优化升级的重要推手。通过本项目，学生将深入洞悉审计成果报告在揭露问题症结、提出建设性意见、强化组织治理效能等方面的独特价值，并熟练掌握其撰写的基本框架构建、关键要素提炼及专业技术规范。

与此同时，项目尤为重视对学生职业素养与综合能力的全方位培育，旨在塑造学生以诚信为基石的职业道德、秉持严谨细致的工作态度、激发创新求变的思维方式，并培养强烈的成本控制意识与深厚的社会责任感。可以期许，通过不懈努力，学生将成长为一名既能高效驾驭审计任务，又能敏锐洞察问题核心，勇于承担社会责任的审计精英。最终，学生将能够自如运用所学，撰写出既符合行业标准又富含深刻见解的审计成果文件，为审计事业的持续健康发展贡献智慧与力量。

任务一　拟写审计报告

一、把握审计报告概念

审计报告是审计人员在实施审计后，向审计授权人或委托人提出的阐明审计结果、做出审计评价、表达审计意见和建议的书面文件。

审计报告的性质是审计主体（国家审计机关、社会审计组织、内部审计机构及其各自专门人员）通过表达审计意见，向审计授权人或委托人所做的对被审计人承担和履行经济责任情况的证明。在中国，审计人员对被审计人也提出书面文件。例如，中国国家审计机关依法以审计报告为基础向被审计人提出的审计意见书和审计决定。由于它们也是审计人员审计意见的表达，因此从广义上说，它们也属于审计报告的范畴。这是在审计兼有经济监督和行政监督职责的审计模式下，为了有效实施对被审计人的监督，维护审计授权人的权益，而采取的必要做法，被审计人有接受和执行的责任，其中审计决定是必须执行的。

此外，从审计程序的角度来考察，审计报告又是在审计终结阶段用以反映审计成果的一项重要文件，是项目审计情况和结果的客观表述，因而也就是衡量审计工作质量的重要标志。

二、明确审计报告作用

在审计实践中，审计报告对审计工作本身、审计三方面关系人及社会经济生活的各个方面所产生的作用主要包括以下内容。

（1）审计报告是对项目审计过程和结果的全面总结，是完成审计任务的标志。审计人员一方面有责任向授权人、委托人报告审计任务完成情况及查明的结果；另一方面也应通过审计报告的撰写过程，对此项审计进行分析和总结，以不断提高审计工作质量。

（2）审计报告是审计人员在实施审计之后，为评价被审计人承担和履行经济责任情况而提出审计意见和建议的手段。审计人员在实施审计后，既要对被审计人的财政、财务收支是否真实、合法，内部控制系统是否健全、有效等方面做出评价，借以表明承担和履行经济责任情况；又要对被审计人存在的问题提出审计处理意见和改进建议。

（3）审计报告是国家审计机关向被审计人出具审计意见书，做出审计决定的依据。国家审计机关在接到审计小组报送的审计报告后，要审定审计报告，对审计事项做出评价，出具审计意见书；同时，对于凡违反国家规定的财政、财务收支，需要依法给予处理、处罚的行为，在法定职权范围内做出审计决定或者向有关部门提出处理、处罚建议。

（4）审计报告是具有法律效力的证明文件，可以起到经济鉴证的作用，是包括被审计人在内的、社会经济生活各方利害关系人做出决策的重要依据之一。社会审计组织和审计人员由于其处于客观公正的地位，因而所提出的审计报告不但是被审计人据以纠正错弊、改善经营管理、提高经济效益、进行管理决策的依据，而且是社会各方利害关系人做出正确经济决策的重要依据。

（5）审计报告是社会经济信息的客观反映，经过分析综合，可以发现宏观经济运行中出现的矛盾，为加强宏观经济调控提供信息。国家审计机关经常地、大量地接受反映社会经济生活各个方面的审计报告。这些真实、可靠的信息，对微观经济管理和宏观经济调控都有十分重要的作用。

三、明确审计报告分类

（一）简式审计报告

简式审计报告也称短式审计报告，是指审计人员简略说明审计内容、审计工作和审计意见的审计报告。这种审计报告采用较为简洁的语言，说明审计范围，表达审计意见，篇幅较短。简式审计报告通常用于注册会计师实施的年度财务报表审计。由于简式审计报告一般适用于对外公布的目的，其格式和措辞均由职业团体制定统一规范，所以又称标准审计报告。在中国，简式审计报告的内容由中国注册会计师协会规定，依据注册会计师所发表审计意见类型的不同，分为无保留意见审计报告、保留意见审计报告、否定意见审计报告和拒绝表示意见审计报告四种。该准则还明确规定了不同审计意见审计报告的适用条件及其专业术语。

（二）详式审计报告

详式审计报告也称长式审计报告，是指审计人员详细叙述审计内容、审计过程、审计工作和审计意见的审计报告。这种审计报告除了反映上述内容外，还要反映审计人员查出的问题以及处理意见和建议，所以审计报告的叙述较为详细，内容较为丰富，篇幅也较长。详式审计报告的格式和措辞一般没有统一规定，所以又称非标准审计报告。在中国，国家审计机关、内部审计机构所进行的财政、财务收支审计和经济效益审计、财经法纪审计、经济责任审计等通常采取详式审计报告。

四、审计报告编制前工作

（一）编制审计差异调整表和试算平衡表

1.编制审计差异调整表

核算误差，是因企业对经济业务进行了不正确的会计核算而引起的误差，用审计重要性原则来衡量每一项核算误差，可分为建议调整的不符事项和不建议调整的不符事项（即未调整不符事项）。

重分类误差，是因企业未按有关会计准则、会计制度规定编制会计报表而引起的误差。

对审计中发现的核算误差，如何运用审计重要性原则来划分建议调整的不符事项与未调整不符事项，是正确编制审计差异调整表的关键。

（1）对于单笔核算误差超过所涉及会计报表项目（或账项）层次重要性水平的，应视为建议调整的不符事项。

（2）对于单笔核算误差低于所涉及会计报表项目（或账项）层次重要性水平，但性质重要的，应视为建议调整的不符事项。

（3）对于单笔核算误差低于所涉及会计报表项目（或账项）层次重要性水平，并且性质不重要的，一般应视为未调整不符事项。但当若干笔同类型未调整不符事项汇总数超过会计报表项目（或账项）层次重要性水平时，应从中选取几笔转为建议调整的不符事项，计入调整分录汇总表，使未调整不符事项汇总金额降至重要性水平之下。

2.编制试算平衡表

试算平衡表是指某一时点上的各种账户及其余额的列表。各个账户的余额都会反映在试算平衡表相应的借方或贷方栏中。试算平衡表是定期地加计分类账各账户的借贷方发生及余额的合计数，用以检查借贷方是否平衡及账户记录有无错误的一种表示。在借贷记账法下，具体检查的内容包括每次会计分录的借贷金额是否平衡，总分类账户的借贷发生额是否平衡，总分类账户的借贷余额是否平衡。

试算平衡表要求：全部账户的借方期初余额合计等于全部账户的贷方期初余额合计；全部账户的借方发生额合计等于全部账户的贷方发生额合计；全部账户的借方期末余额合计等于全部账户的贷方期末余额合计。

试算平衡表的编制可以分为两种：一种是将本期发生额和期末余额分别编制列表；另一种是将本期发生额和期末余额合并在一张表上进行试算平衡。

通过编制试算平衡表来检查账簿记录的正确性并非绝对可靠。从某种意义上讲，如果借贷不平衡，就可以肯定账户的记录或者计算是有错误的；但是如果借贷平衡，也不能肯定账户记录没有错误，因为有些错误并不影响借贷双方的平衡关系。如果在有关账户中重记或漏记某项经济业务，或者将经济业务的借贷方向记反，就不一定能通过编制试算平衡表发现错误。

（二）获取管理当局声明书

被审计单位管理当局的声明书是重要的审计证据。在出具审计报告前，应向被审计单位管理当局索取声明书，以明确会计责任与审计责任。

被审计单位管理当局声明书是被审计单位管理当局在审计期间提供的各种重要口头声明的书面陈述。

被审计单位管理当局声明书注明的日期应为审计报告日，以确保其具有与期后事项和或有事项审计相关的声明。若被审计单位管理当局拒绝准备声明书并拒绝签名，就应考虑签发保留意见或拒绝表示意见的审计报告。

（三）获取律师声明书

被审计单位律师就函证问题的答复和说明，就是律师声明书。律师声明书通常可提供充分有力的证据，足以解释并报告有关的期后事项和或有负债，其内容也会直接影响表达审计意见的类型。倘若律师声明书表明或暗示律师拒绝提供信息，或是隐瞒信息，或是对被审计单位叙述的情况不加修正，一般应认为审计范围受到限制，就不能出具无保留意见的审计报告。

（四）执行分析性复核程序

在对会计报表进行总体性复核时，首先应当全面审阅会计报表及其附注，考虑针对实质性测试中发现的异常差异或未预期差异所获取的证据是否充分、适当，以及这些异常差异或未预期差异与审计计划阶段的预计之间的关系。然后再将分析性复核程序运用于会计报表上，以确定是否还可能存在任何其他的异常或未预期的关系。如果这种异常或未预期的关系存在，则必须在完成审计外勤工作时追加实施额外的审计程序。

（五）撰写审计总结

审计项目经理在完成审计实质性测试后应当对审计工作底稿进行全面复核，并在此基础上撰写审计总结，概括地说明审计计划执行情况及审计目标是否实现。

（六）完成审计工作底稿的复核

（1）复查计划确定的重要审计程序是否适当，是否得以较好实施，是否实现了审计目标。

（2）复查重点审计项目的审计证据是否充分、适当。

（3）复查审计范围是否充分。

（4）复查对建议调整的不符事项和未调整事项的处理是否恰当。

（5）复核审计工作底稿中重要的勾稽关系是否正确。

（6）检查审计工作中发现的问题及其对会计报表和审计报告的影响，审计项目组对这些问题的处理是否恰当。

（7）复核已审会计报表总体上是否合理、可信。

（七）评价审计结果

1.对重要性和审计风险进行最终评价

对重要性和审计风险进行最终评价，是决定发表何种类型审计意见的必要过程。该过程可通过两个步骤来完成。

（1）按会计报表项目确定可能的审计差异、可能错报金额由三部分组成。

①通过交易和会计报表项目的实质性测试所确认的未更正错报，即已知错报。这部分已知错报既包含考虑报表项目层次重要性水平而未建议被审计单位予以调整的未调整不符事项，也包括被审计单位拒绝按审计人员的建议进行调整的未调整不符事项。

②通过运用审计抽样技术所估计的未更正预计错报。

③通过运用分析性复核程序和其他审计程序所量化的其他估计错报。

（2）确定各会计报表项目可能的错报金额的汇总数对会计报表层次重要性水平和其他与这些错报有关的会计报表总额的影响程度。

①这里的会计报表层次的重要性水平是指审计计划阶段确定的重要性水平，如果该重要性水平在审计过程中已进行修正，则应当按修正后的会计报表层次重要性水平进行比较。

②这里的可能的错报金额的总额一般是指各会计报表项目可能的错报金额的汇总数，但也可能包括上一期间的任何未更正错报对本期会计报表的影响。

注册会计师在审计计划阶段已确定了审计风险的可接受水平。随着可能错报总和的增加，会计报表可能被严重错报的风险也会增加。如果注册会计师得出结论，审计风险处在一个可接受的水平，那么他可以直接提出审计结果所支持的意见；如果注册会计师认为审计风险不能接受，那么他应当追加实施额外的实质性测试并说服被审计单位做出必要调整。

2.对已审会计报表进行技术性复核

对已审计会计报表进行技术性复核，可以通过填列和复核会计报表检查清单的方式来进行。完成后的检查清单应由负责该审计项目的经理和主任会计师再加以复核。

3.对被审计单位已审计会计报表形成审计意见并草拟审计报告

依据国家相关法规和审计准则，对被审计单位会计报表进行全面审查，深入分析财务状况，经营成果及现金流量，形成客观公正的审计意见，并草拟审计报告，为决策提供可靠依据。

4.对审计工作底稿进行最终复核

按审计质量控制准则要求，在签发报告前，一般应由会计师事务所的主任会计师对整套审计工作底稿进行原则性复核。复核包括以下内容：

（1）所采用审计程序的恰当性。

（2）所编制审计工作底稿的充分性。

（3）审计过程中是否存在重大遗漏。

（4）审计工作是否符合会计师事务所的质量要求。

（八）与被审计单位沟通

1.沟通的目的与方式

（1）沟通的目的包括：①明确双方责任；②建立良好的工作关系；③保证执业质量，提高审计效果和效率；④为被审计单位提供更好的服务。

（2）沟通的方式，可采用口头沟通或书面沟通。

2.沟通的事项

（1）审计计划阶段的沟通事项。

审计计划阶段的沟通事项包括：①首次接受委托前的沟通；②签订业务约定书时的沟通；③编制审计计划时的沟通。

（2）审计实施阶段的沟通事项。

审计实施阶段的沟通事项包括：①审计计划中确定的需要被审计单位协助的工作；②管理当局对有关事项的解释、声明及提供的其他证据；③固有风险和控制风险较高的会计报表认定；④已发现的重大错误、舞弊或可能违反法规的行为；⑤审计工作中受到的限制和阻碍。

（3）审计终结阶段的沟通事项。

审计终结阶段的沟通事项包括：①有关会计报表的分歧；②重大审计调整事项；③会计信息披露中存在的可能导致修改审计报告的重大问题；④被审计单位面临的可能危及其持续经营能力等的重大风险；⑤审计意见的类型及审计报告的措辞；⑥注册会计师拟提出的关于内部控制方面的建议；⑦与已审计会计报表一同披露的其他信息的沟通。

任务二　拟写国家审计报告

一、把握国家审计报告的含义

在中国审计实践中，国家审计报告是审计小组对被审计单位实施审计后，就审计实施情况和审计结果向派出的审计机关提出的书面报告，它实际上是审计机关内部的工作报告，是审计小组对派出的审计机关所承担的行政职责。因此，凡审计机关发出审计通知书的审计项目，审计小组实施审计后都应当提交审计报告。这种审计报告本身只反映审计事实和表达审计小组的初步意见，不是审计机关的最终结论意见。因此，它对被审计单位来说并没有法律上的直接约束力，只有国家审计机关以审计报告为基础向被审计单位提出的审计意见书和审计决定才具有法律效力，被审计单位必须接受和执行。

二、明确国家审计报告的基本要素

根据《审计机关审计报告编制准则》的规定，国家审计报告的基本要素主要有：标题、主送单位、审计报告的内容、审计小组组长签章、审计小组向审计机关提出审计报告的日期等。以下仅对主要内容做一介绍。

（一）标题

国家审计报告的标题应当包括被审计单位的名称、审计事项的内容和时间。被审计单位名称必须写出全称，不能随意简化。审计事项的主要内容通常以被审计单位的经济活动内容及其审计目标展示，也可以就该事项所审查的账项及其审计目标展示，但都要高度概括。审计事项的时间是指审计事项发生的时间或期间。

（二）主送单位

国家审计报告的主送单位是派出审计小组的审计机关。

（三）审计报告的内容

国家审计报告的内容是其基本要素的核心部分，它集中描述审计项目的审计过程、审计结果、审计评价、审计意见和建议，因而也就占据审计报告的最大篇幅。具体内容包括：

（1）审计的范围、内容、方式、起讫时间。

（2）被审计单位的基本情况，财政财务隶属关系，财政、财务收支状况等。

（3）被审计单位对提供的会计资料的真实性和完整性的承诺情况。

（4）实施审计的步骤和采取的方法及其他有关情况的说明。

（5）被审计单位财政、财务收支的真实、合法、效益情况及其评价意见。

（6）审计查出的被审计单位违反国家规定的财政、财务收支行为的事实以及定性、处理、处罚的法律、法规规定。

（7）对被审计单位提出改进财政、财务收支管理的意见和建议。

三、国家审计报告的复核

根据《审计机关审计报告编审准则》规定，为使审计报告反映的审计事项事实清楚、数字准确，审计意见客观、公正，审计建议恰当可行，保证审计报告质量，审计机关应当建立审计报告的复核和审定制度。审计小组所撰写的审计报告在据以提出审计意见和做出审计决定之前，应经审计机关专门复核机构的复核，重要事项还应经审计机关业务会议的审定。

四、国家审计报告的一般撰写要求

国家审计报告通常采取详式审计报告格式。

（一）形式结构方面的要求

审计报告的形式结构不清晰、不严谨，就不可能恰当地反映审计过程、审计结果，也不能准确地表达审计意见、审计建议，因而也就不能保证审计报告的质量。审计报告形式结构的一般要求可以概括为：结构清晰、分段合理、逻辑严谨。

（1）审计报告的标题必须恰当、准确、清楚、完整。

（2）基本情况部分，必须简明扼要，重点突出。

（3）审计概况部分应当概述审计的主要过程，力求简练清晰、层次分明、篇幅适量。

（4）审计报告的具体内容部分一般涉及事项较多，也较复杂，所以应按重要性程度先后排列反映审计结果、审计评价、审计建议及其他问题，而且力求主次清楚、分段合理、内容连贯、叙述精练。

（二）表达内容方面的要求

如上所述，审计报告的具体内容涉及事项较多，也较复杂，因此审计报告的内容表达难以完全统一，现将其一般要求概括为以下内容。

1.事实清楚，证据确凿

审计报告中所涉及的经济事项，必须清楚无误，并以经过审核的、充分可靠的审计证据为后盾。凡未经证实的任何资料不得写入审计报告，以保证审计质量，维护审计的声誉和权威性。

2.内容完整，反映客观

审计报告所展示的内容，既要完整无缺又要重点突出，描述审计中发现的问题要做到从客观实际出发，不夸大不缩小，力求使全面与重点、报告与实情达到圆满的统一。

3.评价公正，定性准确

审计报告中所做的审计评价必须客观公正、实事求是，对问题的定性要有充分的法律法规和事实依据。

4.处理恰当，建议可行

审计报告中所提出的审计处理意见必须谨慎恰当、宽严适度，严格运用审计标准加以衡量，至于提出的改进建议，应力求明确具体、切实可行。

（三）行文用语方面的要求

审计报告的行文和用语应当力求做到规范化。概括地讲，规范的要求是：行文简洁、层次分明、概念准确、措辞适当。

五、国家审计报告撰写的步骤

根据长期审计实践经验，国家审计机关审计报告撰写的步骤，通常按照下列程序安排：

（1）整理审计工作底稿。

（2）整理审计证据，归纳审计事项。

（3）拟定审计报告提纲。

（4）撰写审计报告初稿。

（5）征求被审计单位意见。

（6）修改初稿，报送审计报告。

任务三　拟写社会审计报告

一、把握社会审计报告的含义

社会审计报告是指注册会计师根据审计准则的要求，在实施了必要审计程序后出具的、用于对被审计单位年度财务报表发表审计意见的书面文件。这种审计报告是注册会计师实施审计的最终结果，具有法定的证明效力。注册会计师出具的审计报告不但表明注册会计师已经对被审计单位的财务报告审查完毕，对财务报告的合法性、公允性进行了验证，而且表明注册会计师对审计报告内容的真实性、合法性也正式承担了责任，从而增强了财务报告的可信性。总之，社会审计作为经济生活的重要约束机制，正是以审计报告的形式而得到最终体现的。

二、明确社会审计报告结构

根据《独立审计具体准则第 7 号——审计报告》的规定，审计报告的结构和基本内容规范如下。

（一）标题

社会审计报告的标题，在中国统一规范为"审计报告"。

（二）收件人

社会审计报告的收件人是指审计业务的委托人。审计报告应载明收件人的名称，如"某某有限责任公司董事会"等。

（三）范围段

社会审计报告的范围段应阐明如下内容。

1.审计范围

审计报告应在范围段内写明已审计的财务报表名称、反映的日期或期间，一般描述为："我们接受委托，审计了某某公司 20××年 12 月 31 日的资产负债表及 20××年度损益表和现金流量表。"

2.会计责任与审计责任

审计报告应在范围段内明确会计责任与审计责任，一般描述为："这些财务报表的编制由××公司负责，我们的责任是对这些财务报表表达审计意见。"

3.审计依据

审计报告应在范围段内明确审计所要遵循的准则，一般描述为："我们的审计是依据《中国注册会计师审计准则》进行的。"

4.已实施的主要审计程序

审计报告应在范围段内说明所实施的主要审计程序，一般描述为："在审计过程中，我们结合××公司实际情况，实施了包括抽查会计记录等我们认为必要的审计程序。"

（四）意见段

社会审计报告的意见段应说明以下内容。

（1）财务报表的编制是否符合《企业会计准则》和其他有关财务会计法规的规定。

（2）财务报表在所有重大方面是否公允地反映了被审计单位资产负债表日的财务状况和所审计期间的经营成果、现金流动状况。

（3）会计处理方法的选用是否适当。

在意见段中，注册会计师提出的意见应当公正、客观、实事求是，并对出具审计报告的真实性、合法性负责。提出的意见应根据审计结果分别表示无保留意见、保留意见、否定意见或拒绝表示意见，并根据审计准则的要求使用相应的专业术语进行描述。

当注册会计师出具保留意见、否定意见或拒绝表示意见的审计报告时，应当在范围段和意见段之间增加说明段。

当注册会计师出具无保留意见的审计报告时，一般不设说明段。若认为有必要，也可以在意见段之后，增加对重要事项的说明。在说明段中，注册会计师应当充分陈述对财务报表所持意见的理由，包括对形成意见产生影响的有关事项，以及这些事项对财务报表相关项目的影响情况等。

（五）签章和会计师事务所地址

审计报告应由注册会计师签名、盖章，加盖会计师事务所公章，并标明地址，为明确注册会计师的责任，审计报告还常由两名承办注册会计师签章。

（六）报告日期

审计报告的报告日期是指注册会计师完成外勤工作的日期，而不是被审计单位财务报表截止日或审计报告完稿或印发日期。

社会审计报告采用上述统一结构和内容，目的在于加强规范性，有助于增进使用者的理解，更好地发挥审计报告的作用。

三、四种审计意见的审计报告

（一）无保留意见审计报告

无保留意见是注册会计师认为被审计单位的会计报表不存在重要错误或问题而给予的一种肯定的评价。

注册会计师经过审计后，认为被审计单位会计报表的编制同时符合下述情况时，应出具无保留意见的审计报告：

（1）会计报表的编制应符合《企业会计准则》及其他有关财务会计法规的规定。

（2）会计报表在所有重大方面公允地反映了被审计单位的财务状况、经营成果和现金流量。

（3）会计处理方法的选用适当。

（4）注册会计师已按照《审计准则》的要求，实施了必要的审计程序，在审计过程中未受阻碍和限制。

（5）不存在应调整而被审计单位未予调整的重要事项。

无保留意见意味着注册会计师认为被审计单位会计报表是公允反映的，能够满足非特定、多数利害关系人的共同需要；认为会计报表反映的内容完整、表达清晰，不存在重要遗漏；认为会计报表在所有重要项目方面不会导致报表使用者误解或决策失误。注册会计师应对表示的无保留意见负责。

注册会计师在编制无保留意见报告时，应以"我们认为……"作为意见段的开头，但不能使用"我们保证……"等表述；在意见段应使用"在所有重大方面公允地反映了……"等专业术语，而不能使用"全部公允地反映了……""完全正确""绝对真实"等极端性词语，也不能使用"大致反映了""基本反映了"等含糊不清的词语。这是因为注册会计师表示的是自己的判断或意见，不能对会计报表的真实性、合法性提供绝对的保证，以避免报表使用者产生误解，同时也是为了表明注册会计师仅仅承担审计责任，而并不减除被审计单位对会计报表承担的会计责任。

例：无保留意见的审计报告

审计报告

××有限公司董事会：

我们接受委托，审计了贵公司××年12月31日的资产负债表及该年度的利润表、现金流量表。这些会计报表由贵公司负责，我们的责任是对这些会计报表发表审计意见。我们的审计是根据《中国注册会计师审计准则》进行的。在审计过程中，我们结合贵公司的实际情况，实施了包括抽查会计记录等我们认为必要的审计程序。

我们认为，上述会计报表符合《企业会计准则》和《××企业会计制度》的规定，在所有重大方面公允地反映了贵公司××年12月31日的财务状况和该年度经营成果以及现金流量，会计处理方法的选用适当。

会计师事务所（公章）　　　　　　　　　中国注册会计师（签名盖章）

（地址）　　　　　　　　　　　　　　　　年　月　日

（二）保留意见审计报告

保留意见是注册会计师认为被审计单位的会计报表在整体上是公允的，但在个别方面存在重要问题而给予的一种大部分肯定、局部否定或不表态的评价。

注册会计师经过审计后，认为被审计单位会计报表的反映就其整体而言是公允的，但还存在下述情况之一时，应出具保留意见的审计报告：

（1）个别重要财务会计事项的处理或个别重要报表项目的编制不符合《企业会计准则》及其他有关财务会计法规的规定，被审计单位拒绝进行调整，即存在应调整而未调整事项。

（2）因审计范围受到重要的局部限制，无法按照《审计准则》的要求取得应有的审计证据。

（3）个别重要会计处理方法的选用不当。

保留意见意味着注册会计师认为被审计单位存在对会计报表会产生重大影响的重要事项，因此要在审计报告中加以限定，以提请会计报表使用者注意。当然，这种保留意见对被审计单位来说并不利，因为把重要问题给揭示出来了。但是，为了对会计报表使用者负责，降低注册会计师本身的审计风险，注册会计师遇到上述情况时，还是应该发表保留意见。

注册会计师在编制保留意见审计报表时，应于意见段之前另设说明段，以说明所持保留意见的理由，并在意见段中使用"除存在上述问题以外""除上述问题造成的影响以外"或"除上述情况待定以外"等专业术语。

例：因存在未调整事项而编制的保留意见审计报告

审计报告

××有限公司董事会：

我们接受委托，审计了贵公司××年12月31日的资产负债表及该年度的利润表、现金流量表。这些会计报表由贵公司负责，我们的责任是对这些会计报表发表审计意见。我们的审计是根据《中国注册会计师审计准则》进行的。在审计过程中，我们结合贵公司的实际情况，实施了包括抽查会计记录等我们认为必要的审计程序。

经审计，我们发现贵公司××年12月预付的下年度产品广告费××元，全部作为当月费用处理。我们认为，按照《企业会计准则》的规定，预付的产品广告费应分期处理，但贵公司未接受我们的意见。该事项使贵公司12月31日资产负债表的流动资产减少××元，该年度利润表的利润总额减少××元。

我们认为，除存在本报告第二段所述预付产品广告费的会计处理不符合规定外，上述会计报表符合《企业会计准则》和《××企业会计制度》的规定，在所有重大方面公允地反映了贵公司××年12月31日的财务状况和该年度经营成果以及现金流量，会计处理方法的选用适当。

会计师事务所（公章）　　　　　中国注册会计师（签名盖章）

（地址）　　　　　　　　　　　　年　月　日

例：因审计范围受到局部限制而编制的保留意见审计报告
审计报告

××有限公司董事会：

我们接受委托，审计了贵公司××年12月31日的资产负债表及该年度的利润表、现金流量表。这些会计报表由贵公司负责，我们的责任是对这些会计报表发表审计意见。我们的审计是根据《中国注册会计师审计准则》进行的。在审计过程中，我们结合贵公司的实际情况，实施了包括抽查会计记录等我们认为必要的审计程序。

我们于××年12月31日以后接受贵公司委托进行审计，由于我们无法利用满意的审计程序证实期初存货数量和价值，期初存货的某些调整将影响该年度的利润总额。

我们认为，除存在本报告第二段所述期初存货价值无法证实可能造成的影响外，上述会计报表符合《企业会计准则》和《××企业会计制度》的规定，在所有重大方面公允地反映了贵公司××年12月31日的财务状况和该年度经营成果以及现金流量，会计处理方法的选用适当。

会计师事务所（公章）   中国注册会计师（签名盖章）

（地址）   年 月 日

例：因存在会计处理方法的选用不当事项而编制的保留意见审计报告
审计报告

××有限公司董事会：

我们接受委托，审计了贵公司××年12月31日的资产负债表及该年度的利润表、现金流量表。这些会计报表由贵公司负责，我们的责任是对这些会计报表发表审计意见。我们的审计是根据《中国注册会计师审计准则》进行的。在审计过程中，我们结合贵公司的实际情况，实施了包括抽查会计记录等我们认为必要的审计程序。

经审计，我们发现贵公司在该年度内的产成品计价采用移动加权平均法，而上年度采用的是先进先出法。上述存货计价方法的变更，致使贵公司该年度利润总额减少××元。

我们认为，除存在本报告第二段所述存货计价方法变更造成的影响外，上述会计报表符合《企业会计准则》和《××企业会计制度》的规定，在所有重大方面公允地反映了贵公司××年12月31日的财务状况和该年度经营成果以及现金流量。

会计师事务所（公章）   中国注册会计师（签名盖章）

（地址）   年 月 日

（三）否定意见审计报告

否定意见是注册会计师认为被审计单位的会计处理严重违反会计准则和国家其他有关财务会计法规，使得会计报表严重歪曲财务状况和经营成果而给予的一种否定的评价。

注册会计师经过审计后，认为被审计单位会计报表存在下述情况之一时，应出具否定意见的审计报告：

（1）会计处理方法的选用严重违反《企业会计准则》及其他有关财务会计法规的规定，被审计单位拒绝进行调整。

（2）会计报表严重歪曲了被审计单位的财务状况、经营成果和现金流量，被审计单位拒绝进行调整。

否定意见与保留意见的区别在于：当未调整事项、会计处理方法不恰当事项、或有事项等对会计报表的影响程度在一定范围内，以致会计报表总体上还能接受时，注册会计师可以发表保留意见。但是如果其影响程度超出一定范围，以致会计报表无法被接受，注册会计师就只能发表否定意见。

注册会计师在编制否定意见审计报告时，应于意见段之前另设说明段，说明所持否定意见的理由，并在意见段中使用"由于上述问题造成的重大影响""由于受到前段所述事项的影响"等专业术语。

例：因严重违反会计处理方法选用原则而编制的否定意见审计报告

审计报告

××有限公司董事会：

我们接受委托，审计了贵公司××年12月31日的资产负债表及该年度的利润表、现金流量表。这些会计报表由贵公司负责，我们的责任是对这些会计报表发表审计意见。我们的审计是根据《中国注册会计师审计准则》进行的。在审计过程中，我们结合贵公司的实际情况，实施了包括抽查会计记录等我们认为必要的审计程序。

附注××所载的存货计价方法及附注××所载的固定资产计价方法，均未能遵循财务制度规定的计价原则。这种对会计准则的背离，导致上述报表日的存货价值减少了××元，固定资产原值增加了××元，同时对利润计算的正确性产生了重大影响。我们提出了调整意见，但贵公司拒绝采纳。

我们认为，由于上述问题造成的重大影响，上述会计报表不符合《企业会计准则》和《××企业会计制度》的规定，未能公允地反映贵公司××年12月31日的财务状况及该年度经营成果和现金流量。

会计师事务所（公章）　　　　　　中国注册会计师（签名盖章）

（地址）　　　　　　　　　　　　　　　年　月　日

例：因严重歪曲事实而编制的否定意见审计报告

审计报告

××有限公司董事会：

我们接受委托，审计了贵公司××年12月31日的资产负债表及该年度的利润表、现金流量表。这些会计报表由贵公司负责，我们的责任是对这些会计报表发表审计意见。我们的审计是根据《中国注册会计师审计准则》进行的。在审计过程中，我们结合贵公司的实际情况，实施了包括抽查会计记录等我们认为必要的审计程序。

经审计，我们发现贵公司的资产负债表未反映联营企业的投资，金额共计××万元，在利润表上也未反映相应的投资收益。

我们认为，这种会计处理方法违反《企业会计准则》和《××企业会计制度》的规定。我们提出了调整意见，贵公司拒绝采纳。

我们认为，由于上述问题造成的重大影响，上述会计报表不符合《企业会计准则》和《××企业会计制度》的规定，未能公允地反映贵公司××年12月31日的财务状况及该年度经营成果和现金流量。

会计师事务所（公章）　　　　　　　　中国注册会计师（签名盖章）

（地址）　　　　　　　　　　　　　　　年　月　日

（四）拒绝表示意见审计报告

拒绝表示意见是注册会计师在审计过程中因未收集到足够的审计证据，无法对被审计单位的会计报表发表确切的意见，所表示的一种不做评价的意见，即对会计报表不发表无保留、保留或否定的审计意见。

注册会计师在审计过程中，由于审计范围受到委托人、被审计单位或客观环境的严重限制，不能获取必要的审计证据，以致无法对会计报表整体反映发表审计意见时，应当出具拒绝表示意见的审计报告。

需要注意的是，拒绝表示意见不同于拒绝接受委托，它是注册会计师在实施了必要的审计后发表审计意见的一种方式；拒绝表示意见也不是不愿意表示意见，如果注册会计师已能确定应当出具保留意见或否定意见的审计报告，不得以拒绝表示意见的审计报告来代替。保留意见或否定意见是在取得充分、适当的审计证据后形成的，由于被审计单位存在某些未调整或未确定事项等，按其影响的严重程度而表示保留或否定的意见，并不是无法判断使用的措辞或问题的归属；拒绝表示意见则是由于某些限制而未能对某些重要事项取得证据，没有完成取证工作，使得注册会计师无法判断问题的归属。

注册会计师在编制拒绝表示意见审计报告时，应于意见段之前另设说明段，以说明所持拒绝表示意见的理由，并在意见段中使用"由于审计范围受到严重限制""由于无法实施必要的审计程序""由于无法获取必要的审计证据""我们无法对上述会计报表整体反映发表意见"等专业术语。

例：拒绝表示意见的审计报告

审计报告

××有限公司董事会：

我们接受委托，对贵公司××年12月31日的资产负债表及该年度的利润表、现金流量表进行审计。贵公司收入的很大一部分为现金销售收入，但缺乏我们可以依赖的相关控制制度，我们无法采用适当的审计程序以证实收入的完整性。因此，我们不能获得有关收入真实性的证据。

由于本报告第一段所述原因，我们无法对上述会计报表整体发表审计意见。

会计师事务所（公章）　　　　　　　　中国注册会计师（签名盖章）

（地址）　　　　　　　　　　　　　　　年　月　日

四、期后事项处理

（一）期后发现审计报告日存在的事实

其一，如果注册会计师在已审会计报表发布后，意识到会计报表中的某些信息有重大错误，就有责任保证已审会计报表使用者了解有关错报的情况。无论未能发现的错误是注册会计师的过失，还是被审计单位的过失，注册会计师都有责任促使被审计单位采取恰当的措施，向会计报表使用者通报会计报表的错报情况。

其二，如果被审计单位拒绝在披露错报方面进行合作，注册会计师就需将此情况通知董事会。同时，还应向对被审计单位有管辖权的管理机构报告。还有一个可行的办法，即让那些信任会计报表的使用者知道，报表不再值得依赖。如果股票公开上市，也可要求证券监管机构和股票交易所通知股东。

（二）在会计报表公布日后发现的重大不一致和重大错报

注册会计师在查阅审计报告公布日后获取的其他信息时，如注意到存在重大不一致或明显的对事实的重大错误，应当提请被审计单位修改已审计会计报表或其他信息。

已审计会计报表需做修改但被审计单位拒绝修改时，注册会计师应采取的措施：

（1）若经审计的会计报表需做修改，但被审计单位予以拒绝，注册会计师应当根据需做修改的事项对会计报表的影响程度，重新考虑已出具审计报告的适当性。

（2）如果原先发表的是无保留意见，则应改为发表保留意见或否定意见；同时，应将已被审计会计报表发生错报事宜通过适当方式报告给会计报表使用者和有关管理部门。

（3）如果被审计单位是上市公司，还应向证券监督管理部门和证券交易所报告，并要求其通知被审计单位股东。

当被审计单位同意或拒绝修改其他信息时，注册会计师应采取以下措施：

（1）如果认定其他信息对事实的重大错报确实存在，且被审计单位同意修改，注册会计师可实施检查被审计单位所采取的措施是否适当等必要的程序，以合理确信会计报表使用人知悉修改情况。

（2）如果认定其他信息对事实的重大错报确实存在，而被审计单位拒绝修改，由于对该事实的重大错报与已审计会计报表无关，即与注册会计师审计的具体对象无直接关系，故注册会计师不能因此而对并未发现有重大错报的已审计会计报表发表保留意见或否定意见，而只能代之以将注册会计师对其他信息的关注以书面形式告知被审计单位最高管理当局（通常是董事会）。

内部审计的审计报告可以灵活自如地仿照国家审计机关的审计报告或社会审计组织的审计报告，在此不作赘述。

任务四 拟定审计意见书

审计机关审定审计报告后，必须按照法定程序向被审计单位出具审计意见书。审计意见书是对审计事项做出评价并提出审计意见和建议的书面文件。

一、明确审计意见书的作用

审计机关对审计事项做出评价，出具审计意见书的作用在于：

（1）审计意见书是审计机关评价审计事项，表达审计意见的审计机关实施审计后，要对被审计单位财政、财务收支的真实、合法、效益做出评价，对于审计中发现的问题要提出意见，并对管理上存在的薄弱环节提出改进建议。所有这些都需要以审计意见书作为载体。

（2）审计意见书是被审计单位纠正违规问题的依据，被审计单位对审计机关指出的其违反国家规定的财政、财务收支的问题，要按照审计意见书的要求进行纠正。

（3）审计意见书是被审计单位据以改进工作的参考，审计机关通过审计意见书对被审计单位加强内部管理、完善各项制度提出建议，被审计单位可据此作为改进工作的重要参考。

二、掌握审计意见书的内容

（一）审计的立项依据、范围、内容、方式和时间

立项依据是确定审计项目的依据，如审计机关的工作计划、接受委托、政府交办等。审计范围主要说明审计的单位及延伸审计的单位，审查其财政、财务收支活动的期间。审计内容主要说明具体的审计事项。审计方式主要说明审计采取的是就地审计还是报送审计。审计时间主要说明审计实施的起止时间：若为就地审计，则说明为审计小组进驻被审计单位的时间到撤离被审计单位的时间；若为报送审计，则说明为审计小组调阅被审计单位会计资料的时间到归还这些资料的时间。

（二）审计评价

审计评价，是对被审计单位财政、财务收支事项的真实、合法和效益的综合评价。审计评价主要包括以下内容。

（1）对审计事项真实性的评价，主要是评价被审计单位账务处理是否符合会计准则、会计制度、财政财务制度的要求，会计资料是否真实地反映了年度财政、财务收支情况。真实性评价有真实、基本真实、不真实三种类型。

①真实。如果被审计单位提供的账表数据与审计机关依照现行会计准则、会计制度和国家财政、财务收支的规定进行审计后认定的数据相符，就可以做出账务处理符合有关会计准则、会计制度、财政财务制度的要求，会计资料真实地反映了年度财政、财务收支情况的评价。

②基本真实。如果被审计单位提供的账表数据与审计机关依照现行会计准则、会计制度和国家财政、财务收支的规定进行审计后认定的数据基本相符，则可做出会计资料基本真实地反映了年度财政、财务收支情况的评价。

③不真实。如果被审计单位提供的账表数据与审计机关依照现行会计准则、会计制度和国家财政、财务收支的规定进行审计后认定的数据有较大差距，则可做出会计资料不能真实地反映年度财政、财务收支情况的评价。

（2）对审计事项合法性的评价，主要是评价被审计单位财政、财务收支符合国家财经法规规定的情况。合法性评价有合法、基本合法、不合法三种意见类型。

①合法。如果财政、财务收支方面未发现违规事实，则可以做出财政、财务收支符合财经法规规定的评价。

②基本合法。如果财政、财务收支方面有违规事实，但数额较小，情节轻微，则可以做出财政、财务收支基本符合财经法规规定，但有一定的违规行为的评价。

③不合法。如果财政、财务收支方面有违规事实，则可以做出财政、财务收支有违反财经法规的行为或有严重违反财经法规行为的评价。

（3）对审计事项效益性的评价，主要是对被审计单位财政、财务收支的经济效益进行评价。对经济效益进行评价，应当剔除不可比因素，以经济效益（经济效果、经营效率）实绩与当年计划（目标、指标）、历史同期水平、同业先进水平等进行比较，并做出经济效益好、较好或差的评价。

（4）对内部控制制度健全有效性的评价。在审计中如果对被审计单位的内部控制制度进行了测评，或者在审计中发现内部控制制度存在薄弱环节，应对内部控制制度的健全有效性做出评价。健全性评价是对内部控制制度的设置情况进行的评价，有效性评价是对内部控制制度执行情况进行的评价。

审计机关对审计过程中未涉及的具体事项和证据不足、评价依据或标准不明确的事项不做评价。

（三）审计中发现的问题及纠正意见

审计意见书上要说明审计查出的主要问题。其中不需处理、处罚，而要求被审计单位自行纠正的问题，要在审计意见书中说明其形成原因、主要表现及造成的影响，指出违反国家财政法规的情况，并依据有关的法规对被审计单位一些违反规定的审计事项进行纠正。

（四）加强管理和改进工作的建议

审计意见书除要列明需要纠正的问题并提出审计意见外，还应就被审计单位的会计核算、内部控制制度及相关的管理制度中存在的问题提出改进意见和建议，以促进被审计单位完善内部控制制度，改进会计核算和管理工作。

三、审计意见书的编制

审计意见书由审计机关编制。审计机关在收到审计报告之日起30日内向被审计单位下达审计意见书。审计意见书的编制要遵循一定的程序和基本要求。

（一）审计意见书的编制步骤

编制审计意见书一般按如下步骤进行：

（1）对审计发现的问题进行分类。审计机关审定审计报告后，应对审计发现的问题进行分类。审计发现的问题一般分为三类：严重违反国家财经法规，需要处理、处罚的问题；一般性违反财经法规，要求被审计单位自行纠正的问题；在会计核算、内部控制及管理工作中不属于违反财经法规但需要被审计单位加以规范和改进的问题。

（2）确定审计意见。根据对审计发现问题的分类结果，确定具体的审计意见和总体评价意见。对于需要处理、处罚的问题，确定以审计决定等方式做专门处理。对于需责令被审计单位纠正的问题，应确定具体的审计意见和处理依据。对于需要由被审计单位加以规范和改进的问题，应提出切合实际的改进建议。

（3）草拟审计意见书。审计机关审定审计报告后，指定专人草拟审计意见书。草拟时，要认真阅读审计小组提出的审计报告，了解审计小组对审计事项的评价意见和建议，必要时要翻阅审计工作底稿。同时，要完整体现审计机关确定的审计意见。

（4）审定审计意见书。对草拟的审计意见书，审计机关应按有关规定进行审定。审计机关审定审计意见书时，审定的主要内容包括是否表达了审计机关的意见，对被审计事项的评价是否客观公正，证据是否充分，提出的审计建议是否切实可行、切中要害，是否具有针对性，审计意见书的要素是否齐全，是否符合公文处理的标准。

（二）审计意见书的编写要求

审计意见书的编写应符合以下要求。

（1）依法进行评价。审计意见书对被审计单位会计资料所反映的财政、财务收支的真实、合法、效益进行综合评价时，应当依据国家的政策、法律、法规、规章，并按一定的评价标准来进行，做到客观公正、实事求是。

（2）准确把握评价范围。审计意见书在对审计事项做出评价时，应以审计时所检查的范围为限，对于审计过程中未涉及的具体事项和证据不足、评价依据或标准不明确的事项不予评价。

（3）分清层次，突出重点。审计意见书对审计事项进行评价，要层次清楚、重点突出。总体评价、审计意见与审计建议要层次分明，不要在评价中混入意见与建议，也不要在意见和建议中掺杂评价。

（4）审计意见和建议要切实可行。审计意见书中提出的意见和建议是要求被审计单位执行的。审计意见和建议，不能脱离实际、空洞无物、笼而统之。对审计中发现的倾向性和普遍性问题，更要深入研究，提出切实可行的审计意见和建议。

任务五　拟定审计决定

审计机关审定审计报告后，除对审计事项评价，出具审计意见书外，还应对违反国家财经法规，需要依法处理、处罚的问题，在法定职权范围内做出审计决定。审计决定是审计机关对被审计单位违反国家规定的财政、财务收支行为给予处理、处罚的法律文书。

一、把握审计决定的作用

审计机关对被审计单位违反国家财经法规的问题进行处理、处罚，做出审计决定，其作用在于：

（1）审计决定是审计机关表达审计处理、处罚意见的载体实施审计后，对违反财经法规，需要由审计机关处理、处罚的，审计机关应予以处理、处罚。

（2）审计决定是强制被审计单位纠正违规问题的依据。

审计决定对被审计单位具有强制约束力，被审计单位必须以此为依据，在规定期限内，纠正违反财经法规的问题，接受处罚。

（3）审计决定是惩戒违反财经法规行为、维护经济秩序的手段。

审计机关通过审计决定处理、处罚被审计单位违反国家规定的行为，不但可以使违反财经法规的行为得到纠正，挽回经济损失，而且可以对被审计单位起到惩戒作用，促进被审计单位增强法治观念，遵纪守法。从宏观上讲，有利于严肃财经法纪，维护经济秩序。

二、审计决定的基本内容

（一）审计的立项依据、范围、内容、方式和时间

立项依据是确定审计项目的依据，如审计机关的工作计划、接受委托、政府交办等。审计范围主要说明审计的单位及延伸审计的单位，审查其财政、财务收支活动的期间。审计内容主要说明具体的审计事项。审计方式主要说明审计采取的是就地审计还是报送审计。审计时间主要说明审计实施起止的时间：若为就地审计，则说明为审计小组进驻被审计单位的时间到撤离被审计单位的时间；若为报送审计，则说明为审计小组调阅被审计单位会计资料的时间到归还这些资料的时间。

（二）被审计单位有违反国家规定的财政、财务收支的行为

审计决定主要说明审计发现的被审计单位违反国家财经法规的财政、财务收支行为的主要事实、违规金额、造成的影响和损失。

（三）违反财经法规事项的定性、依据和处理、处罚决定

审计决定主要说明审计机关对被审计单位违反规定的财政、财务收支的定性，违反的法律、法规及其具体内容，进行处理、处罚的依据及标准，对违反国家规定的财政收支行为的处理决定，对违反国家规定的财务收支行为的处理、处罚决定。

（四）执行处理、处罚决定的要求和期限

审计决定主要说明审计机关下达的审计决定必须执行，审计决定的生效日期及执行期限，以及报告审计决定执行结果的要求。

（五）依法申请复议的期限和复议机关

审计决定主要说明被审计单位的权利，即被审计单位对审计处理、处罚决定不服时，可在收到审计决定之日起15日内向上一级审计机关或同级政府申请复议，对审计署的审计决定不服的，向审计署申请复议。在复议期间，审计决定照常执行。

三、审计决定的编制

审计决定是严肃的法律文书，编制时必须遵循一定的程序和基本要求。

（一）审计决定的编制步骤

和编制审计意见书一样，编制审计决定，也是在审定审计小组提出的审计报告和被审计单位对审计报告的反馈意见的基础上进行的。

（1）确定需要做出审计处理、处罚决定的事项。审计机关审定审计报告后，参考审计意见书对审计事项的评价意见，对审计查出的违反财经法规的主要问题进行分类、整理，确定需要处理、处罚的事项。处理、处罚事项分为两类：一类是按照法定职权应由审计机关做出处理、处罚的；另一类是审计机关认为应当由有关主管机关做出处理、处罚的。由审计机关做出处理、处罚的事项，审计机关应当做出处理、处罚决定。审计机关认为需追究有关人员责任的，应区别不同情况，分别移送司法机关和行政监察机关处理。审计机关认为应当由有关主管机关处理、处罚的事项，以审计建议的方式移交。

（2）确定审计处理、处罚事项的性质。对于需要做出审计处理、处罚决定的事项，审计机关应根据国家财经法规的规定，确定被审计单位违反国家规定的财政、财务收支行为的性质，弄清该问题违反了什么规定、该规定的内容，以及审计处理、处罚的依据和标准。

（3）依法做出处理、处罚。对于认定的被审计单位的违反财经法规需做出审计处理、处罚的事项，审计机关应根据国家的法律、法规和有关规定，做出处理、处罚决定。

审计处理，是指审计机关对违反国家规定的财政、财务收支行为采取的纠正措施，主要包括责令限期缴纳、上缴应当缴纳或上缴的财政收入，责令限期退还违法所得，责令限期退还被侵占的国有资产，冲转或调整有关账目，以及依法采取的其他处理。

审计处罚，是指审计机关对违反国家规定的财务收支行为和违反审计相关法律法规的行为采取的行政制裁措施，主要包括警告、通报批评、罚款、没收违法所得、依法采取的其他处罚。

审计处罚要轻重适度。应从重处罚的有：单位负责人强制下属人员违反财经法规的，挪用或克扣救灾、防灾、抚恤、救济、扶贫、教育等专项资金和物资的，违反国家规定的财务收支行为数额较大、情节严重的，阻挠、抗拒审计或者拒不纠正错误的；屡查屡犯的，以及其他应当依法从重处罚的行为。

可从轻处罚的有：经审计查出后，认真检查错误并及时纠正的；违反国家规定的财务收支行为数额较小、情节轻微，自行纠正的；能够认真自查，并主动消除或者减轻违反财经法规行为危害后果的；受他人胁迫，有违反国家规定的财务收支行为的；其他法律、法规和规章规定可以从轻、减轻或者免予处罚的行为。

被审计单位违反国家规定的财务收支行为在两年内未被发现的，审计机关不再给予审计处罚，但不影响审计机关对其违反国家规定的财政、财务收支行为进行依法处理。

（4）草拟和审定审计决定。审计机关审定审计报告后，根据确定的处理、处罚事项，定性依据和处理、处罚意见，指定专人草拟审计决定。审计决定草拟完成后，审计机关即可组织进行审定，主要审定应处理、处罚的事项有无遗漏，事实是否清楚，证据是否充分可靠，审计定性的依据是否正确，引用的法律、法规、规章是否恰当，处理、处罚依据的法规是否正确，处理是否恰当，处罚是否适度等。

（二）审计决定的编制要求

审计决定应准确体现审计机关审定审计报告时确定的意见，把握好处理、处罚的范围，处理好与审计意见书、审计建议书等文书之间的关系，具备审计决定的基本要素和符合公文处理的有关规定，遵循审计决定的编写和审定程序及时间要求，语言要规范、严谨、准确。

任务六　拟写管理建议书

一、把握管理建议书含义

管理建议书是指注册会计师针对审计过程中注意到的、可能导致被审计单位会计报表产生重大错报或漏报的内部控制重大缺陷提出的书面建议。

注册会计师在审计过程中，通过对被审计单位内部控制的审查和评价，可以了解其不足和缺陷，职业责任要求注册会计师完成审计工作后，以自己的经验和判断，向被审计单位管理当局提出改进建议，以帮助其改进经营管理。

首先，通过管理建议书，可以鉴定注册会计师的执业水平和审计能力，评价注册会计师的审计服务质量。这可以促使注册会计师增强服务意识，端正服务态度，不断提高执业水平和审计能力。

其次，通过管理建议书，可以针对被审计单位内部控制中存在的重大缺陷，提出进一步完善内部控制的建议，促使被审计单位加强内部控制，改进会计工作，提高经营管理水平。

最后，通过管理建议书，可以扩大审计服务领域，降低审计风险，把注册会计师的法律责任减少到最低限度。

二、编制和出具管理建议书的要求

（一）编制管理建议书的要求

1.在编制管理建议书前，注册会计师应完成的工作

（1）复核相关的审计工作底稿，对被审计单位的内部控制及其执行情况进行分析和评价，找出内部控制的主要问题，从而确定管理建议书的要点。

（2）查阅以前年度提交的管理建议书，与本年度相应审查结果进行比较，了解以前提出的管理建议是否被采纳，有关的内部控制是否已得到改进和完善，是否还有需要建议改进之处。

（3）征询参与审计工作的税务咨询、管理咨询及其他方面的有关专家的意见。

（4）与被审计单位有关人员交换意见，商讨内部控制存在的问题及其危害性，提出改进建议并讨论其可行性。

（5）确定管理建议书的具体内容。

2.在起草管理建议书时，注册会计师应注意的问题

（1）为了突出重点，给人以清晰的印象，管理建议书中所反映的内部控制问题应以

其重要程度为序排列,重要的问题列示在前,并予以详细阐述;次要的问题列出在后,只需简单说明。

(2)对于审计过程中已向被审计单位提出、被审计单位已进行调整或改进的问题,只做简要说明;对于未进行调整或改进的问题,应将注册会计师和被审计单位有关人员的意见列出。

3.征求被审计单位的意见

草拟完成的管理建议书,应先经审计项目负责人修改审核,然后提交给被审计单位,请被审计单位有关人员确认其内容的真实性。对于被审计单位确认后退回的草稿,应再斟酌有关内容和文字表述,纠正欠妥之处。

4.正式提交管理建议书

根据修改后的草稿编写正式的管理建议书,应建立管理建议书审核制度,由审计机构负责人审核签署后,正式提交给被审计单位。

(二)出具管理建议书的要求

注册会计师在审计过程中,发现被审计单位内部控制存在的问题后,应随时向被审计单位有关人员提出和交换意见,并将具体情况记录在审计工作底稿中。但审计工作完成后,是否要出具管理建议书,应根据以下原则处理:

(1)对于年度会计报表审计业务,因审计程序中包含对内部控制评审的要求,一般均应出具管理建议书。但是,如果被审计单位的内部控制比较健全或只发现一般问题,注册会计师可以以口头方式向被审计单位有关人员提出,不再出具管理建议书。

(2)对于中期和特定目的的审计业务,凡规定的审计程序中要求评审内部控制,而且在评审中发现了问题,则应出具管理建议书;凡规定的审计程序中不要求评审内部控制,或虽要求评审,但未发现应当提请被审计单位管理部门重视并改进的问题,则可不出具管理建议书。

三、管理建议书的基本内容

(一)标题

管理建议书的标题一般规范为"管理建议书"。

(二)收件人

管理建议书的收件人应为被审计单位管理当局或审计业务约定书中约定要致送的对象。

(三)会计报表审计目的及管理建议书的性质

管理建议书应当指明审计目的是对会计报表发表审计意见。管理建议书仅指出了注册会计师在审计过程中注意到的内部控制的重大缺陷,不应视为对内部控制发表的鉴证意见,所提建议不具有强制性。

（四）内部控制重大缺陷及其影响和改进建议

管理建议书应当指明注册会计师在审计过程中注意到的内部控制设计及运行方面的重大缺陷，包括前期建议改进但本期仍然存在的重大缺陷。另外，还应指出由于存在这些重大缺陷对会计报表可能产生的影响，以及相应的改进建议。必要时，还可说明被审计单位管理当局对内部控制重大缺陷及其改进建议的反映。

（五）使用范围及使用责任

管理建议书应当指明仅仅为被审计单位管理当局内部的参考。因使用不当造成的后果，与注册会计师及其所在会计师事务所无关。

（六）签章

管理建议书应该由注册会计师签章，并加盖会计师事务所公章。

（七）日期

管理建议书应当注明签发日期。

例：管理建议书

管理建议书

××有限公司管理部门：

我们已对贵公司××年度的会计报表进行了审计。在审计中，根据规定的工作程序，我们了解了贵公司内部控制中有关会计制度、财产管理制度等有关方面的情况，并做了分析和研究。

我们认为，根据贵公司的生产经营规模和管理需要，现有的内部控制总体上是比较健全的。但为了适应贵公司进一步扩大经营和提高管理水平的需要，使内部控制更加完善，现将我们发现的内部控制方面的某些问题及改进建议提供给你们，希望引起你们的注意，并能具有一定的参考价值。

一、会计制度方面的问题及建议

贵公司的会计核算基本遵守了国家有关会计制度的规定。但在审计中，我们也发现了一些问题。

（一）贵公司在发生销售退回时，只填制退货发票

退款时，没有取得对方的收款收据或汇款银行凭证，会计人员根据退货发票进行相应的会计处理，对这一做法的不当性，我们已向有关人员提出，他们愿意考虑我们的意见，按《会计人员工作规则》的要求处理。

（二）贵公司的银行存款日记账与银行对账单没有按月核对

由于没有按月进行银行对账，公司财务部门不能及时了解未达账项，也不能及时追查长期未达的异常账项，留下了错弊的隐患。建议贵公司今后把银行对账工作制度化。

二、存货管理中存在的问题及建议

贵公司存货占用流动资产数额过大。公司流动资产计××万元，其中存货约占

85%，应当成为资产管理的重点。

我们建议贵公司应注意以下几方面的工作：

（一）认真做好存货的定期盘点工作

贵公司自上一会计年度终了对存货进行清查至今，未再进行盘点。公司的存货账与我们查账中抽查结果出现一定差异。我们认为，只有及时获得存货的实存情况，才能够加强对存货的管理，并及时处理有关问题。

（二）积极处理积压产品

贵公司目前产成品占用资金达××万元，占全部存货的50%，为了加速流动资产的周转，减少仓储成本和利息支出，建议贵公司加强市场预测，及时进行产品的推销和处理。

我们提供的这份管理建议书，不在审计业务约定书约定项目之内，是我们基于为企业服务的目的，根据审计过程中发现的内部控制问题而提出的。因为我们主要从事的是对会计报表的审计，所实施的审计范围是有限的，不可能全面了解企业所有的内部控制弱点可能或已经造成的影响。对于上述内部控制问题，我们已与有关管理部门或人员交换过意见，他们已确认上述问题的真实性。

本管理建议书只提供给贵公司。另外，我们是接受贵公司董事会委托进行审计工作的，根据他们的要求，请将管理建议书内容转交给他们。

会计师事务所（公章）　　　　　　　中国注册会计师（签名盖章）

（地址）　　　　　　　　　　　　　　　　年　月　日

项目十三
微课视频

参考文献

[1]《高级审计实务 2024》编写组.高级审计实务 2024[M].北京:中国时代经济出版社，2024.

[2]《中华人民共和国现行审计法规与审计准则及政策解读》编写组.中华人民共和国现行审计法规与审计准则及政策解读[M].上海:立信会计出版社，2020.

[3]财政部会计司编写组.企业会计准则应用指南汇编 2024[M].北京:中国财政经济出版社，2024.

[4]耿建新.审计学[M].5 版.北京:中国人民大学出版社，2017.

[5]秦荣生，卢春泉.审计学[M].11 版.北京:中国人民大学出版社，2022.

[6]亚东.财务审计实务指南[M].北京:人民邮电出版社，2021.

[7]中华人民共和国审计署.中国共产党领导下的审计工作史[M].北京:中共党史出版社，2021.

[8]朱锦余.审计[M].7 版.大连:东北财经大学出版社，2024.

后记

  《大数据审计实务》教材编写过程中，中国对金融行业的改革正在逐步推进。在本教材的编写过程中，我们感觉到审计技法的重要性，因此不仅在教材中加大了"审计方法"的分量，还进行了关于审计技法方面的系列研究。我们在研究过程中发现，部分审计学教材的内容，与注册会计师审计业务的内容相同，有的教材甚至不提内部审计与政府审计的业务。我们在编写过程中很好地解决了这个问题。这一点对于国内的大部分审计学教材来说并不多见。本教材既可供高职院校会计专业学生使用，还可成为内部审计人员、政府审计人员、民间审计人员培训学习的材料。本教材有配套的电子课件、教案、视频等，需要的读者可以发电子邮件至 945198609@qq.com 索取。

  本教材即将付梓之际，我们的心中既充满成就感又略带不舍。从最初的构思到如今的成书，凝聚了团队成员的心血与智慧，承载着我们对大数据审计未来发展的深切期待。我们试图通过这本教材，为审计实践者构建一座桥梁，帮助大家在这个快速发展的时代稳步前行。面对浩瀚的数据海洋和日新月异的技术工具，任何一本教材都无法做到面面俱到。本教材着重于原理讲解、案例分析与实操指导相结合，旨在激发学生进一步探索和学习的兴趣。

  在此，我们要特别感谢所有参与本书编写、审阅、技术支持的专家和学者，没有你们的专业贡献和无私分享，本教材难以成形。同时，也要向提供案例素材的企业和机构表示最诚挚的谢意，是你们为本教材增添了丰富的实战色彩。

  对于广大读者，无论您是审计领域的资深专家，还是初入此行的新手，我们都希望这本教材能成为您的良师益友，伴随您在审计的征途中不断成长和进步。希望您在实践中不断探索和创新，共同推动审计行业的数字化转型和智能化升级。

  面对未来，我们满怀信心。大数据审计的舞台才刚刚拉开帷幕，挑战与机遇并存。我们期待与所有同行者一道，以更加开放的心态、更加专业的技能，共同迎接大数据时代审计的新纪元。

编 者